湛庐文化 Cheers Publishing
a mindstyle business
与 思 想 有 关

立于思想巅峰的畅销书王者

——以思考审视社会，以笔触警醒世人

WILLIAM POUNDSTONE

威廉·庞德斯通

◎他是一位卓越的思想者、研究者，也是美国超级畅销书作家。迄今为止已出版作品 14 部，题材各异，本本畅销，并两次获得“普利策奖”提名。

◎他系出名门，是毕业于麻省理工学院的物理学高才生。

◎他是《纽约时报》《哈佛商业评论》《哈珀斯》等世界知名杂志的长期撰稿人。

◎他是《今日秀》《大卫·莱特曼深夜秀》《CBS 早间新闻》等世界著名电视、电台节目的常客，是 ABC 电视台两档黄金节目的作家兼联合制片人。

从 MIT 的物理学高才生到家喻户晓的畅销书作家

威廉·庞德斯通从小就对科学有着浓厚的兴趣，痴迷于恐龙、化学、天文学等一切神秘的事物。在八九岁时，他读了美国著名科普作家马丁·加德纳的 *Relativity for the Million* 一书，被这本书深深地吸引，自此深深地爱上了物理学。20 世纪 70 年代，庞德斯通以获得美国国家优异奖学金的骄人成绩，进入世界知名学府麻省理工学院攻读物理学。

从麻省理工学院毕业后，庞德斯通有过一段短暂的编辑生涯，这段经历对他后来的写作大有助益。而对书籍的热爱，让年轻的庞德斯通立志成为一名作家。

物理学专业和理工科背景给庞德斯通之后的写作刻下了深深的烙印。庞德斯通对隐藏在事物背后的奥秘，表现出了前所未有的热情，这让他的每一部著作都对事物本质进行了几近苛刻的探求。正是独特的视角成就了庞德斯通的写作之途，让他成为美国家喻户晓的畅销书作家。

传奇家族赋予的探索基因

庞德斯通对生活中的任何事物都充满了好奇心，在政治、经济、心理、管理等各个领域都有颇深的造诣。在他的书中，虽然不乏严谨的科学和数学知识，但都以一种充满趣味的方式呈现出来。这与家庭成员对他的影响，以及富有传奇色彩的家族历史是分不开的。

他的堂姐宝拉·庞德斯通，是美国著名喜剧演员。她曾在多部喜剧及多档脱口秀节目中有过出色表现，如 HBO 喜剧《猫、警察和职员》以及《今夜秀》等。宝拉·庞德斯通在喜剧事业上成绩斐然，曾荣获“美国喜剧奖最佳脱口秀女演员”称号，两次荣膺“有线电视杰出奖”，在“史上最伟大的100 位喜剧演员”中排名第 88 位。

他与全球四大诅咒之一“特库姆塞诅咒”也有着很深的家族渊源。当年，印第安人部落首领特库姆塞，对美国的总统下了一个诅咒：“总统不会干满任期，他会死在任上。”而特库姆塞的母亲，就是他的家族成员。

WILLIAM
POUNDSTONE

14 部超级畅销书，两次“普利策奖”提名

不得不承认，庞德斯通的作品涉猎范围之广令人钦佩至极，从物理学、数学，到社会学、经济学、管理学……无所不包。从 1983 年的第一本书《大秘密》，到如今的《谁是谷歌想要的人才?》《剪刀石头布》，已出版著作 14 部，而且每一部作品都成为家喻户晓的超级畅销书。其中，《循环的宇宙》和《推理的迷宫》两部作品还获得了“普利策奖”提名。广为中国读者熟知的《无价》得到了诺贝尔经济学奖得主丹尼尔·卡尼曼的青睐，也被国内知名人士罗永浩盛赞为“一大奇书”。

庞德斯通为读者营造了一个充满趣味又不乏真知灼见的阅读殿堂。他将带领你拨开错综复杂的生活迷雾，一探事物的核心本质。追随他的脚步，以前所未有的激情，让自己的思维来一次大飞跃吧！

威廉·庞德斯通
系列作品

知识大迁移

移动时代知识的真正价值

[美] 威廉·庞德斯通（William Poundstone）著　闫 佳 译

Head in the Cloud

Why Knowing Things
Still Matters When Facts Are So Easy to Look Up

浙江人民出版社
ZHEJIANG PEOPLE'S PUBLISHING HOUSE

HEAD IN THE
CLOUD

此书献给凯西（Kathy），纪念所有美好的时光

Why Knowing Things
Still Matters When Facts Are So Easy
to Look Up

谎言重复千遍即成真理。

※ 人们常常把这句话错误地安在纳粹德国宣传部部长约瑟夫·戈培尔的头上，但实际上不是。

知识，究竟去了哪里？

即便是众星云集，肯尼斯·布拉纳（Kenneth Branagh）的大投资古装巨制《哈姆雷特》还是票房砸了锅。在美国加利福尼亚马里布海滩的一场行业聚会上，众多电影行业从业者纷纷对这部电影吹毛求疵。

“也许，”有人开玩笑说，“是编剧的问题。”

“谁写的？”一家制片公司的高管问。

说话人接道：“是莎士比亚。”

这位高管仍然不明白。“威廉·莎士比亚！”说话人再次解释。不是哪个还活着的编剧，而是历史上最伟大的英语剧作家——很久，很久，很久以前就死了！

那位高管以优等成绩毕业于南加利福尼亚大学法学院，她当然知道莎士比亚是谁。她只是不知道《哈姆雷特》这部电影改编自莎士比亚的作品。我住在洛杉矶，这类故事可不少见。电影行业一直是口大熔炉，博学者有之，无知者亦有之。

再来看看 2015 年的惊悚片《隔壁的男孩》吧，主演是珍妮弗 · 洛佩兹。有一幕戏是这样的：英俊的邻居把荷马的《伊利亚特》初版送给了洛佩兹。“这一定花了好大一笔钱吧！”洛佩兹想要拒绝。

邻居说：“车库二手货摊上买的，只要一块钱。”

《伊利亚特》成书于印刷术发明前约 2 300 年。“初版”书这一幕，让互联网上比较有文化的那一半人惊呆了。Twitter 上有人评论说：

- 改天我非得给你看看我的初版《律法书》[①]，是有一天在垃圾箱里找到的。
- 可他们不会给你看时光机，以及他们是怎么把荷马按在椅子上让他写完这本书的。
- 简直胡扯！西方文明就这样被扭曲了。

有人要这部电影的编剧芭芭拉 · 库里对此事做出评论，库里说：“我的剧本里可没写过初版的《伊利亚特》。”

公允地说，藏书家们的确会说“初版”的《伊利亚特》和《奥德赛》。1488 年，它们以希腊语的形式在佛罗伦萨被印制成书。这样的一册书，苏富比最近的拍卖价是 2.5 万英镑，的确是“好大一笔钱”。可它绝对不是电影里的那本书，电影里那本不仅是英文的，而且还有古朴的烫金内页。网上的批评者指出：对任何有文化的人来说，偶然间听到荷马的《伊利亚特》初版，一定会大吃一惊。在车库二手货摊上买到《蒂凡尼的早餐》《无尽的玩笑》，或者任何现代小说的初版，都挺容易，可买到《伊利亚特》初版就实在说不过去了。出现这种情节，要么是本片的制作人相信去看《隔壁的男孩》的观众，没有一个会觉察出此事过分诡异，要么就是他们自己觉得这事完全

① 《律法书》（*Torah*），《旧约》前五卷的总称。——译者注

正常。讽刺的是，洛佩兹在电影里扮演的角色可是个英语老师。

2011 年的动画片《兰戈》讲的是一只变色龙当上了一个老旧的西部边陲小镇的治安警长的故事，镇上的居民都是可爱的、计算机生成的动物。导演戈尔·维宾斯基阐述了自己是怎么想出这一基本设定的：“我们讨论了各种设想，比方说……一个住着沙漠动物的西部世界怎么样？这就定下了基调。然后，必须要有个经典场面里的局外人。既然我们的故事背景是沙漠，那么设计个水生动物怎么样？既然是水生动物，那变色龙怎么样？”

哇哦，棒极了。就是它了，变色龙！呃……只可惜，变色龙不是水生动物。它们是居住在非洲森林、草原或沙漠的蜥蜴。沙漠里的变色龙，跟在陆地上蹦跶的鱼可不是一回事。

维宾斯基是一位成功的导演，拍摄过全球热卖的《加勒比海盗》系列影片，但他显然不知道变色龙不是水生动物这一点。而且，不管是在什么活动中，都没人针对他的话提出反对意见：“嗯，局外人的点子很棒，但戈尔，变色龙不是水生动物呀……”

这有什么重要的？这只是部动画片啊。变色龙还不会说话呢，但兰戈会。可这个比喻只能到此为止。在电影里看到动物说话很好玩，因为人人都知道动物不会说话。可把变色龙说成是水生动物，就是单纯的愚蠢，它背离了现实，而且没有艺术或娱乐价值。维宾斯基差不多是电影这一竞争激烈的行业里的顶级人物了。他犯的错误不仅仅说明他个人的知识不够丰富，更说明他根植于一种不关心事实的文化。这种文化不是好莱坞的——而是当代美国的。

扫码获取“湛庐阅读”APP，
搜索“知识大迁移”查看彩蛋。

HEAD IN THE CLOUD

目录

HEAD IN THE CLOUD

| 第一部分 |

信息爆炸时代，为什么人却越来越无知？

HEAD IN THE CLOUD

Why Knowing Things Still Matters When Facts Are So Easy to Look Up

01

云端大脑与理性无知

身高 1.67 米，体重 122 公斤，这样的银行劫匪谁也不会看漏眼。1995 年 4 月 19 日，他在光天化日下抢劫了匹兹堡的两家银行。监控摄像头拍下了他清晰的面部照片（他没戴面具），并显示他握着枪，指着柜员。当天的 11 点，警方让当地电视台播出了录像内容。几分钟之后，就有人提供了线索。刚过 12 点，警方敲开了嫌犯住处的门。听说自己的身份曝了光，麦克阿瑟·惠勒（McArthur Wheeler）无法相信。“我明明抹了果汁呀。”他说。

惠勒告诉警察，他在自己的脸上擦了柠檬汁，好让监控摄像头照不到他。负责本案的警官总结说，惠勒并没有妄想症，也没有吸毒，只是错得实在离谱。

惠勒知道，柠檬汁可以用作隐形墨水。那么，从逻辑上说，把柠檬汁抹在脸上，摄像头就拍不到人脸。他抢银行之前自己试过，把果汁抹在脸上，用宝利来相机自拍了一张。照片中的确没有人脸！警察始终也没弄明白这事儿。最大的可能是，惠勒的拍照技术跟他抢银行的水平同样糟糕。惠勒说自己的“妙计”有个问题——柠檬汁把他的眼睛牢牢地糊住了，几乎看不见东西。

惠勒进了监狱，跻身世界上最笨的罪犯之列。1996 年版《世界年鉴》里的这个故事引起了康奈尔大学心理学教授大卫·邓宁（David Dunning）的关注。他从这个蠢人的故事里看出了一种普遍现象。那就是，最缺乏知识和技能的人反而最无法认知自己的这种欠缺。这一现象后来被称为“邓宁 - 克鲁格效应（the Dunning-Kruger effect，简称“达克效应”）。

邓宁和研究生贾斯汀·克鲁格（Justin Kruger）进行了一系列实验来检验这一假设。他们用语法、逻辑和笑话对心理学专业本科生做了测试，并让学生估算自己的分数，同时估计自己相较其他人表现如何（按百分比来计算）。结果显示，得分最低的学生对自己的成绩夸张得最厉害。邓宁预料到了这一点，但没料到它的程度如此之高。他看到结果的第一反应是“我的天哪”，因为得分垫底的学生认为自己的技能优于其他 2/3 的人。

你或许觉得，得分较高的学生会对自己的能力有更准确的认知。但是，准备好往下听了吗？得分最高的群体，往往低估自己相对于他人的表现。

一如研究人员的观察，你要知道自己在语法测试里考得怎么样，唯一的方法就是你得懂语法。缺乏语法知识的人，也是最欠缺评估自己这方面能力的人。他们并不知道自己无知。

人人都认为自己懂得什么东西有趣好玩。笑话测试包括了以下两个例子。

1. 问：什么东西和一个人同样大，但却没重量？

   答：人的影子。

2. 如果孩子问雨从哪儿来，我认为可以逗他说："是上帝在哭。"如果孩子追问上帝为什么哭，你还可以继续逗他说："大概是因为你做错事了吧。"

测试目标是评价每个笑话的有趣程度。邓宁和克鲁格找了一组职业喜剧演员来给笑话打分，并把他们的平均意见视为"正确答案"。喜剧演员认为第一个笑话完全不好笑，而第二个笑话（出自《周六夜现场》节目的编剧杰克·汉尼之手）非常好笑。接受测试的一些学生很难做出上述分辨，但对自己判断什么东西有趣好玩的能力却很有信心。

随后的研究跳出了大学范围。有一项实验是这样的，邓宁和克鲁格在飞靶射击和双向飞碟射击比赛里招募枪械爱好者。志愿者们要完成 10 道有关枪械安全和知识的问答，题目选自美国全国步枪协会出版的一本书。对枪械安全知之甚少的枪手们再次极大地高估了自己的知识水平。

像大多数规律一样，这条规律也有例外。"比方说，不用想太深，"邓宁和克鲁格写道，"你就能找到对篮球战略和技术有极佳认知的人，但他们没法靠'灌篮'拯救自己的生活（这类人叫教练）。"但毫无疑问，教练们了解自己的身体局限。同样的道理，"大多数人能毫不困难地明白，自己翻译不了斯洛文尼亚语，不能重造 V-8 发动机，无法诊断急性传染性脑脊髓炎"。

达克效应需要你在低认知领域有着最低限度的知识和经验，而且你不知道自己无知。比方说，司机群体就受制于这一效应——差劲儿的司机大多认为自己是好司机，但从未学过驾驶的人不在此列。

1999 年，邓宁和克鲁格首次发表了论文《论无法正确认知能力不足是怎样导致过高自我评价的》[①]，自此，这一因两人得名的效应就成为一种模因（meme）。它引发了普遍的共鸣：一如邓宁所说，过分自信的人“我们人人都遇到过”。2000 年，两人因此拿下了“搞笑诺贝尔奖”的最佳讽刺奖。演员约翰·克利斯（John Cleese）在一段超多转发的 YouTube 视频里简明扼要地对达克效应做了通俗的解释：“如果你非常、非常愚蠢，你怎么可能意识到自己非常、非常愚蠢呢？你必须有着相当的智力才能意识到自己有多么蠢……这不仅仅解释了好莱坞的现象，还解释了福克斯新闻几乎所有受众的问题。”达克效应如今成了互联网流行语的一部分，有人认为自己知道它是什么意思，却并不理解它到底是什么意思。但 1999 年的论文清楚地阐明了邓宁和克鲁格的观点，那就是：要寻找达克式的无知者，头一个地方就是去照镜子。

网络时代，学习基本知识还有必要吗？

第一个成功的搜索引擎的名字意思是“闹哄哄的呆瓜”（noisy simpleton）。20 世纪 90 年代中期，雅虎推出了一个能方便所有人接触到事实世界的工具。只要敲几次键，说几句话，就能召唤出精灵，把任何记录下来的事实摊在我们眼前。从前，在争论有关体育、性、名人和政治等琐事的时候，人们往往找调酒师当仲裁员。如今，客户掏出智能手机或手表查一下就行。迷人的移动设备将云端带到了餐桌、健身房和汽车后座——当然，还有会议室、教室和卧室。

那干吗还要往脑袋里装填事实呢？

伦敦出租车司机要通过的超难的考试“基本知识测试”就是个切题的例

① 英语为 *Unskilled and Unaware of It: How Difficulties in Recognizing One's Own Incompetence Lead to Inflated Self-Assessments*。——译者注

子。申请者指南上说：

> 要达到“全伦敦”出租车司机所需的执业标准，你需要对查令十字路半径2.5公里范围内（这是最低限度）的地区有彻底的认知。你需要知道：所有的街道、住宅、公园和露天场所、政府机关和部门、金融和商业中心、外交处、市政厅、登记处、医院、宗教场所、体育场馆和休闲中心、航空公司办事处、酒店、俱乐部、剧院、电影院、博物馆、艺术画廊、学校、大学和学院、警察局、审判庭、监狱，以及各个旅游景点。也就是说，你需要知道乘客有可能要求前往的任何地方。

这半径2.5公里的范围内，你有2 500条街道要学习。不仅如此，伦敦出租车司机还要成为一台人肉导航仪，能迅速推算出任意两点之间的最优路线。

但改变陡然降临。和其他大城市一样，在伦敦，打车服务软件优步（Uber）扰乱了出租车行业。毫无疑问，优步司机不可能掌握可跟伦敦出租车司机匹敌的“知识”。但有了谷歌地图的帮助，优步司机同样安全可靠。

较之只能按照应用程序指示拐弯的司机，拥有广博知识的司机有什么优势吗？这场辩论席卷伦敦。出租车司机及其支持者说，卫星导航有局限性，而且容易发生故障（就好像人类司机从来不犯错误似的）。其潜台词是，“基本知识”这一独特的英国传统正濒于消亡。

不难猜到这个故事会怎样结束。不管伦敦人是禁止打车服务软件，还是投入它们的怀抱；不管变革是迅速发生，还是要等上几十年，总有一天，数字巨人会占上风，上岗的司机们就无须再死记硬背城市地图了。

将知识外包给数字共享平台（digital commons）是21世纪的重大叙事

之一。无论你自己掌握哪些专业知识，云端都已经知道了，或是很快就会知道。网络的知识更新速度比你更快，网络检索知识的速度也比你更快，并且还能更好地找出关联。那么，接下来会怎么样呢？

在 20 世纪，人们很担心被机器取而代之。在 21 世纪，人们担心的是，被欠缺知识的低收入人群取代——只因为后者得到了机器的加持。缺乏“基本知识”的低收入人群拥有了“麦当劳式知识”（McKnowledge）——比方说，他们知道怎么使用 GPS 导航软件。醉心于技术的人们说，这种创造性破坏不可避免，最终对所有人都有好处。关于不可避免，他们说得没错。遗憾的是，不可避免的变化并不一定总带来最美好的世界。

“基本知识”考试是纯粹的英才教育，在讲究出身阶层的英国，这种教育至今仍难以完全实现。阶层、种族、宗教、性别和年龄，全都不重要。唯一要紧的是，你要熟知街道。虽然申请人有可能会花上好几年时间准备考试，但为此付出的时间和金钱通常远远少于大学教育的花费。伦敦出租车司机的收入比许多大学毕业生都高，而且还能自由支配时间。

优步的进入门槛要宽松许多，但优步司机的收入也“少了许多”。为优步开车，既不是一份职业，也不能实现向上流动。在优步司机发现自己被无人驾驶汽车取代的那天到来之前，情况恐怕都不会有什么变化。

授人以鱼，未必不如授人以渔

据说，改变课程就像搬迁公墓一样，阻力重重。然而改变确实发生了。2013 年，共同核心课程标准（Common Core curriculum）不再要求全美的小学生掌握书写英文草体字的技能。爱达荷州代表林登·贝特曼（Linden Bateman）对此感到愤怒。他说：“现代研究表明，儿童手写草体字比用键盘打字调动的大脑区域更多。各州把草体字书写从标准课程里删除，这在我看来真是不可思议。”贝特曼补充说，他每年要手写 125 封信件。

贝特曼现年 72 岁，比全美的学生们都年长。但持类似观点的，不止他一个人。课程标准变更引起了怀旧派说客们的强烈反应。反对者在 7 个州（包括加利福尼亚州和马萨诸塞州）征集到了足够多的支持者，把草体字重新带回了所在州的课程标准。

问题不在于手写草体字是否还有价值，而在于取消它之后，替代的课程是否能带来更多价值。上课时间用来教写草体字，就意味着这段时间不能用来教其他内容。

传授事实，还是传授方法，是教育的永恒困境。在传授事实的这一边，是背诵乘法表、历史大事日期和教规；在传授方法的这一边，是强调批判性思维和技能（比如怎样在互联网上查找事实，以及你是否需要用到某一项事实）。如果用这种简单化的方法来提问，我们大多数人都倾向于传授方法。授人以鱼不如授人以渔嘛。

“应该教小学生认识哥伦比亚的首都吗？”2009 年金斯顿大学（Kingston University）新闻学教授布莱恩·卡斯卡特（Brian Cathcart）向英国全国教师协会小学委员会主席大卫·范恩（David Fann）提出了这个问题。范恩的回答是一个响亮的“不”字。“他们不需要学习世界上所有国家的首都在哪里，”范恩说，“法国的首都，该学；但哥伦比亚的首都就不必了。学会怎样使用地图效果会好得多。”

范恩的说法并不新奇。查尔斯·狄更斯就曾在《艰难时世》中创造过铁石心肠的校长托马斯·葛擂硬（Thomas Gradgrind）这个人物，以讽刺维多利亚时代死记硬背的教学方法。“现在，我想要的就是事实，”葛擂硬说，“只教这些男孩女孩事实。”不过，随着故事的推移，葛擂硬有了跟埃比尼泽·斯克鲁奇（Ebenezer Scrooge，狄更斯笔下的另一个人物，出自小说《圣诞颂歌》）类似的顿悟。他意识到，每一项事实的传授，只不过给无用教育之墙上又添了一块砖。

狄更斯的小说（以及平克·弗洛伊德的摇滚歌剧）只说对了一半。你不能向斯克鲁奇式的督学证明一项事实或一块砖的价值。拿掉一块砖，墙还能立着。拿掉若干块砖（拿掉的砖不能太多，也不能靠得太密），墙仍然能立着。

可是，以为砖太多，就觉得拿掉大部分砖也行，这就错了。那样一来，孤零零的砖块就只能悬在半空了，墙会垮掉的。学习者必须掌握足够多的事实，才能对自己掌握的知识及其欠缺部分心中有数。只有这样，他才能免受达克效应的影响，也只有这样，他才能借助谷歌补上自己所欠缺的部分。

就以“查找”哥伦比亚的首都到底意味着什么举个例子吧。他不仅需要懂得阅读地图或搜索网络的技能，还需要了解以下两项事实：

1. 有一个叫哥伦比亚的国家。
2. 几乎所有国家都有首都。

事实 1 是学校教的。事实 2 不管是在学校还是其他地方都很少被明确指出。这是学生们在学习了许多国家及其首都之后，自己猜测出来的。除非你既知道事实 1 也知道事实 2，否则，你根本都不知道要查找什么哥伦比亚的首都。实际上，事实和方法不见得可以轻松拆分开来。教育方案侧重于任何一方，都很可能会影响到学习心理的运行方式，这样的风险未免太大了。

共同核心课程标准是保守派对自由主义教育趋势做出的一种反应。它的教父是弗吉尼亚大学英语教授小赫施（E. D. Hirsch Jr.），他认为淡化事实的教育运动搞得太过头了。他注意到，今天的学生普遍缺乏前几代学生具备的基本文化背景。赫施回忆说，自己的父亲是孟菲斯的棉花贸易商，喜欢在商务信件中引用莎士比亚戏剧中的典故——而这些典故，其他商人同行也看得懂，明白其中的意义。

赫施批评现在的教育制度过分强调方法和“批判性思维”，轻视对事实的传授。很多时候，老师告诉孩子们，事实只不过是“举例子”。赫施认为，事实很重要。他与合作者们一起编撰了一份清单，收录了大约 5 000 个人、事和观念。他们认为，这些东西是所有受过教育的人都应该知道的。清单里包括伽马射线、洛可可艺术、绝对零度、人造肛门和阴茎羡妒症等术语。一如赫施所写，它们是“信息网络中所有读者必备的基本知识……这些背景信息存储在他们的头脑里，使他们在拿起一张报纸阅读时具备足够的理解力，能归纳要点、把握内容，将所读信息与未言明的语境挂钩；而语境，则为读者读到的东西赋予了意义”。

1987 年，赫施出版了一本畅销书《文化素养：每个美国人都应该知道的东西》（*Cultural Literacy: What Every American Needs to Know*），这份清单就是全书的基础。在书中，赫施援引了一项实验：哈佛大学本科生道格拉斯·金斯伯里（Douglas Kingsbury）在哈佛广场询问路人：“怎么去中央广场？”大多数人给出了简洁明快的说明，比方说“地铁的第一站”。

接着，金斯伯里又假装成游客的样子，说：“我是外地来的。请问中央广场怎么去？”这一回，路人给出的答案要长得多：

> 哦，你先上地铁。地铁入口在那边，你看到了吧？下楼梯，买张票，把它塞进插槽。进站后，你走到开往昆西站的那一边。在那边乘坐地铁，不过你很快就得下车，因为只坐一站就能到中

央广场，你一定要记住在那儿下车。你会知道什么时候到站，因为那儿的墙上有一块大牌子，上面写着中央广场。

大家都不假思索，认为游客需要更详细的指示。游客与当地人之间缺乏共同的参照点；而这些东西，对波士顿本地人来说或许不言而喻，但对外地人就得明白讲出来。金斯伯里发现，带点密苏里口音可能会得到更详细的说明。赫施认为，这就是证据，说明共同的文化参照点能够提高沟通的便利性和丰富性，对所有人都有好处。

赫施的基本观点很容易被接受；可它能推演到何等程度，却不那么清楚了。在赫施的清单里，有相当多的术语来自古希腊和古罗马。那些时代的文明，靠智者学派、柏拉图学派和莱斯博斯学派等学派作品中的修辞手法延续至今（不过，古希腊人大概很难猜出这些术语在今天运用的意涵）。不过，要弄懂这些词是什么意思，你也犯不着非得读古希腊悲剧诗人索福克勒斯的作品。

今天很少有人会为下一代错失了特洛勒普（Trollope）[①]和萨克雷（Thackeray）[②]的古典修辞手法而烦恼。事实上，要是社论文章提到大多数人从没看过的电视连续剧，或是 Facebook 的帖子暗暗跟食品、音乐、政治、电影和时尚等微观文化拉关系，更容易使我们感到困惑。这到底是一个值得担心的问题，还是生活里无关痛痒的小小反常？

无论如何，赫施的想法仍然具有影响力（也存在争议）。它们是美国 42 个州外加哥伦比亚特区采用的共同核心课程标准的出发点。对许多家长和政客来说，“共同核心”是带有挑衅意味的字眼。有些人得出结论，“共同核

① 英国维多利亚时代最为出色的长篇小说家之一。——译者注

② 与狄更斯齐名的维多利亚时代的英国小说家。——译者注

心”试图强行将进步课程（包括达尔文进化论、妇女及少数族裔的贡献）强加给这个国家不那么进步的学区。南卡罗来纳州时任州长妮基·黑利（Nikki Haley）说：“我们不想像教育加州孩子那样教育南卡州的孩子。”

实际上，“共同核心”是一套毫无冒犯之意的指导方针，它规定每个年级应该教些什么课题。例如，针对一年级学生的英语人文课程标准规定，到一年级结业时，孩子们应当具备如下能力：

- 了解美索不达米亚是“人类文明的摇篮”；
- 在世界地图或地球仪上找到埃及，并知道它是非洲的一部分；
- 了解象形文字是古埃及人使用的书面文字；
- 解释基督教在犹太教之后发展起来的原因；
- 将太阳归类为恒星；
- 解释当美国是白天时，世界的其余地方可能正处于黑夜的原因；
- 将冥王星归类为矮行星；
- 定义心脏是永不停止运转的一种肌肉；
- 知道“一盏灯表示从陆地上来，两盏灯表示从海上来”的典故；①
- 解释英国殖民地的第一批非洲人是以契约仆役而不是奴隶身份来到詹姆斯敦的原因；
- 了解纪念 7 月 4 日的意义。

你兴许会说：“且慢！这不是共同核心课程标准。我在 Facebook 上看到过这套疯狂的家庭作业……”诚然，“共同核心”这个词已经演变成互联网模因了。它已经成了全美采用这套方针布置的一切奇怪家庭作业的通用话题

① 这是美国独立战争时的一个典故。原文是“one if by land, two if by sea”，当时，波士顿旧北教堂里的人事先跟革命军商量好，紧急时刻在教堂塔尖上挂灯，如果挂一盏灯，表示英军是从陆路过来的；如果是两盏灯，表示英军是从海上来的，以这种方式传递信息。——译者注

标签了。没错，设计家庭作业的是个别的老师，不可避免有些老师脑筋不太正常，或者说当天心情不太好（采用共同核心课程标准的州所布置的合理家庭作业从来没人贴过）。我们社交网络做的选择性报道导致人们产生了这样的感觉："共同核心"太疯狂了。信息技术也可能误导，这是一次活生生的教训。

即便如此，有一条对"共同核心"的批评仍然站得住脚：对许多学生来说，它雄心勃勃，却不太现实。我做了一次调查，检验成年人是否知道上述一年级学生应该掌握的事实。这 10 道题，普通美国成年人往往只能答对 7 道（见图 1-1）。

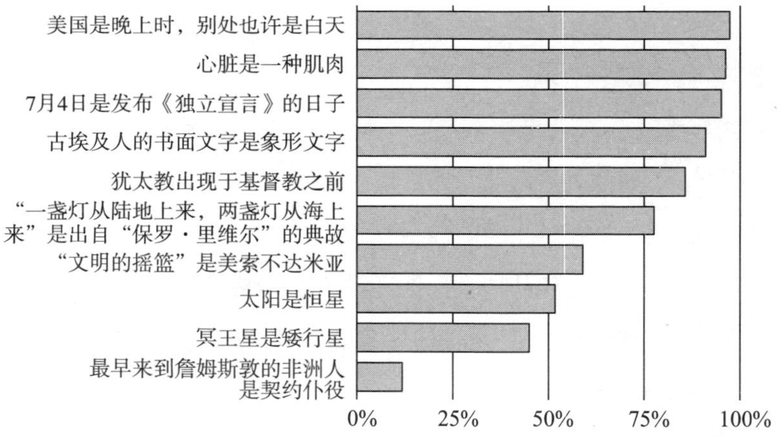

图 1-1　你比一年级小学生更聪明吗

（美国成年人了解一年级"共同核心"课程中事实的比例）

倘若从最乐观的角度看待这些结果，可以这么说：成年人对"这里是晚上，别处是白天"的概念了然于胸。我们或许可以原谅不到一半的人不清楚 2006 年冥王星被降级成了矮行星（虽说这一定义上的变化曾引发媒体的强烈关注）。但一半的公众不知道太阳是恒星就很难理解了。这完全不是什么突发新闻。

展示公众的无知，人们已熟知；实际上，它们往往是深夜喜剧节目的主要笑料。多年来，皮尤研究中心一直在用基本知识问题对公众进行调查。2010 年 9 月，皮尤调查发现，41% 的美国成人说不出时任副总统的名字。20% 的人认为激光器是靠汇聚声波来工作的（这可是一道真假判断题）。58% 的人不知道《白鲸记》一书的作者，其中 4% 的人说是斯蒂芬 · 金——这是一道多项选择题。①

千禧一代都知道些什么

千禧一代掌握了获取知识的新方法，却并不知道知识本身。按照定义，千禧一代出生于 20 世纪 80 年代初到 2000 年前后，是第一代靠着复制维基百科，而非照抄《世界百科全书》做作业的孩子；他们从深夜脱口秀节目《每日秀》里了解新闻，却不看真正的电视新闻节目。如果说当代媒体油炸了我们的共同大脑，那么，它带来的损害，在千禧一代身上表现得更为明显。

心理学家约翰 · 邓洛斯基（John Dunlosky）和凯瑟琳 · 罗森（Katherine A. Rawson）抽查了肯特州立大学和科罗拉多州立大学 671 名大学生的一般知识程度。以下是他们提出的 5 个问题：

- 《卡拉马佐夫兄弟》的作者是谁?
- 分隔欧洲与亚洲的山脉叫什么名字?

① 《白鲸记》是赫尔曼 · 梅尔维尔发表于 1851 年的小说，被认为是美国最伟大的长篇小说之一。——译者注

- 英国皇家海军本特舰[①]发生叛变时，舰长叫什么名字？
- 约翰·肯尼思·加尔布雷思（John Kenneth Galbraith）的职业是什么？
- 菲德尔·卡斯特罗（Fidel Castro）推翻了哪一位领导人？

你大概觉得，在家庭聚会上考考这些题，或许能让全家人开心。可你猜如今有多少大学生能答对它们？

没有任何人。在671名大学生里，没有一个人能答对这5道题里的任何一道！

应该强调的是，千禧一代是全美受教育程度最高的一代人。但接受了更多的教育，并不总是意味着掌握了更多的知识。2015年，美国教育考试服务中心（即设计SAT考试的组织）公布的一份报告得出了这一结论。它将美国千禧一代的语言、数学和数字媒体技巧及知识跟其他22个国家的同龄人进行了比较，美国青年的得分在所有类别里都是最低的。

美国教育考试服务中心将调查结果归纳成了3个数字：全国平均分数，成绩倒数10%者的分数（即得分略高于各国千禧一代最糟糕10%者的分数），前10%学生的分数（即每个国家里分数高于90%千禧一代人的分数）。这样一来，数据点多了3倍，但仍然没有一个数据能提升美国人的自尊心。

美国10%最无知的人，无知得无以复加，得分低于参与测试的其他任何国家的同龄人。而美国10%成绩最好的学生面临的局面也同样严峻。美国最优秀、最聪明的学生，得分高于西班牙，跟其他几个国家不相上下。而美国千禧一代得分最高的这批人，成绩要比斯洛伐克、挪威、日本、德国、

① 此即为著名的“叛舰喋血”事件，发生在18世纪末的南太平洋上，是英国海军史上最成功的一次兵变，举世闻名，历久不衰。——译者注

加拿大和澳大利亚的同龄人低得多。

美国教育考试服务中心报告得出的结论是：

> 尽管美国年青一代有着比从前历代人都更高的教育水平，但跟全球同龄人相比，平均而言，他们在文史、计算和技术等环境优渥的条件下解决问题的技能都较弱……同样令人不安的是，这些调查结果表明，跟从前历代人相比，美国成年人的文史和计算技能都在下降。

没有人真正明白美国千禧一代为什么落在了后面。一种假说（但并未得到证实）是，移动设备是原因之一。美国千禧一代比其他地区的同龄人拥有智能手机的比率更高。2014 年，30 岁以下的美国人 86% 拥有智能手机，中国为 69%，俄罗斯为 46%，巴西为 25%。智能手机把互联网的答案放到了你的手指下；在这种随时都能便利地获取答案的条件下成长起来的人，似乎有必要重新评估一下记忆事实的重要性了。就这个意义而言，美国千禧一代可能指示了全世界的未来走向：人们知晓的信息越来越少，因为没必要了。

我的调查证实了这一发现：美国千禧一代不知道我们视为文化素养根本的许多事实。让我来举几个例子，你就明白了。

大多数（50% 以上）千禧一代说不出任何一个枪杀过总统的凶手的名字，也说不出有谁曾发现过一颗行星；他们不知道苏格拉底最著名的学生是谁，也不知道杀死苏格拉底的是哪一种毒药；他们说不出是谁写下了《坎特伯雷故事集》《欲望号街车》或《1984》；他们说不出法国国王路易十四建造的宫殿叫什么，也不知道托马斯·杰斐逊在弗吉尼亚州的庄园是哪一座；他们不知道“鹿肉”“洞穴探险者”或“象征爱尔兰的三叶草”所对应的专属名词是什么[①]；他们说不出哪一位流行歌手录制了《伤心旅馆》[②]，也说不出电影《飘》或《卡萨布兰卡》的男女主演；他们不知道是哪一位画家画出了《格尔尼卡》《记忆的永恒》和《美国哥特式》；不知道死于阑尾破裂的脱逃术大师叫什么；他们答不出谁发明了电报、蒸汽船、收音机或留声机，谁提出地球绕着太阳转动，谁揭示了闪电也是一种电，又是谁提出了相对论；他们搞不清天空里最亮或第二亮的星[③]、地球上最大的海洋、南美洲最长的河流，哪个城市的机场叫希思罗，珠穆朗玛峰所属的山脉是哪一条；他们不了解哪一位女科学家发现了镭，哪一位女士设计并缝制了美国的第一面国旗（尽管这只是个通俗传说），哪一位埃及女法老跟马克·安东尼结盟对抗罗马共和国；他们不能从照片里认出卡尔·马克思、维多利亚女王或查尔斯·狄更斯；他们也认不出哪一种已经灭绝的生物的名字叫“可怕的大蜥蜴”，不知道哪一种毛茸茸的大蜘蛛偶尔在香蕉中被发现，不知道印度耍蛇人用的是哪一种致命的毒蛇，不知道哪一种毛茸茸的动物会攻击这种蛇；问到纽约州的首府是哪里，问到哪一种金属在室温下是液体，他们脑子里一片空白；他们不知道弗兰克·劳埃德·赖特（Frank Lloyd Wright）是靠什么为生的；他们说不出《白鲸记》捕鲸船皮廓德的船长叫什么，不知道查尔斯·达尔文搭乘哪一艘船进行科学远航，不知道制造出第一枚原子弹或第一颗人造卫星的秘密项目叫什么；他们不知道以空中花园闻名于世的古代城市叫什么，不知道哪一座城市毁于维苏威火山爆发；不知道罗马大火时哪一位皇帝却抱琴吟诗；大多数千禧一代也不知道埃德加·爱伦·坡的诗歌里，乌鸦说了哪一个词[④]。

---

① 这三个单词分别是“Venison”“spelunker”和“Shamrock”。——译者注

② 是猫王埃尔维斯·普雷斯利。——译者注

③ 这里有个小小的文字游戏，如果这里星指的是“恒星”，那么天空里最亮的星应该是太阳；如果这里的“星”仅仅指夜空里的星，那么最亮的是天狼星，而两者结合起来，即是天空里最亮或第二亮的星了。——译者注

④ 爱伦·坡最著名的一首诗就叫《乌鸦》。——译者注

理性无知

公众对这些报告的常规反应是既惊讶，又逗趣。年轻人或普通公民懂得这么少，实在太可怕了——对吧？有必要问一问，我们怎么知道这叫真可怕，以及它是不是真的可怕。

无知可以是理性的。20世纪50年代，经济学家安东尼·唐斯（Anthony Downs）提出了这一说法。他的意思是，很多时候，为获取知识多付出的努力，超出了获取知识所得到的优势。关注政治的选民就是一个例子。干吗这么费事呢？选民除了投出手中的一票之外，别无其他力量可言，而这一票永远不曾左右过选举，未来也不会。

又或者，你可能没有学过什么吟颂乌鸦的诗歌，照样拿到了文凭，找到了高薪的工作。那干吗还要学这些东西呢？

当今时代人们对待知识的态度是很矛盾的。我们仰慕知识，而且至今仍认为：知识本身就是一个追求的目标。但我们又更多地把知识看成是达成目标的手段：实现社会进步，获得财富、权力。对毫无功利心的教育，我们心存怀疑；而看到“投资回报率最差的8类大学文凭”一类的标题，我们就会忙不迭地点击进去。

这是理性无知的黄金时代，也是为无知开脱的黄金时代。信息被以惊人的速度生产出来，又以惊人的速度贬值过时。每一天，我们脚下的文化都在改变。跟上它的脚步越来越难，人们甚至说不清自己是否跟得上它的脚步。跟进中东政治，阅读当代小说，关注地方政治，乃至了解可穿戴技术和大学篮球队的成绩到底有多重要呢？我们只能猜猜而已。我有个朋友，最近大声地自言自语：不知道《权力的游戏》[①]有问题吗？如果你说，需要的任何信息

① HBO电视台拍摄的一部中世纪史诗奇幻题材的连续剧。——译者注

随时都可以查，这其实是回避问题。你总不能谷歌一个观点吧。

知之甚少，不一定是知道得少。他们只是知道不同的东西。一个把所有空闲时间都拿来玩电子游戏的玩家，对这些游戏有着百科全书般的了解。说他知之甚少，评判标准未免过分武断。不是每个人都同意赫施的观点：有一套固定的事实，是所有人都该知道的。但如果没有这样的一套事实，知识渊博就只能是一个完全相对的概念了。

当今的传媒界并未给我们太多指导。它鼓励我们对信息进行个性化的过滤，让人能够超轻松地获取自己中意的有关明星、节目、球队、意识形态和高科技玩具的新闻。这样，我们花在其他事情上的时间和注意力就越来越少了。重大的风险倒不在于互联网让我们知之甚少，或是接收到了错误的信息。相反，重大的风险在于，它有可能令我们陷入“元无知”（meta-ignorant）状态，也就是说，无法意识到自己无知的状态。

谷歌效应

互联网怎样改变着人们的学习和记忆，是如今的一个热门研究领域。让我们先从“谷歌效应”(Google effect)谈起。2011年,哈佛大学的丹尼尔·韦格纳（Daniel Wegner）发起了一项实验，给志愿者看了一份含有40桩琐事的清单——就是一些短句，如“鸵鸟的眼睛比脑子大”。按照指示，每人要把所有这40句话输入计算机。一半的志愿者被要求记住这些事实，而另一半没有被这样要求。此外，有一半的人了解自己的工作将存储在计算机上，而另一半则被告知任务完成后输入内容会被即刻清除。

随后，志愿者接受了跟所输入事实相关的测验。按指示被要求记住信息的人得分并不比另一半人更好，但那些认为自己的工作很快就会被清除的人得分就比另一半人高得多。因此，分数高低与是否试图记住事实无关。

普鲁斯特不是第一个提出记忆是一团谜的人。我们记得他在小说里写到，玛德琳知道小蛋糕要泡在茶里，却忘记了许多有更大影响的经验与事实。有意识的思维对记住哪些事、忘记哪些事没有太多选择权。没有人会主动忘掉客户的名字，也不会永远记住一段悦耳的流行歌曲的歌词，但它就那么发生了。

韦格纳的实验的结果与一套实用主义的记忆体系是一致的。人不可能记得住所有事。无须有意识的干预，大脑会自然地对记忆进行分类。显然，大脑能认识到，对容易获取的信息没太多必要都存储起来（在需要知道鸵鸟眼球有多大之前，你恐怕要等上很长时间）。因此，人们以为事实被归档了，其实事实大多被遗忘了。这种现象现在有了名字——谷歌效应，意思是能在网上找到的信息，大脑会自动遗忘。

谷歌效应带来了一些有趣也令人不安的可能性。其一，是我们对 Snapchat 和 Confide 等应用程序中发送的信息（照片或文字阅后即焚），可能比短信或电邮的信息记得更清楚。如果这是真的，Snapchat“酒后胡言乱语”的设计用意就白费心思了。

如果你把谷歌效应推导至最荒谬的顶点，自拍就会导致健忘。2013 年，费尔菲尔德大学的琳达·亨克尔（Linda Henkel）进行的一项研究指向了上述问题。亨克尔注意到，博物馆的游客痴迷于用手机拍摄艺术品，但对观赏画作本身的兴趣却越来越低。于是，她在费尔菲尔德大学的贝拉明艺术博物馆进行了一个实验。在本科生参观博物馆时，他们要按照预先指示去观赏特定的画作。依照实验设计，有些人要拍下画作，有些人只简单做笔记。第二天，亨克尔询问两组学生对画作本身的了解情况，发现拍照的学生在辨别画作、回忆细节等方面都表现较差。

我们无意识记忆的管理者显然必须意识到，如今唤醒事实的速度究竟有多快，途径究竟有多便捷。宽带网络为我们创造出一种新的学习和记忆机制：更少记忆，更快遗忘。过不了几年，我们大概全都会穿戴能全天候拍摄视频流的设备了，而社交媒体会让我们全都患上健忘症吗？

信息时代的分布式记忆

来源记忆（source memory）指的是回想起自己是在何时何地了解到某一事实的。它往往不可靠，还会牵扯出错误的记忆。“对啊，变色龙是水生动物。我忘了是从哪儿听说的……”

哈佛大学的一项实验表明，我们对来源记忆的依赖变得越来越强。研究者给被试者看一份琐碎的事实清单，告诉他们，这些事实存储在一个叫作“事实”（或者“数据”“信息”）的文件夹下。结果，被试者们对存储这些琐碎事实的文件夹记得更清楚，对事实本身反而不怎么记得，哪怕这些事实奇奇怪怪很值得记住（如“鸵鸟眼球的大小”），而文件夹的名称却普普通通，毫无特性。

如果我们几乎什么事实也不知道，只知道到哪去查询需要的内容，我们能正常工作吗？其实，已经有人几乎就按这种方式工作了。在这些人里，有群人叫作“律师”。“无知不是借口”是美国法律体系里的一句讽刺格言。每一年，光是国会就会新增近 2 000 万字的法律条文，人们差不多要花上 10 个月才能读完这些条文。这还只是联邦一级新增法律的文字数量。此外，你还要加上几百年以来（联邦、各州和地方）的原有法律条文，以及以这些法律为依据做出的判决，这么大的文字量光靠个人力量几乎不可能读完。律师只知道法律的基本框架，他们需要就具体案件咨询相关领域的专家。

近年来给人印象最深刻的一项记忆实验揭示，人们对来源记忆的依赖正在变得自然而然。主持这项研究的是丹尼尔·韦格纳和亚德里安·沃德（Adrian F. Ward），他们对经典的斯特鲁普测试做了一点小调整。斯特鲁普测试是个有趣的基础心理学实验，被试者会看到表示颜色的名词，但这些字是用“错误”的墨水或像素呈现的。比如，“红色”这两个字用蓝色墨水打印。被试者要大声地把文字的颜色说出来（而不是说出表达颜色的名词）。结果比你想的要困难得多。

例如，请说出以下文字的颜色。

GRAY

WHITE

BLACK

人们通常的反应是无能为力，沮丧地笑笑，而说出文字颜色所花的时间是文字和颜色相同时的 2 倍。

1935 年，著名心理学家约翰·斯特鲁普（John Ridley Stroop）在论文中描述了这一发现。斯特鲁普拿到了心理学博士学位，后来他对“圣言”（Word）产生了更大的兴趣，就离开了心理学领域，到田纳西州做起了乡村牧师。

与此同时，斯特鲁普的发现名声越来越响，推动了数以千计的心理学研究进展。比如，斯特鲁普测试可用来测量注意力和暗藏的想法。有的实验是要求受试者不吃东西完成测试，实验者会在单词表里罗列一些看似随机的词汇，饥饿的受试者碰到“汉堡”“晚餐”等词时速度就会慢下来。因为有关食物的念头正处在他们思想的最表层，饥饿的人很难对与食物相关的单词泰然处之。

回到韦格纳和沃德的研究。他们在一项实验中就运用了这一原则，志愿者要回答一些棘手的问题，比如："所有的国旗上都至少有两种颜色吗？"随后，他们要完成一项斯特鲁普测试，词汇清单里用不同的颜色印刷着一系列众所周知的品牌名，任务目标就是尽快准确地说出每一个品牌名的颜色。

被试者读到"谷歌"和"雅虎"等词语，解读颜色的速度就会慢下来，而对"耐克""塔吉特"等词语却不会。显然，棘手的问答测试把人们的注意力引导到上网搜索答案上了。

为了证实这一点，研究人员做了另一个版本的实验，测试设计的问题简单至极，按理每个人都知道正确答案。被试者在进行品牌测试时，碰到"雅虎"和"谷歌"等词汇，解读速度并不会放慢。只有遇到难题，才会有上网搜索的念头出现。

NIKE

GOOGLE

TARGET

YAHOO

韦格纳把谷歌效应跟分布式记忆（distributed memory）的一般现象联系起来。上网敲打键盘只是我们在大脑之外储存信息的诸多途径之一。早在虚拟社交网络出现之前，我们就在真实的社交网络里分享记忆、知识和专长了。我不是美食家，但我有能推荐好馆子的朋友。我不认识大夫，但我认识能推荐专科医生的全科医生。我们无法知道一切信息，但我们靠着认识相关领域的人就能蒙混过关。

在一定程度上，分布式记忆可以抵消错误信息。调查显示，大多数人认为抗生素能对抗病毒，但这是错的。但正如耶鲁大学的丹·卡汉（Dan M. Kahan）指出的，“大多数人”并不会给自己开阿奇霉素，重要的是他们知道生了病最好去看医生，并遵医嘱服药。

谷歌效应是对分布式储存的另一种适应方法。云端是个恰巧知道一切的朋友，它随时可用，能在几秒钟内提供答案，永远不会对愚蠢的问题感到烦躁。因此，哪怕我们对它的依赖简直到了荒唐的地步，也都不足为奇了。经济学家赛斯·斯蒂芬斯-达维多维茨（Seth Stephens-Davidowitz）注意到，在谷歌上，包含“我的阴茎”一词的第三常见搜索关键词是“我的阴茎有多大？”其实，拿把尺子你会有更准确的答案。

复制粘贴的去道德化

我们对云端的依赖叫人想起古希腊人和古罗马人都熟悉的一个行当：“助记员”（mnemon）。助记员是职业的好记性。在元老院进行演讲和辩论时，他们会站起来提供所需事实。显然，没有人认为这表现了演讲者对专业知识的欠缺。今天，互联网扮演了常见的助记员的角色，而我们时代的政治家们却对它又爱又恨。

参议员兰德·保罗（Rand Paul）被控从维基百科和其他在线来源抄袭资料。他在2012年出版了一本书《政府霸道》（*Government Bullies*），逐字逐句摘抄了《福布斯》杂志一篇文章中的段落，共不足100个字，且未提供出处。具体如下：

> 金德鱼子酱公司和黑星鱼子酱公司在认罪协议中同意支付5 000美元的罚款，两家公司的法人因此获缓刑3年的处罚。在此期间，这两家公司被禁止申请获得《濒危野生动植物种国际贸易公约》出口许可证。

这样一段法庭记者报道居然也值得去抄（不管任何人、任何事），这本身就够神奇了。但这还仅仅是政界人士、记者和名人抄袭网上信息来源被报章曝光的案例之一。尽管大多数高调的剽窃者均为中壮年，但他们往往会将其归罪于较年轻的下属。因为年青一代的成长经历，使他们认为复制粘贴是件很自然的事，在道德上无关对错，就跟流行音乐一样。

霍夫斯特拉大学新闻学教授苏珊·德鲁克（Susan Drucker）说，就连学生们之中也存在代际差异。“研究生仍然认为文字剽窃是偷盗行为，但十七八岁的本科生却并不这么认为。‘在互联网上复制资料很容易，’他们说，‘怎么可能是错的呢？’”

除了诱使侵犯版权之外，“网络助记员”还可能鼓动我们对知识采取毫无来由的傲慢态度。在丹尼尔·韦格纳和亚德里安·沃德进行的另一轮问答游戏实验里，半数的参与者可以在网上查找答案，另一半则不能。之后，所有参与者都要填写问卷调查表，对自己的记忆、知识和智力水平进行评价。

一如之前的预期，测验成绩和自我评价之间存在着关联。但令人诧异的是，所有答案都是靠查询得来的人自我评价反而更高。复制粘贴谷歌或维基百科的答案让人觉得“我很聪明”（这是问卷中的一道题，询问参与者“同意或不同意”）。

很自然地，网上查找答案更容易获得高分。韦格纳和沃德接着做了另一个版本的实验，他们告诉所有参与者每个人都得到了近乎完美的分数。可即便如此，答案靠在线检索得来的人仍然觉得自己更聪明。

或许，你会表示反对，说“觉得自己聪明”跟不说明出处就将他人文字据为己有是两回事。尽管如此，但支持人们上网复制粘贴资料，为这一行为找寻借口，并上升到道德层面的，恰恰是这种主观感受。而这项实验表明，我们已经逐渐把“互联网”纳入集体记忆了。

云端访问已很便捷，不久的将来会变得更顺畅。电影《安妮·霍尔》中的一个桥段似乎已经过时——或者它只是个预言？伍迪·艾伦在排队，前头有个男人正跟自己的约会对象拿马歇尔·麦克卢汉[①]开涮。艾伦打断此人，说他对麦克卢汉的理解完全错了。那男子说，自己在哥伦比亚大学教的就是媒介研究课。艾伦没法当场拿出智能手机驳斥对方，因为当时还没有智能手机。相反，他从银幕外把马歇尔·麦克卢汉拉来，亲自斥责这个人。

如今的情况越来越接近这一个情节。卡内基梅隆大学的计算机科学家克里斯·哈里森（Chris Harrison）对“积极聆听”（active listening）的构想是，让智能手表监控用户对话，并在后台执行搜索。你一提到麦克卢汉（或是身边的某个大嘴巴），手表就能显示有关麦克卢汉的信息，以备不时之需。稍微瞟一眼手表，它可能就会提示你想起一个更好、更切题的论点，或者在手表上弹出麦克卢汉的讲座视频，以推翻辩论对手刚说过的话。

这几乎不算科幻场面，通过语音识别切入网络搜索已是寻常的事情。现在还做不到“积极聆听”，主要是碍于电池寿命和蜂窝数据的成本。一旦解决了这些问题，哈里森的大部分设想都会变成现实。

在这样的世界里思考知识的价值并不算言之过早。当然，人们必须对马歇尔·麦克卢汉的观点足够了解，才能发表反对的观点。否则的话，从云端

① 加拿大著名哲学家及教育家，是现代传播理论的奠基者。——译者注

获取麦克卢汉的信息就毫无价值了。

求知的价值

在一个查找事实如此便捷的世界，求知还有价值吗？本书就试图回答这个简单的问题。我主要通过对公众知识的原始调查进行分析来进行说明。

本书提及的调查是通过一种新型投票技术进行的。这种技术，许多人或许还不熟悉。因此，有必要稍作介绍。“互联网小组调查”（Internet panel survey）的整个流程如下：有一家机构，招募了大批同意参加日后调查的人（就是所谓的“小组”）；接着，由这家机构开展互联网小组调查。每当要开展新调查时，软件就会随机从小组里抽取人选进行联系。入选者会收到含有调查链接的电子邮件，为实现与普通人群近似的人口统计平衡，这种邮件调查一般会进行若干轮。受访者样本可以按性别、年龄、种族、教育、收入，以及调查人员、市场营销员关心的其他人口统计因素加以平衡。

较之传统的电话访问，互联网小组调查有两个明显的优势。一是几乎很少被拒绝。传统的调查员会随机拨打电话号码。对大多数人来说，一通来自民意调查员的电话跟电话推销员的电话同样让人反感，所以，许多人一旦听明白打这通电话的人要干什么，就会挂断电话，或是根本不接电话。这就损害了样本的随机性。比方说，50 岁的已婚白人妇女有更高概率接听并完成电话访问，那么，调查样本就出现偏差了。在互联网小组调查中，每个人都表达了参与的意愿（超过 90%）。因此，对任何具体的研究来说，邀请算法更容易实现人口统计的平衡。

但我要提醒一点：互联网受访小组里的每个人都能接入互联网。2013 年，根据世界银行的估计，有 84% 的美国人是互联网用户。从整体上来说，这

84% 的人比全美平均水平更富裕，受教育程度更高，更善于使用数字技术。这一点要牢记。不过，几乎所有拥有电话的人都可以接入互联网（哪怕只是通过智能手机的蜂窝数据访问）。所以，相对于电话抽访的缺点，该领域的局限性对调查来说算不上太大。

非营利组织，如兰德公司的“美国人生活小组”（American Life Panel），以及科创公司，如 GfK KnowledgePanel、SurveyMonkey 和 Amazon’s Mechanical Turk 等，已开展互联网小组调查业务。通常，调查机构会对志愿者选择的慈善组织进行小额捐赠，并对志愿者给予奖励。这提供了适度的激励，又阻挡了出于赚钱目的的参与人。没人能主动要求参与某项调查，抽选算法会对单个受访者的参与次数进行限制，每人每年只能参加两三次调查。

我在调查须知中说明了测量公众知识水平的目标，要求参与者不能查找答案。少数人也许会作弊，即便如此，获得高分也没什么好处。大多数调查都是很快就填写完成的，参加者几乎没有时间仔细琢磨答案。而且，总体结果（往往表明公众知识水平低得惊人）也表明，作弊的影响不大。

近年来，互联网小组调查已得到学界和商界的认可。对社会科学家来说，它们会极大地改善传统上在校园投放传单调查本科生的陈旧方法。营销人员现在已使用互联网小组调查对新产品、广告和设计做测试。诸如 NBC 新闻台、《华尔街日报》《洛杉矶时报》和彭博新闻社等媒体都使用这种技术做民调。

这种技术的另一个优点是，它比传统调查方法更快捷、更廉价，使我有可能借助在几年前还无法实现的方法去考察公众知识水平。你将在本书中看到其中的一些例子。

这些调查记录了公众对数十个重要领域（从量子物理学到当代艺术和流

行文化）的认识状况。它们还解释了事实性知识与财富、健康、幸福，以及政治态度和行为之间的关联性。大多数章节列出了一些调查问题（收录在表格当中），方便你了解自己相对他人的知识水平。

本书分为 3 部分，聚焦 3 个主题（略有重叠）：

- **信息爆炸时代，为什么人却越来越无知？**互联网不会让人变蠢，但它会让人们更难意识到自己对哪些事情无知。缺乏知识会扭曲人们构建世界的心智地图。这些曲解会影响到人们在私人领域和公众领域的选择、行为和观点。
- **哪些知识让你更富有、更幸福？**回答所谓的“琐碎问题”的能力，跟较高收入和乐活人生是挂钩的。就算排除了正规教育年限和年龄因素，知识红利论断也常常站得住脚。求知有着现实价值，它不只意味着文凭，也不只意味着在大学里建立的人际关系。
- **在无知的世界成为赢家的几种策略。**我将探讨能采用的几种策略性方法：个人可以利用当今的媒体“通晓世情”；公司和机构如何适应文化素养缺乏的社会；政府如何帮助缺少信息的民众做出明智的选择。

HEAD IN THE CLOUD **年龄测试**

- **美国共有多少位参议员？**
- **巴西的首都是哪？**
- **棒球中的游击手是在哪个位置击球的？**

如果你回答出“100 位”“巴西利亚”“二垒和三垒之间”，

你就答对了。从统计学上看，你大概比那些答错的人年龄要长些。

虽然上述事实始终没变，也无关出生年代，但年轻人好像根本不了解这些事。正确回答出参议员的人数，平均而言他们比答错的人要年长 9 岁。就巴西首都和游击手问题而言，两者的年龄差异在 6 到 7 岁之间。

HEAD IN THE
CLOUD

Why Knowing Things Still Matters When Facts Are So Easy to Look Up

02

扭曲的心智地图

美国肯塔基州一所天主教学校的老师兼护士苏珊·谢尔曼（Susan Sherman）从肯尼亚访问归来后，发现自己在路易斯维尔的学校受到排斥。时值 2014 年年底，埃博拉病毒正肆虐非洲国家几内亚、利比里亚和塞拉利昂。谢尔曼所在学校的家长担心她会带回埃博拉病毒，传染给孩子们。

肯尼亚并没有爆发埃博拉病毒，但学校禁止谢尔曼上课 21 天（检疫隔离期），并要求她提供医生开具的体检证明，证明她并未感染埃博拉病毒。谢尔曼没有照做，而是提交了辞呈。

这个例子揭示了公众对地理知识的无知会造成怎样的不良影响。对许多美国人来说，非洲是个小而单一的地域，就跟拉斯维加斯和卡波圣卢卡斯（墨西哥旅游胜地）差不多。实际上，肯尼亚距离2014年爆发埃博拉病毒的国家有5 600多公里。这个距离，比从美国的路易斯维尔到巴西的马瑙斯还远上近千公里。按照谢尔曼所在学校的逻辑，从路易斯维尔回肯塔基的游客需要检查行李中是否携带了食人鱼。

美国式的自恋和愚蠢的经典案例是地图测验。有多少美国人能从地图上找到阿富汗的位置？根据2006年美国国家地理学会和罗珀公共事务及媒体公司联合进行的调查，在年龄在18～24岁之间的青年中，只有12%的人能找到。民调组织多年来一直在抽查这类问题，可想而知，它们对美国教育状况发出了近乎绝望的呐喊。

我利用互联网小组调查的敏捷性和灵活性完成了一项更雄心勃勃的地图测验。我不光问到了新闻里常出现的少数几个国家，还问了美国所有的50个州，全球170个主权国家（以及若干争议领土和地区）。我从上述地域总集合里挑选了10～15个，使用美国、各大洲或世界地图（内有边界线，但未说明边界线内是哪个国家或州），请每一位参与者找到它们的位置。

接着，我用调查结果制作了变形地图。这些地图是经过调整的，每个地区的面积按人口、选票或其他相关变量的比例进行缩放。在这个例子中，各州或国家按照参与者未能在地图上对其定位的百分比进行盈缩设定，就得出了“无知地图”（map of ignorance，见图2-1）。

几乎每个美国成年人都可以在美国地图上找到佛罗里达州、得克萨斯州和加利福尼亚州。找到缅因州和华盛顿州等“角落”州也很容易。所以，在变形地图里，它们几乎没有缩小。阿拉斯加州和夏威夷州并未显示，它们只是个小点，几乎所有人都可以找到它们。

图 2-1　无知地图：美国

膨胀的州是多数美国人没找到的州。最难找的州是特拉华州：58% 的美国人无法找到它的位置，超过 1/3 的美国人无法找到内布拉斯加州、密苏里州或亚拉巴马州。

为什么那么多美国人不擅长锁定州的位置呢？相似的地理形状和州名拼写筛掉了一些本可以找到的人。经常有人把伊利诺伊州（Illinois）跟印第安纳州（Indiana），及其他"以元音为首字母"的州搞混。密苏里州（Missouri）和密西西比州（Mississippi）也常被混在一起。

对位于大平原北部和落基山脉的各州，人们犯下的错误不可胜数，他们说不清这些几乎全是长方形的州。此外，形状不太一样的双生州，比如新罕布什尔州和佛蒙特州、亚拉巴马州和密西西比州，弄混的人也很多。

在世界地图上，我测试了所有国土面积超过 700 平方公里的国家。略去的国家大多为岛国（加勒比海的格林纳达、南太平洋的图瓦卢和印度洋上的马尔代夫等），以及一些极小的欧洲城市国家（列支敦士登、摩纳哥、梵蒂冈和圣马力诺）。这是没办法的事，它们在地图上大多是个点。

在我的受访样本里，几乎所有人都可以找到美国、加拿大、墨西哥和澳大利亚。这些容易定位的国家，在变形地图中只比实际尺寸小了一点。美国人对俄罗斯、中国、日本，以及对游客友善的西欧国家也很熟悉。调查的参与者找到意大利就跟找到美国一样轻松。这肯定意味着什么——或许是因为我们吃了很多比萨饼吧。比萨盒子上常常印着靴子形的意大利地图，往往被作为事实商标。

在一幅投射美国人无知程度的地图里，非洲膨胀得最厉害。巴尔干半岛和中东地区占据了欧亚大陆的大部分面积，而容易识别的俄罗斯和中国则缩得很小。人们容易找到的巴西不再主宰南美大陆（见表 2-1）。

表 2-1　美国人在世界地图上找到下列国家的比例

国家	有多少美国人在地图里找到它的位置
美国	98%
澳大利亚	98%
意大利	98%
墨西哥	97%
俄国	92%
中国	91%
日本	90%
巴西	88%
印度	84%
英国	82%
法国	80%
朝鲜	73%
伊朗	53%
以色列	45%

续前表

国家	有多少美国人在地图里找到它的位置
哈萨克斯坦	42%
委内瑞拉	40%
尼日利亚	27%
哥斯达黎加	10%
刚果共和国	5%

受访者最擅长找到大国和大面积的领土，这很合情理。常见的地图投射法对格陵兰岛和南极洲的面积夸大极多，有可能会提升其辨识率（因此在变形地图中会缩小）。

哈萨克斯坦是全球国土面积第九大的国家，几乎是得克萨斯州的 4 倍，但只有不到一半的受访者可以在地图上找到它。整体来说，美国人对几乎任何一个以“斯坦”结尾的国家都“搞不清”（见图 2-2）。苏联和南斯拉夫解体后的政治地图，许多美国人也分辨不清。

诚然，这些国家很少会出现在美国的新闻里。但大多数美国人连经常出现在新闻里的国家都找不到，比如以色列。只有一半的美国人能找到才曾去打过仗的伊拉克和阿富汗。

有些极为相似的“双胞胎”国家的确令人困惑。比如，刚果共和国（首都是布拉柴维尔）与它东边大得多的邻国刚果民主共和国（旧称扎伊尔，首都是金沙萨）不是一回事。在我的调查中，能确定刚果民主共和国位置的人是最少的，只有 5% 的受访者答对了。

图 2-2　美国人几乎搞不清以“斯坦”结尾的国家

除了地图测验，我还有充分的证据可证明美国人的地理知识是多么贫乏。2006 年美国国家地理学会和罗珀公司进行的联合调查显示，18% 的美国青年认为亚马孙河位于非洲；20% 的人认为苏丹在亚洲，10% 的人认为在欧洲。75% 的美国人认为，英语是全世界最通用的语言（正确答案是中文普通话，其母语人口是英语人口的 2.6 倍）。《国家地理》杂志的人毫不夸张地做了番总结：“美国人在地球上并不孤远，但按许多年轻人的观点，我们怕是不孤远也难了。”

2013 年，哈佛大学的校报《哈佛深红报》拍摄了一段视频，记者随机请学生说出加拿大的首都。答案包括，“我不知道，大概是温哥华，或者别的哪个地方吧”“阿尔伯塔？我不知道呀”“是多伦多吗”，等等。

① 阿富汗英文为“Afghanistan”，以“stan”结尾，所以作者将其也列入了这一图中。——编者注

美国式的无知孵化出一类新的谈话节目和YouTube上常见的视频内容。节目内容都很简单：拍摄者用摄像机对着受访者，提一个简单的问题，把所有让人瞠目结舌的答案剪辑在一起，以博观众一笑。但千万别播出那些正确作答的人，那就不好玩了。因为所有的观众都知道，拍摄者必须采访成百上千的人才能得到一堆错误答案。我以前认为这类视频有点自命不凡，无非是选择性报道罢了。但我现在更清楚实际状况了。这些视频的确有些自命不凡，但受访者的无知并不是编辑刻意筛选、以偏概全的结果。

我自己的调查选用了一个涵盖美国所有年龄段和教育水平的样本，其中有47%的美国人知道加拿大的首都是渥太华。这是一道选择题，有5个备选答案（这种形式比填空题更简单）。有两份严肃的经同行评议的大学生知识水平调查也问过“加拿大的首都是哪里”的问题。我们在2012年的一次调查中发现，只有1.9%的美国人回答正确。

我发现，大约9%的美国成年人不知道新墨西哥州属于哪个国家。最多人选择的错误答案是“墨西哥”。自从被纳入美利坚合众国的版图，新墨西哥州就和整个国家的发展同呼吸、共命运；每一次总统选举，这里的选票都是计算在内的。热门电视剧《绝命毒师》就在该州拍摄，可居然有1/10的美国人对该州知之甚少。

2006年美国国家地理学会和罗珀公司联合调查的一个亮点是，千禧一代在抽象地图阅读能力测验中取得了很好的成绩。调查人员给他们看一幅虚构的“无主之地”（no-man’s-land）的地图，并提一些问题，如“哪座城市最有可能是港口”，大多数人都知道选择一个靠近水路且有多条高速公路汇聚的城市。美国的教育制度把一代人塑造成能看懂地图却不知道领土归属的人。

所以，地理学大概正沦为跟手写草体字相同的命运。这很糟糕吗？

一些警示世人的证据表明：没错，这的确很糟糕。2014 年，俄罗斯军队进入乌克兰的克里米亚半岛。美国人发起了应该如何应对的大辩论。凯尔·德罗普（Kyle Dropp）、乔舒亚·克策（Joshua D. Kertzer）和托马斯·蔡佐夫（Thomas Zeitzoff）这 3 位政治学家进行了一轮全国调查，请美国人在世界地图上找到乌克兰的位置。

调查采用了未做标记但有国界线的世界地图。参与者要点击最能标示出乌克兰所在方位的点。正确点到乌克兰境内的人，只有参与总人数的 1/6。

其他美国人的点击位置遍布整张地图。每个人口稠密的大陆都有人点击，格陵兰岛上也有一群人点击，就连美国境内都有少数人点击。还有几个点落在了海洋中，连岛屿都不是。点击海洋的人要么把乌克兰想象成了失落的亚特兰蒂斯，要么他们根本分不清世界地图里哪一部分表示水域，哪一部分表示陆地。

根据调查，研究人员发现，猜测点距离乌克兰实际方位越远的人，就越支持美国对乌克兰实施军事干预。

战情室为什么要挂地图呢？原因就在于，地理学有助于决策者判断一场军事行动对国家安全是至关重要，还是无关紧要；它是可行的，还是成本高得无法负担。乌克兰是在美国境内，还是主权国家；它是海洋国家，还是陆地国家，这些都是决定是否派军队去乌克兰的细节因素。

事实性知识和政治意见之间的相关性还不止于此。我进行过一项调查，其中包括 16 道一般常识测试题，有两道题跟地图有关（受访者被问到北卡罗来纳州和乌克兰的方位）。调查还提出了一个政策意见问题："有关在边境线上建造围墙阻止非法移民的讨论有很多。以 0 到 10 为程度衡量，你的看法是怎样的？”

答对事实性问题越多的受访者，越不喜欢修建边境围墙的主意。即便受教育水平和年龄这两个变量保持不变，事实性问题回答情况与政策意见的偏好之间的相关性也非常高。边境围墙的支持者不仅受教育程度较低，在同等教育水平和年龄层的人群，他们知道的事实性信息也更少。

平均而言，在事实性部分成绩优异（16 道题全答对）的人，对边境围墙的支持情况是：2.25 分（总分是 10 分）。而回答糟糕（16 道题全答错）的人，对边境围墙的支持情况是：7.22 分。他们持高度赞成的态度。

在地图上找不到乌克兰的美国人更支持修建边境围墙。在调查中还有一个与支持边境围墙关联度很高的问题：

> 科学家认为，早期的人类猎杀了剑龙和霸王龙等恐龙。这一表述是真的，还是假的？

说真的人，大多想要修建边境围墙；说假的人，大多不支持。

边境围墙既是一个实际问题，也是一个意识形态问题。至少有一部分对移民问题持鹰派立场的人秉持这样的想法：政府可以用最低的成本迅速修建一道神奇的围墙，以达到震慑非法移民的目的。想法更周全的人总是提出各种棘手的问题：这将耗费纳税人多少钱？会有效吗？地理知识有助于估算成本，历史知识则为判断政策成败提供了依据。

民主制度并不依赖于每一个公民博学多识。一部分选民比其他人欠缺这样或那样的知识没有什么大不了的，只要无知者的政治立场与知情者的分歧别太大就行。如果无知者的政治观点截然不同，而且人数比知情者要多的话，我们就应该担心了。我把上述调查结果称为“边境围墙原理”：特定政治观念从达克效应的角度理解最恰当。

国债、赤字，谁能搞得清

对地理知识的无知扭曲了我们的心智地图，有时还会影响公众意见的走向。同样，其他知识的匮乏也会扭曲我们的世界观。当问题牵扯到很大数字的时候，往往更是如此。

2013 年 10 月，因为美国联邦赤字过高，当时的参议员特德·克鲁兹（Ted Cruz）正在计划关闭部分联邦政府部门的方案。《商业内幕》（*Business Insider*）杂志为此发起了一轮互联网小组调查，邀请全美各地的 500 名受访者估计一下美国的赤字规模。这是一道选择题，按等级对人们的猜测结果进行分组（见图 2-3）。

最常见的答案是，有 23% 的受访者选择了介乎于 10 亿 ~ 100 亿美元赤字规模。2013 年的实际赤字规模是 6 420 亿美元，比多数受访者认为的要高 100 倍。

其他人对赤字规模低估的就实在夸张了。有超过 10% 的受访者认为只有区区几百万美元。这部分美国人大概是居住在另一个宇宙，因为来自佛罗里达州小城博卡拉顿的退休眼镜商人开张支票就能把当年的联邦赤字给补齐。

调查还询问了美国前一年的联邦赤字有何变化。是增长了，减少了，还是大致不变？知情的公民自然知道，随着经济的缓慢复苏，再加上削减开支、增加税收，联邦赤字从 2012 年的 1.09 万亿美元减少到 2013 年的 6 420 亿美元。但是，有 68% 的受访者却认为 2013 年赤字更高了。

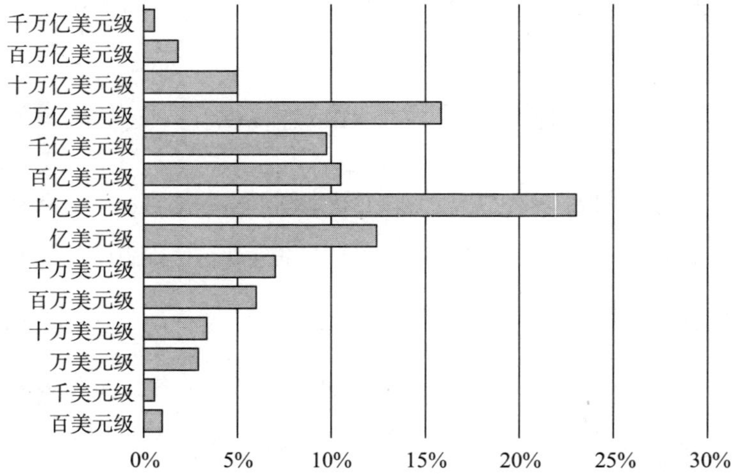

图 2-3　美国联邦预算赤字是多少

我找到同一家互联网调查公司，进行了一轮后续调查。我随机抽选了一个全国样本，询问了相同的两个问题，只不过，我把“赤字”改为了“债务”。

我们先要达成共识：这两个词可不是一个意思！债务是国家欠的钱（类似信用卡余额），赤字是一个财政年度里债务增长了多少（类似信用卡余额在过去一年里增加了多少）。

在乔治·华盛顿“高税收和高支出”（tax-and-spend）的政策影响下，美国在独立战争期间累积起了一大笔债务，直到 1830 年才还清。此后大约 10 年时间，美国完全没有债务，但从 1840 年以来，美国一直债务缠身。在我进行调查期间，美国的债务规模高达 17 万亿美元。图 2-4 所示是有关美国债务调查的回答情况，跟赤字调查的结果存在部分重叠。

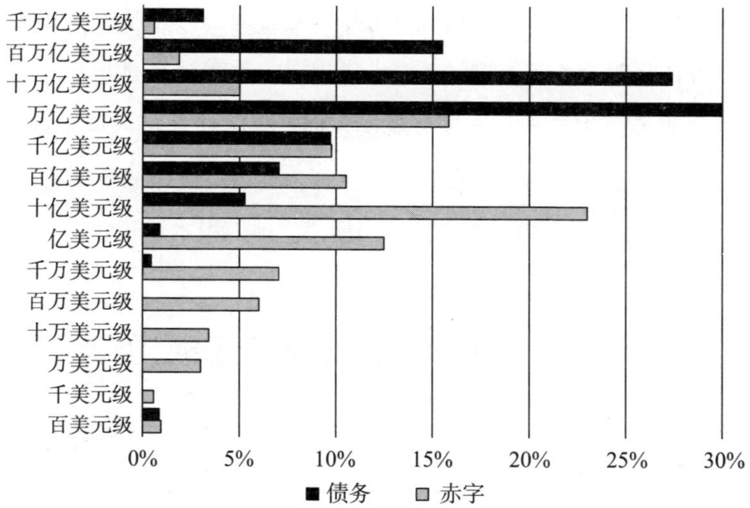

图 2-4　美国联邦预算债务和赤字是多少

人们对赤字和债务的猜测结果有相当一部分是重叠的。即使债务规模是赤字规模的 26 倍，情况依然如此。和我的预料相符，与赤字猜测相比，债务规模的猜测被扭曲得更厉害（偏向图表的顶部）。只有 27% 的受访者选择了正确的区间范围（10 万亿 ~ 100 万亿美元），而这并不是最多人选择的答案。

在我的调查里大约 2/3 的受访者认为，过去一年里的债务增加了。就跟走不准的钟一天里也有 2 次走准的时候一样，这一回他们都蒙对了。

调查结果没什么神秘可言。相比数字，人们对文字更敏感，而相比文字，人们对情绪更敏感。其实，政客和记者都知道这一点。在赤字问题上持鹰派立场的人让选民们相信，赤字、债务，诸如此类的东西，是对美式生活方式的威胁。他们在没有告知人们实际情况的条件下就达到了目的，而且还暗示，许多“事实”并非事实。大多数美国人都对数字头疼，根本搞不懂：他们只知道有个问题越来越糟糕了（实际情况并非如此）。

人们可以提出质疑：债务或赤字的规模对普通公民有那么重要吗？不管是讨论债务还是讨论赤字，提供美国人口规模的数字是关键，因为人均债务规模真的很重要。为弄清人均债务规模，你首先就要知道人口总数。《国家地理》杂志曾做过一项调查，要参与者从4个选项里挑出如今的美国人口总数。有99%的人选择了错误答案，换句话说：他们根本就不知道。

不平等的真相远超人们想象

2011年，心理学家丹·艾瑞里（Dan Ariely）和商学教授迈克尔·诺顿（Michael I. Norton）进行了一轮互联网小组调查，请5 522名美国人估计全美财富的分配情况。按照要求，参与者需按财富多寡把总人口进行5等分，也就是说，最富裕的20%，次富裕的20%，依此类推，最后是最贫穷的20%。接下来，受访者要估计上述人口在全国总财富中分别拥有多少。

请注意，调查问的是财富，而非收入。调查预先说明了这个事实：它问的是“资产净值……即某人拥有的总资产减去所有债务”，并给出了例子：房产、股票、债券、艺术品、收藏品等，减去贷款、按揭等的价值。调查还请参与者们形容一下财富分配的“理想”状况（见图2-5）。

首先看看现实情况。事实上，最富有的20%的美国人拥有约84%的全国财富。其次和再次20%的人口，拥有剩余的几乎一切财富。最贫穷的两档人口在图中表示现实状况的一栏里几乎不可见，因为他们持有的财富仅占总数的0.2%和0.1%。

请记住我们谈的是资产。40%最底层的民众基本上是左手进、右手出地过日子。他们的房子大多是租来的，要不就是按揭贷款买的房子，已经资不抵债；他们有学生贷款，储蓄极少甚至完全没有。

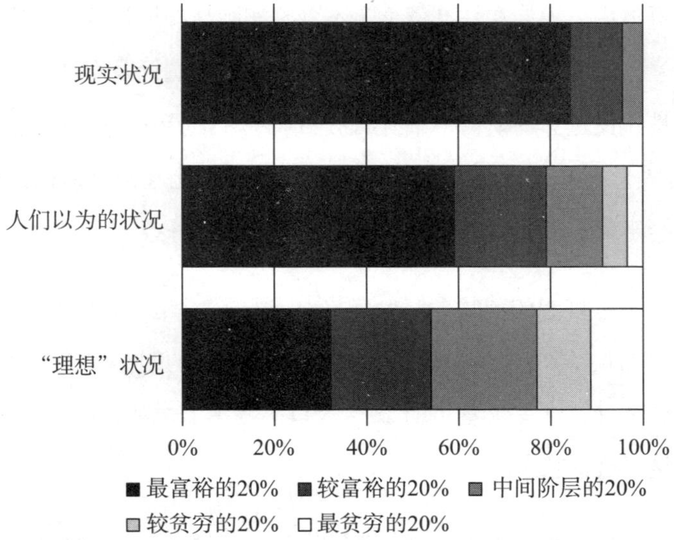

图 2-5 美国的财富分配是什么状况

公众明白财富分配是不均衡的。但一如中间的横条所示，他们低估了财富分配不平衡的严重程度。调查对象们估计，20% 的财富最多者占总财富的 58%，其后的几个等级逐级递减，最贫穷的人占有财富总量的 3%。

换句话说，公众估计最富裕的 20% 人口比最贫穷的人口要富裕 20 倍。可实际上，最富裕的 20% 人口比后者要富裕 840 倍。

在描述理想的财富分配状况时，受访者们的答案带来了另一种不平等的分配——但其不平等程度远比其他情况要低（最底部的横条）。在这种人们选择的理想财富分配情况当中，最富裕的 20% 人口掌握了 32% 的全国财富，而最贫困的 20% 人口占据总财富的 10%。最富裕者与最贫穷者之间的差距缩小到了 3 倍左右。

诺顿 - 艾瑞里的调查中，有一个极令人兴奋的发现：在不同政治倾向和人口统计群体中，人们在估计值上（不管是实际情况还是理想状况）并无太大差异。当然，两位研究者确实发现，较之民主党选民及女性选民，共和党选民及男性选民选择的财富不平等状况更大些，但差得也不远。富人对最富裕的 20% 人口拥有多少财富理解更透彻，跟穷人比起来，他们设想的理想财富差距会更大，但还是老状况，差距只有几个百分点。

就连对不甚理想的现状人们也有共识。大多数受访者认为，就理想状况而言，最富裕的 20% 人口应该少占些，而最贫穷的 20% 人口应该多占些。按照调查的估计，次一级富裕的 20% 人口（基本上也就是中产阶级的上层）所占份额接近最优状态。

这些调查发现跟占领华尔街事件都发生在 2011 年，受到了来自整个政治生态频谱上各种权威人士的各具倾向性的阐释。人们围绕最低工资、个人所得税和社会保障制度的讨论，不可避免地唤起了对所谓 99% 沉默大多数的推定意见。但除非公众真的知道现状，否则他们怎么可能知道自己到底想要什么呢?

媒体用铺天盖地的统计数据，外加“x% 的美国人控制了 y% 的财富”一类的标题淹没了我们。较之实际的数字，我们留下了不平等的印象，也留下了对它的情绪性反应。实际上，诺顿 - 艾瑞里调查曾请参与者虚构一种与新闻报道大致相符的财富分配状况。这是一个很离谱的要求，因为经济体是一台复杂的机器，有许多可活动的零件。

假设有一家航空公司要求乘客为“理想”的客机画出设计草图。草图无疑会强调宽敞的座椅和额外的随身行李空间，对机械和导航系统置之不理，因为公众对此一无所知。实施这一设想的航空公司会发现，飞机不会起飞，因为“座位宽敞”带来的成本高涨到简直没有人会买票的地步。

美国公众的“理想”财富分配状况算不上超级乌托邦，它比运转得足够好的瑞典（该国的税收已达到国内生产总值的 48%）的实际状况还要更平等一点。但美国人和瑞典人不一样，按照美国的观念，美国人要为自己的退休做储蓄，而不是依靠私人或公共养老金。

在美国，老年人平均比青年人富裕 18 倍。这使得婴儿潮一代（占总人口的 20%）比如今最年轻的一代成年人（也占总人口的 20%）要富裕得多。这样的差距跟 1% 位高权重者或社会经济不平等状况全无关系。普通工薪人士一辈子的储蓄本身就能带来比公众眼中的理想状况大得多的财富差距。

考虑到人们搞不清债务和赤字这类词语的意思，所以我想他们是否也分不清财富和收入呢？为了进行检验，我采用诺顿 - 艾瑞里研究的模式做了一次调查，只不过我问的是收入的分配而非财富的分配。

美国的收入分配同样是头重脚轻，只是差距没财富分配那么大。前 20% 的家庭其收入占总家庭收入的一半以上（而 20% 最富裕的家庭占了总财富的 84%）。另一方面，40% 垫底的家庭也拥有一定的收入，尽管它们的资产净值几近于零（见图 2-6）。

因此，收入分配情况和财富分配情况在事实上就有着很大差异。但公众对这两者的估计差距却不怎么大，这是因为他们认为收入和财富都比实际情况分配更平均。

吸引人眼球的事情是，收入和财富的“理想”分配状况几乎相同。参与调查的两批样本都认为，最高的 20% 群体应该占有 30%（的收入或财富），垫底的 20% 应该占有 11%。

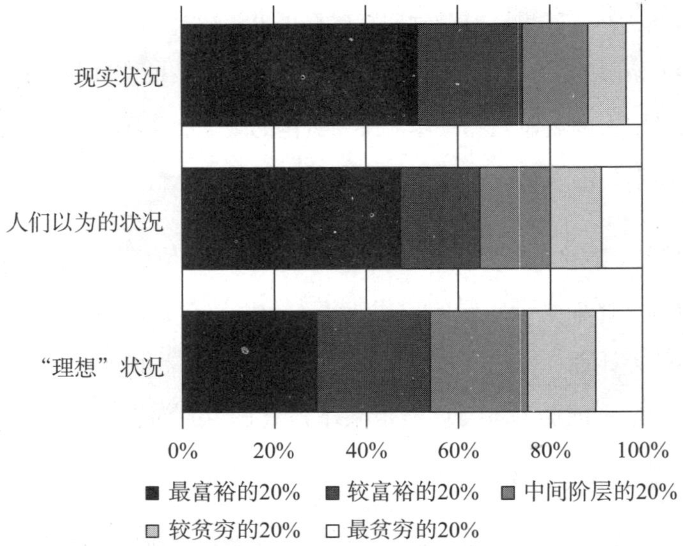

图 2-6 美国的收入分配是什么状况

相关术语在人的记忆里有可能纠缠在一起。说不定前几天你阅读了一篇论述收入平等的文章，几天后有人跑来问你财富分配情况，那么讨论收入的文章就会塑造你的答案，哪怕两者并不直接相关。

然而，最大的问题在于，人很难把情绪和意识形态转化成这些庞大的数字。大多数人不习惯从人口百分比的角度思考问题。他们的思考过程一般是这样：先构思最靠前的 20% 应该是最靠后 20% 的若干倍，接着再对中间的 20% 里随便估计个比例。他们来回倒腾了几轮，好让数字加起来是百分之百。

另一项研究避免了数字计算带来的混乱。迈克尔 · 诺顿和索拉波 · 凯特彭森（Sorapop Kiatpongsan）向 40 个工业化国家的 5.5 万名受访者提问，请他们估计各自国家非技术工人的实际收入和理想收入，以及大企业 CEO 的实际收入和理想收入。

根据收集到的答案，研究人员会估算CEO与非技术工人工资的薪酬比，并将其与现实情况进行比较。例如，在当今美国这个比例是354：1，但美国人的估计仅为30：1。理想薪酬比甚至更为接近，是6.7：1。

虽然大多数国家的实际比例都比美国的比例要低得多，但这种模式在世界各地反复出现。每一个国家的公民都大大低估了自己国家的收入差距，并认为理想的薪酬分配情况应更加平等，理想比例的平均值在4.6：1左右。状况照旧，政治信念对答案的影响并不大。

这些研究令人信服地表明，不管是保守派还是自由派，人们都认为跟斯堪的纳维亚福利国家接近的收入分配情况是理想的。诺顿和艾瑞里不禁问道：

> 对财富分配理想情况和财富不平等实际水平的差距，不同群体的认识都差不多。既然如此，为什么美国人，尤其是低收入美国人，不支持更剧烈的财富再分配呢？

他们想出了一些潜在的原因：

> 第一，研究结果表明，美国人似乎大大低估了目前的财富不平等程度，这意味着他们根本就没有意识到这一差距。第二，正如人们低估了财富实际分配的不平等程度，美国人对美国社会阶层的流动性抱有过分乐观的看法……第三，尽管样本中的保守派和自由派都认为当前的不平等程度远非理想情况，但公众对导致这种不平等现象的原因存在分歧，而分歧又有可能会压倒共识。

用不着搞民意调查你也可以得出结论：在美国人眼里，死于枪击事件的“理想”人数是零。有人说解决方法是禁枪，也有人说解决方法是每个人都随身携带子弹上膛的枪。我们做了什么呢？

枪支和犯罪的非相关性

说到枪支，皮尤研究中心 2015 年的一次调查显示，美国人对持枪权的支持率激增。超过一半的受访公众认为，保护持枪人的权利比进一步控制枪支买卖更重要。这是一种意见。还有一些调查也问到了一个事实：近期暴力犯罪率是上升了、下降了，还是保持不变？

盖洛普的一次调查发现，认为犯罪率上升的人支持枪支管制的不多。具体而言，在相信上一年犯罪率上升的人中，45% 的人支持更宽松的控制枪支法案。而在相信犯罪率保持不变的人中，有 52% 的人赞成更严格的枪支法。

以下是一些重要的背景情况：1993—2010 年，美国的暴力犯罪率急剧下降。持枪杀人率几乎下降了一半（从每 10 万人中的 7.0 人减少到 3.6 人），非致命暴力犯罪率也下降了 25% 以上。人们很难再想到有其他重大的社会问题有这样明显的改善趋势。

然而，这一事实鲜为人知。皮尤研究中心在 2013 年的一项调查中询问，过去 20 年里持枪犯罪率是增加了、减少了，还是保持不变？ 66% 的人认为犯罪率上升（错误），26% 的人认为保持不变（同样错误）。只有 12% 的人认为是下降。

具有讽刺意味的是，意见不同的双方都认为，对实际上并不存在的高涨犯罪率，自己都有更好的补救办法。不管是合法持枪，还是枪支管制，跟持枪犯罪率急速下降的关系恐怕都不大。专家们认为功劳来自人口统计情况的变化。暴力犯罪是属于年轻男性的游戏，而到 20 世纪 90 年代，婴儿潮一代已不再年轻。

范围不敏感影响公众选择

如果人人都受到误导，怎样做出良善选择是自由社会面临的一项重大挑战。有时候，公众做得真的比你料想的更好。

我问人们:“麦当劳的‘巨无霸’含有多少卡路里热量？”

根据麦当劳网站的说法，正确答案是550卡路里。调查答案里最常见的回答的确是对的（这是一道选择题，大多数人的选择是：400～799卡路里）。41%的人给出了正确答案，猜测也围绕在这个数字范围。大约80%的人给出了一个不算荒谬的选项（见图2-7）。

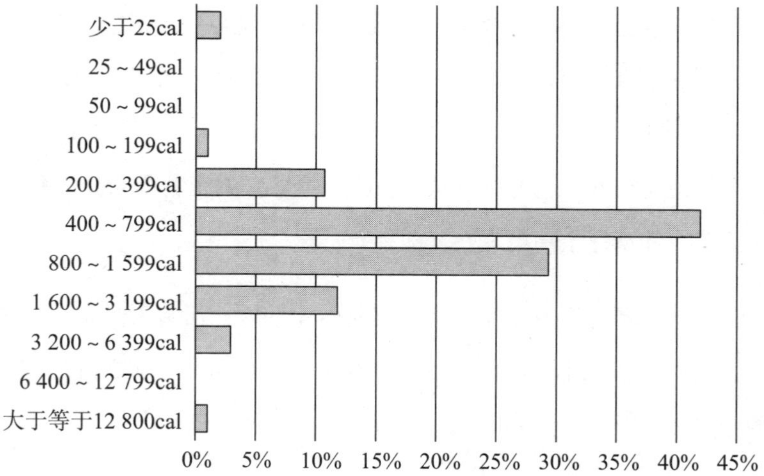

图2-7 一个“巨无霸”汉堡含多少卡路里热量

这也许展现了公众的智慧。人们在尝试估算数值时，平均猜测值往往准确得惊人。

猜猜罐子里有多少颗糖豆是个经典的例子。有些猜测会太低，有些会太高，剩下的人说不定是对的（虽然没有人知道哪些人是对的）。平均猜测（或者说，猜测的中间值或模式）往往比绝大多数猜测更接近正确值。

公众智慧也不是颠扑不破的真理。历史上有一段时期，所有人都相信地球是平的，但所有人都错了。公众对对弦理论的看法对物理学家而言没什么启发意义。要让公众的智慧发挥出来，他们必须具有可得出理性观点的基础。在猜糖豆比赛里，每个人都能看到罐子有多大，糖豆有多小。有人靠数的，有人靠算的，还有人靠直觉。既然有许多人从许多角度来思考这个问题，公众很可能做出明智的判断。可要是公众连思考的事实都不曾掌握（比如中世纪的“扁平”地球，或是今天的弦理论），他们根本没法展现智慧。

你会注意到，美国人关于美国联邦债务和赤字规模的猜测严重跑偏了。一个可能的因素是所谓的“范围不敏感”现象。威廉·德斯冯格斯（William H. Desvousges）和同事们设计过一项著名的实验，询问人们愿意花多少钱解决一个（完全虚构的）问题：据说，迁徙的鸟类会落入工业蓄油池里淹死。如果把蓄油池遮挡起来，就可以救下鸟类，但这么做花费很大。研究人员问：你愿意花多少钱来拯救鸟类呢？

受试者被随机分配到 3 个小组里回答这个问题。所有人听到的描述都是一样的，只不过，一个小组听说受到威胁的鸟类数量是 2 000 只，另一组人听说的是要救 2 万只鸟，还有一组人听到的是 20 万只。

平均而言，3 组受访者分别愿意花 80 美元、78 美元和 88 美元。涉及此事的鸟到底有多少似乎无关紧要。

德斯冯格斯的困境召唤起这样一幅心理图像：“一只精疲力竭的鸟，羽毛浸泡在黑色的石油里，无法逃脱。”对这幅画面，你有可能在乎，有可能不在乎。关心此事的人认为，死一只鸟和死 1 000 只鸟同样悲惨。不管是否合乎逻辑，人的思想和“心灵”就是这么运作的。

研究人员用氯化消毒的饮用水、卢旺达大屠杀等问题，多次重复了范围不敏感实验，证明发挥作用的是情绪而非数字。范围不敏感还会影响人们对事实的记忆度。大数字带来的情绪冲击并不取决于它的量度是否准确，而是取决于“它足够大”这一点。我们知道国家债务很大，但到底有多大我们不知道。数百万选民的这种心理失准性有可能妨碍到良好的决策，但民主就是建立在这样的公众智慧基础上。

营销人员很好地意识到了人的范围不敏感特性。苹果公司利用这一点狡猾地耍了个手腕。关注技术的博主们猛烈抨击苹果公司不公布苹果手机和 iPad 的随机存储器大小，以及其他各方面的具体规格。但这类数字对绝大多数顾客来说没有太大意义。

我做了一项调查，请人们估计“新款平板电脑的平均内存大小”。我并未规定是哪一种类型的内存，所得结果极为清楚地表明，它一点儿也不重要。

许多消费者至今仍然分不清千字节（K）、兆字节（M）和千兆字节（G），但公众智慧似乎又一次登场了。最常见的答案是 10G ~ 99G 字节，这也是调查期间最合理的大小区间，有 40% 的人选择了它，但有相同比例的受访者给出了完全不靠谱的答案。对这些消费者来说，规格问题恐怕完全无法打动他们（见图 2-8）。

苹果公司的产品通常不提供大部分部件的具体规格（除非你把最高价格和最大利润率给算上）。他们提供的是一套聪明的折衷法子。该公司在营销中把对话从数字转移到了使用便捷性和高端设计等无形资产上，把规格之战留给其他平板电脑制造商去打。对大约半数的公众来说，对具体的规格他们只是听听就好。推广活动若是强调规格，就必须先对受众进行教育，才能够说服他们。再说了，在广告里加入“一个 G 到底有多大”的基础课程实在是不太容易。

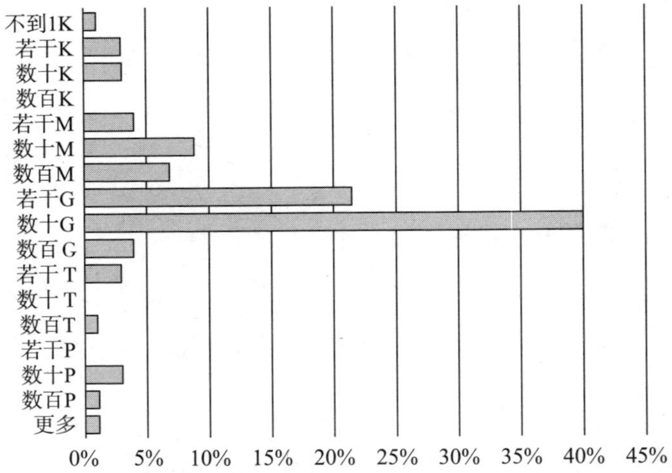

图 2-8　一台平板电脑的内存有多大

对人口统计数据毫无概念

我请一个全国性样本估算在美国人口中亚裔所占比例。这个问题并没有说明哪些国籍属于“亚裔”，也没有说明怎样对混血族裔进行分类。美国人口调查局确实对“亚裔美国人”做过法律上的准确定义。据报道，在 2010 年的人口普查中，“亚裔美国人”占美国总人口的 5.6%。在我的调查中，公众的平均估计值是 13%，是普查数字的 2 倍多。

这些结果符合一种模式：如你所见，美国公众倾向于高估少数族群的人数——该少数族群人数越少，公众高估的就越厉害。就平均值而言，美国人认为,全美有 25% 的人口是西班牙裔或拉丁裔（根据美国人口调查局的统计，这个数字是 17%），23% 是黑人（按人口普查为 12.6%），还有 11% 是同性恋群体。虽然同性恋人口总数没有官方普查数字，但有一个广泛引用的数字来自 2011 年加州大学洛杉矶分校法学院的一项研究，它认为同性恋群体占总人口的 1.7%。公众高估了足足 6 倍。总体而言，公众认为，亚裔和同性恋群体属于规模相当的少数群体，尽管事实上前者人数是后者的近 3 倍（见图 2-9）。

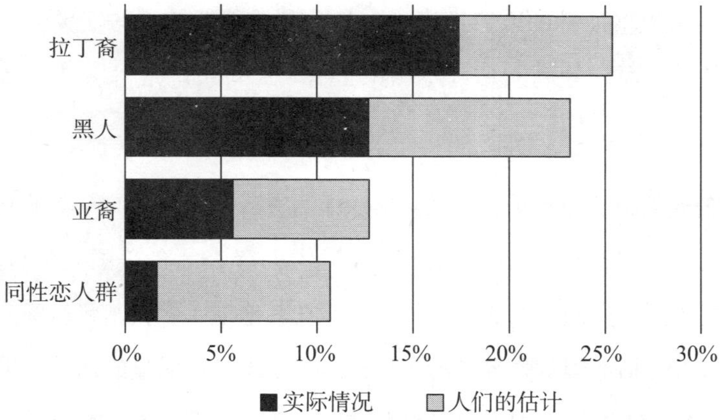

图 2-9　美国人对黑人、亚裔和同性恋人群的估计值是怎样的

千禧一代比其他年龄层群体都高估得更厉害。30 岁以下的美国人认为亚裔占总人口的 21%，同性恋人群占 15%。也就是说，年轻人对亚裔人数的估计是年纪较长者的 2 倍，对同性恋人群的估计，比后者多一半。对拉丁裔和黑人人口的估计，不同年龄层并未有太大差异。

这里至少存在 3 个谜团。为什么公众会高估少数族裔的人口规模？为什么年轻人高估得更厉害？为什么人口少的少数族裔会被高估？

后一种现象的极端例子可以从 MORI 市场研究公司的一项调查中看出。该调查请美国人估计穆斯林在美国人口中所占比例。实际的数值是 1% 上下。平均估计值为 15%。

想想看吧，在公众心目中，拉丁裔、黑人、亚裔、同性恋群体和穆斯林人口比率分别是25%、23%、13%、11%和15%。把这几个数字加起来，你得到87%这个数字。即使考虑到重合交叠的情况，这些曝光率高的少数族裔也占了美国人口的2/3以上——这就是美国人的平均估计值。

这不仅仅是美国人的错觉。MORI的调查请14个工业化国家的公民估计自己国家里穆斯林的人口规模。在匈牙利，穆斯林真的很少见，仅占总人口的1‰。而匈牙利人估计本国人里有7%的人口是穆斯林，高了大概70倍。

但公众的猜测也不全会高估。MORI调查请美国人估计全美的基督教徒的人口比例。回答的平均值是56%。实际上，有78%的美国人是基督教徒。在这个问题上，美国人的认知差异最大，在其他绝大多数基督教国家，人们同样会大大低估本国基督教徒的人口比例（德国是个明显的例外，平均猜测值非常准确：58%的德国人是基督教徒）。相比之下，在日本和韩国，基督教徒是少数群体，公众却高估了基督教徒的人口比例。大体上的规律似乎是，人们会低估多数群体的人口规模，同时高估少数群体的人口规模。

如果不是我们对人口统计数据的错觉影响了现实中的态度和政策，这样的结果倒也有趣。

错误地估计少数群体的规模，有可能为这样一种论调提供素材，即认为本土出生的异性恋白人基督教徒已成濒危物种——因此，每一张“节日祝福”的贺卡都会引发一场针对基督教徒的战争。

类似的调查还显示，人们还会极大地高估少女妈妈、移民、老年人和失业人口的比例。在2014年，美国人猜测有高达32%的同胞失业（调查时实际数据仅为6%）。因此，美国公众对失业率高估了5倍。韩国人对失业率的高估达到了 8 倍。

MORI 询问部分受访人时发现，这样的错误估计恐怕难以消除。该公司联系了高估移民比例 2 倍以上的英国人，告诉他们正确的数据是 13%，并问是什么原因使他们做出了 26% 高估值。受试者可以从多种解释中做出选择。大多数人都同意如下说法：“非法进入这个国家的人口没有计算在内。”有一半的人说：“我还是认为比例应高得多。”他们引用了“我在本地所见的情形”“电视上看到的信息”，以及“亲朋好友的经历”作为判断的依据。

太过信任官方数字的准确性固然不大明智，但是认为并非专家的普通人靠回想起几次“小实验”就能得出一个准确的数字，这不免也太疯狂了。然而，这就是大部分受访者的逻辑。只有 1/3 的人承认“我只是猜的”，但实际上，这理应适用于几乎所有人。

公众的智慧并不要求每一个人都知道正确答案。从许多方面看，民主应该符合发扬公众智慧所需的条件。选民们可以从候选人及竞选活动力争让公众理解的政策中进行选择。选民有众多的消息源，以及充分的思考时间。

但如果太多人有着相同的扭曲的心智地图，公众就没那么智慧了。要想在大多数政策上做出理性决策，选民必须知道一定的人口统计数据，理解百万、十亿和万亿之间的数量级差距。正如记者安德鲁·洛玛诺（Andrew Romano）所说：

> 一项又一项的民意调查结果显示，选民们对预算的实际情况完全摸不着头脑。2010 年，“世界公共观点”网站（World Public Opinion）所做的一项调查发现，美国人希望通过削减对外援助额度来解决财政赤字问题。在他们眼里，对外援助的现行规模占了预算总额的 27%，应该减少到更为谨慎的 13%。然而美国对外援助

额度实际不到总预算的 1%。2011 年 1 月 25 日，CNN 进行的一项民意调查发现，有 71% 的美国选民想要“小政府”，但绝大多数人都反对削减医疗保险（81%），反对削减社会保障（78%），反对减少医疗补助（70%）。相反，他们希望减少浪费——按照 2008 年的盖洛普民意调查，在选民们幻想的世界里，浪费性支出似乎占了总支出的 50%。毋庸讳言，倾听这些人的意见是不可能实现政府预算平衡的。但政客们却一味地迎合他们，甚至还鼓励他们的误解。

洛玛诺的话清楚得让人心痛。不给公众提供事实的前提是人们随时可以查到事实。可这样的前提是有问题的：我们并不会随时查到事实。大多数人永远不会去查询诸如乌克兰到底在哪儿、美国的穆斯林人群到底占了多大人口比例、联邦预算的规模是怎样等事实。我们根本不在乎；我们认为自己没必要知道这些事。这些误解决定了我们的态度、投票和政策，而我们却一无所知。

HEAD IN THE CLOUD 扭曲的心智地图

●从世界地图上找出哥伦比亚。
●美国政府的年度预算是多少？
● 65 岁以上人士占美国人口的多大比例？

如果你知道哥伦比亚在哪，你的地理知识就比半数的美国公众好。

对预算问题，只要你能把数字的位数搞正确，你的表现就很好了。2015 年，美国的预算是 13 位数，即 3.90 万亿美元。调查中只有 36% 的人选择了正确的数量级范围。对这个问题的回答跟家庭收入有很强的相关性，能选择正确数字范围的人，年收入比那些选错了的人高 2.1 万美元以上。

在美国，65 岁以上的人占总人口的 14%。MORI 公司报告说，对这一问题，美国公众的平均猜测值是 36%，而这种错误认知难免会加剧人们对美国社会保障和医疗保险政策的不理解。不过，在所有受访国家中，人们都大幅高估了老年人口所占的比例，且一般会高估 2 倍以上。

HEAD IN THE CLOUD

Why Knowing Things Still Matters When Facts Are So Easy to Look Up

03

沉默不语的历史

你知道“历史是由胜利者写就的”这句格言吗？在前美利坚联盟国[①]的地盘，情况可不是这样。按得克萨斯州教育局提出的要求，教科书需对杰弗逊·戴维斯（Jefferson Davis）[②]的就职演说给予像林肯演说那样同等的重视。此外，它还要求“孤星州”[③]的教科书淡化托马斯·杰弗逊在美国建国史上的历史地位。可是你知道吗，杰弗逊·戴维斯可是因为托马斯·杰弗逊才取了

① Confederate States of America，或称美利坚诸州同盟、美利坚邦联或迪克西，是自 1861 年至 1865 年由 11 个美国南方蓄奴州宣布从美利坚合众国分裂而出的政权。——译者注

② 美国军人、政治家，于美国内战期间担任美利坚联盟国首任，也是唯一一任总统。——译者注

③ 即得克萨斯州，该州州旗上只有一颗星，所以叫作“孤星州”。——译者注

这个名字。就因为美国的第三任总统、《独立宣言》的第一作者主张政教分离，这在得克萨斯州可惹了麻烦。

这只是得克萨斯州教育局激进右派希望实施的政策的极小一部分。2010年，它提交了一份建议书，希望教科书始终写出巴拉克·奥巴马的中间名——侯赛因。

之所以会有这样的规矩，是因为历史知识寥寥无几的政客们会从历史知识所知更少的选民手里赢得选票。选民之所以对历史知识所知更少，乃是因为政客会对历史学家和教育人士怎么撰写历史教科书指手画脚。有充分的证据表明，公众的历史知识少得可怜，原因在于有人对教科书做了太多手脚。2010 年，圣母学院所做的一项民意调查询问，美国是从哪个国家赢得独立的。有 1/4 的受访者不知道答案，或给出了错误答案。

2011 年，安纳柏格公共政策中心调查发现，美国民众对娱乐真人秀节目《美国偶像》评委的辨识度比对最高法院大法官的辨识度要高。同年，《新闻周刊》杂志请 1 000 名美国人参加新公民入籍时必考的“公民考试”，有 38% 的人成绩不及格。大多数人说不出美国在第一次世界大战期间的总统是谁（是伍德罗·威尔逊）；认不出苏珊·安东尼（Susan B. Anthony）是妇女权利活动家；大约 40% 的人不知道美国在第二次世界大战期间是跟哪些国家打仗（日本、德国和意大利）；有 1/3 的人说不出《独立宣言》通过的日期（1776 年 7 月 4 日）；有 6% 的人没法在日历上找出独立日。

这样的调查结果引得舆论一片哗然。2014 年，亚利桑那州州长道格·杜瑟（Doug Ducey）签署法律，要求高中学生必须通过公民入籍考试才能毕业。一家名为“公民教育倡议”（Civics Education Initiative）的组织希望所有的 50 个州都能制定类似法律。

问题是这样的：为善意活动提供支持，比弄清楚如何制定有效的教育政策要简单些。在中小学，公民教育一直是座难以攻克的堡垒。难道说教师们应该放宽对阅读、数学和计算机技能的要求，以便重点讲述一项法案是怎样通过成为法律的？如果这么做，与其说减少了漫无边际的无知，倒不如说无知只是换了个地方而已。

1948 年前的历史在“消失”

我做过一项调查，请参与者们举出在特定时间范围内发生的“重要新闻或历史事件”。我抽选的时间范围从公元前 3 000 年到现在，可能是若干年、几十年、几百年，甚至几千年。每一段时间范围都随机分配给不同的受访组，以免有人觉得题目太多，不堪重负。

那次调查完成于 2014 年 5 月。18% 的参与者说不出前一年，即 2013 年发生的任何新闻或历史事件，另有 11% 的人给出了一个错误答案。

要受访者们说出 2012 年发生的一件事，他们的表现同样糟糕。最常见的回答是奥巴马总统连任。4 年的选举周期是记忆捷径——我完全可以想象，除了这件事，一些受访者根本记不得 2012 年还发生过任何具有新闻价值的事。

2011 年的回忆率骤降到 36%。这很正常，大多数人都记不住调查所在年度前 3 年里发生过的具有普遍重要性的事情。2010 年的结果也类似。

除了体育、天气、犯罪和名人八卦，相当大比例的回答并未涉及其他领域。有些人提到了全美棒球“世界大赛”和橄榄球“超级碗”赛事的胜利；美国境内发生的飓风和洪水灾害；沸沸扬扬的谋杀案；名人的死亡和丑闻。

只要日期没错，这些都算正确。

答案出错的方式有两种。有几个人回答出的事情从来没有发生过，比如“尼克松总统遭弹劾”（尼克松是主动辞职的，以免受辱）。还有一种更常见的出错方式是把真实发生过的事情安到了不正确的时间范围里。有人认为本·拉登之死是在2012年或2010年，而不是2011年。这可以理解。如今我们有了谷歌，普遍的共识是不再需要仔细记住日期，有事件发生的先后顺序的整体感觉就足够了，但接受调查的许多人却不具备这种整体感觉。有人说，哥伦布是在17世纪航行到美洲大陆的，还有人说，冰河时代出现在公元1 000年前后（见图3-1）。

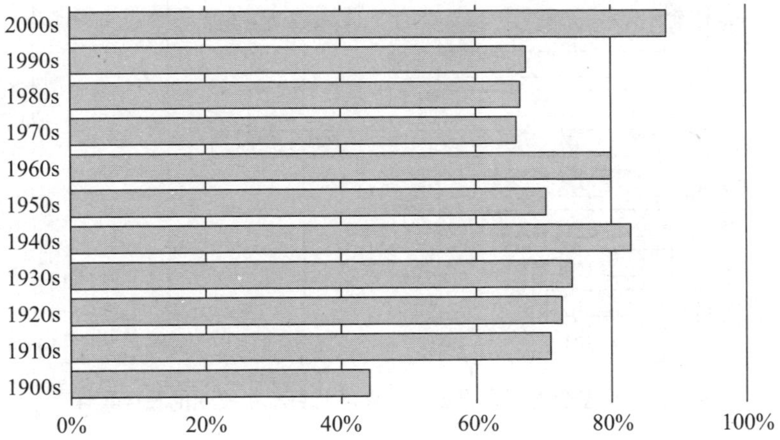

图3-1　有多少人能说出至少一件近年来发生的重要事件

在我的样本里，有88%的人能说出2000—2009年这10年间发生的一件事。出现最多的答案是2001年世贸中心和五角大楼所遭受的恐怖袭击。针对20世纪90年代、80年代和70年代，回忆的正确率下降了约1/3。

对迷幻的20世纪60年代，回忆的正确率陡增（80%），无聊的50年代跌了一点（70%），40年代又出现反弹（84%）。大多数人能回忆起有关希特勒、珍珠港、犹太人大屠杀或者在广岛投放原子弹等事件中的一件。

接下来回忆的正确率又呈下降趋势。超过一半的受访者无法说出 20 世纪最初 10 年（1900—1909 年）里发生的任何一件重要历史事件。

时间尺度放大到 100 年：有 78% 的人能说出 19 世纪美国发生的一件事（南北战争和废除奴隶制是最热门的回答）。18 世纪的回忆情况同样好（美国独立战争、《独立宣言》）。但大多数人说不出发生在 17 世纪的任何一件事（见图 3-2）。

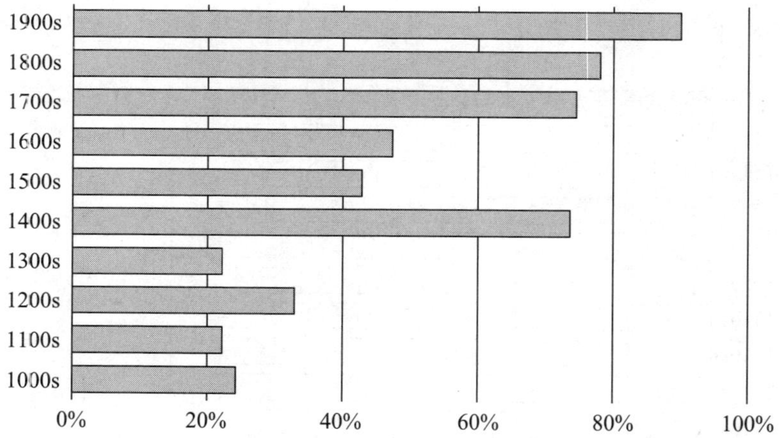

图 3-2 有多少人能说出至少一件近几百年来发生的重要事件

17 世纪发生了许多事。清教徒们在北美大陆的普利茅斯岩登陆上岸；英国爆发了内战；美国发生了塞勒姆审判女巫事件；莎士比亚去世，巴赫出生；有人发明了望远镜，伽利略、开普勒和牛顿等人为现代科学奠定了基础。但样本里有一半多的人一点也不知道上述事件。

有几个日期，人们通过学校教育烧录在了脑袋里，其中之一是 1492 年。提到它所在的世纪时，人们的回忆出现高峰。有将近 80% 的人能说出 15 世纪发生的一件事：哥伦布远航。但对稍微早一些的中世纪，大多数人的记忆变成了空白（见图 3-3）。

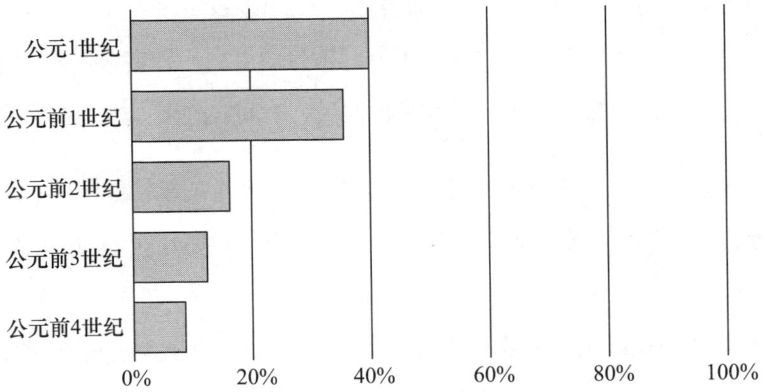

图 3-3 有多少人能说出至少一件近千年来发生的重要事件

你大概会想，读懂了这个问题的人，怎么可能说不出一件公元前后 1 000 年里发生的事情呢？公元后的 1 000 年，有耶稣的诞生与死亡，也有罗马帝国的衰落和解体；公元前的 1 000 年，有经典的古希腊故事，有荡气回肠的埃及艳后情史。然而，大多数人真的什么也说不出来。

历史学家推断，耶稣出生在公元前 4 年或者公元前 6 年。所以耶稣的诞生应该属于公元前 1 000 年里发生的事。这筛掉了几个人，多出了几个错误的答案，但不足以改变整体结果。

地球表面发生的大部分事情都是公元前 1 000 年发生的“史前史”，因此能说得出更早之前发生过的历史事件的人少之又少。正确回答主要集中在古埃及（修建金字塔）、《旧约》（犹太人走出埃及、大卫王统治以色列）和巨石阵上。

一些参与者能够说出每个时间段里发生的若干件事。我把人们记得的事情整理了一下（包括那些被分配到了错误时间范围的事情），并利用这一数据创建了一份主观历史时间线。人们记得住的历史的中间点（即把时间线一分为二的那个点）是 1948 年。简而言之，人们记住的 1948 年之后发生的事件，跟从杜鲁门政府到文明之光乍现期间发生的事情一样多。这是一种受到扭曲的心智地图。按记忆事件的数量加权后，时间线刻度如图 3-4 所示。

在做出个人决定和集体决定时，我们对近期发生的事情给予了过高的关注权重。你可以从大众对各地灾难的反应中看出这种偏好：大规模枪击事件、战争、地震、股市崩溃、恐怖袭击、经济萧条和流行病。每一件可怕的事情过后，总有人呼吁要更好地应对下一轮同类事件。然而，对于此前曾多次发生过（不光是最近发生）的、可以预测的挑战和灾难，我们却没能做好准备。

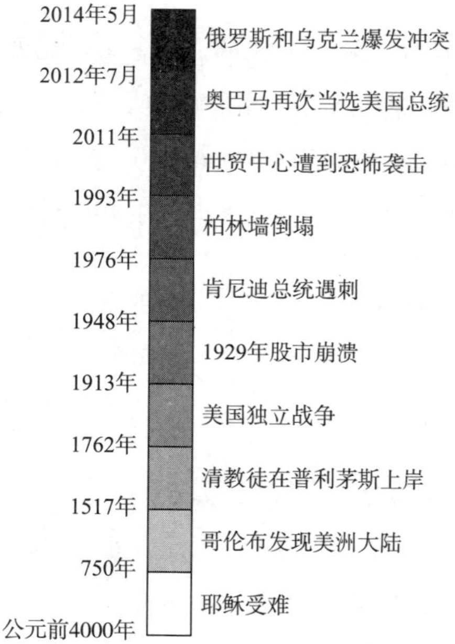

图 3-4　被人们记住的历史时间轴

（人们能回忆起来的历史事件半数发生在 1948 年以后）

被忘掉的总统们

亨利·罗迪格三世（Henry Roediger III）的大部分职业生涯都用来研究美国人是怎样忘记总统的。他碰上这个主题纯属偶然。在一些心理实验中，研究人员喜欢在有意要研究的任务之间插入一些“补缺”任务。他在一项实验的“补缺”任务里让大学生在5分钟里写下自己记得住的历任美国总统。他发现，普度大学或耶鲁大学的学生平均只记得住17位总统。截至研究当时，美国共出现过36或37位总统，这项研究发表于1976年，恰好处在理查德·尼克松和杰拉尔德·福特权力交接期间。

现执教于圣路易斯华盛顿大学的罗迪格并不想要再举个例子说明大学生们有多么欠缺文化常识。他感兴趣的是人的记忆机制。他发现，对不同总统的回忆率有着巨大的差异。几乎人人都说得出华盛顿、林肯，以及最近几位任职的总统。可很少有人（低于20%）记得住约翰·泰勒（John Tyler）和切斯特·艾伦·阿瑟（Chester A. Arthur）这样形象模糊的总统。

当然，你或许会提出，有些总统更为重要，更值得被人们记住。棒球选手的情况也一样。你记得20世纪20年代的棒球巨星泰·柯布（Ty Cobbs）和贝比·鲁斯（Babe Ruths），以及许多当代的球员，其余的都忘了。可罗迪格绘制了一份图表，对这一设想提出了挑战。他把总统按时间顺序（x轴）列出，绘制其回忆正确率（0到100个百分点，y轴），产生了一条大体呈U形的曲线。学生们记得最清楚的是最前面的几任总统，和若干最近几任总统。两极之间是漫长的记忆低谷，除了林肯之外，绝大多数总统都被忘掉了。林肯的回忆率非常高（所以U形曲线有点像是W形，只不过往下的两个角是圆的）。

罗迪格和罗伯特·克罗德（Robert G. Crowder）认为这是所谓的“序列

位置效应”（serial position effect）。在记忆一份清单的时候，人们对最靠前和最靠后的几项记得最清楚。人们往往会从清单的开头来记忆项目，从半中间开始记的可能性不大。2015 年，拉瑟福德·海斯（Rutherford B. Hayes，第 19 任美国总统）、詹姆斯·加菲尔德（James A. Garfield，第 20 任美国总统）和切斯特·艾伦·阿瑟（第 21 任美国总统）占据了记忆盲点。

当然，任何清单里都有更容易被记住的项目，而且记住的原因跟所在位置没关系。林肯打赢了一场分裂战争，让国家重新团结起来；他废除了奴隶制，这一举措仍然为人称道，在民众当中产生共鸣；他戏剧性地（在一座剧院里）遭到暗杀……这些具有传奇色彩的故事，每一个小学生都要学到。这就很容易理解林肯为什么不受序列位置效应影响而成为例外。更令人惊讶的是，他前后几任总统也受益于林肯的光晕效应，获得了高于平均值的回忆率，尤其是林肯的继任者安德鲁·约翰逊（Andrew Johnson）和尤利塞斯·格兰特（Ulysses S. Grant）。

罗迪格在 40 年里多次重复总统实验，所得结果均类似——只除了一点：新近的总统逐渐遭到遗忘。在 2014 年的一轮实验中，罗迪格和德索托（K. A. DeSoto）招募了各个年龄段的成年参与者，发现年龄层的不同会产生很大的差异：经历过某几任总统的人，有更大的概率记住他们。X 一代（即出生于 20 世纪 60 年代初到 80 年代初）的参与者只有不到 1/4 的人记得艾森豪威尔。这并不是说他们从来从没听说过艾森豪威尔，但在他们想到美国总统的时候，这个名字不会进入脑海。这告诉我们将来的数代人对艾森豪威尔会怎么想——他们根本就想不起来。

对总统们的逐渐忘却，似乎是可以预见到的。罗迪格预测，到 2040 年，只有不到 1/4 的美国人还记得林登·约翰逊、理查德·尼克松和吉米·卡特。可以想象，肯定会有某些总统会成为林肯那样的例外——但一般而言，他们不会是例外。罗迪格大概是在“水门事件”前后开始从事这项实验的。当时，在他眼里，杰拉尔德·福特（Gerald Ford）作为第一位未经选举就上台执政的总统，足以让他在历史和大众记忆里拿下一个永恒的位置。可到了现在，这样的区别已无关紧要了，福特被可以预见地渐渐遗忘了。罗迪格在采访中提到这一事实后，杰拉尔德·福特总统图书馆和博物馆的一位发言人主动联系了他，提及密歇根大学安娜堡分校（即福特总统的母校）的学生出勤率越来越低，并请教罗迪格可有什么好的建议。

“怀旧性记忆上涨”

贝洛伊特学院自 1998 年来每年公布一轮“心态清单”（Mindset List），友善地提醒大学教授，过时的文化引用对新入校的学生毫无意义。2016 年入校的学生“从来没有见过飞机‘票’，（在他们眼里）罗伯特·德尼罗是格雷格·福克长期受苦受难的岳父（指德尼罗在系列电影《拜见岳父大人》里扮演的角色），而不是《教父》里的维托·柯里昂，或者《好家伙》里的吉米·康威”。

就连历史教学在一定程度上也要适应年轻人的短期记忆。教学大纲里哪些东西还适用，哪些内容该抛弃，历史学家必须费力权衡。不过，怀旧历史和文化历史之间并不存在明确的界限。年轻人该不该知道爵士女歌手比莉·荷莉戴、早期喜剧电影明星格劳乔·马克斯或者禁酒令时期的黑帮大亨艾尔·卡彭呢？

我们对自己人生的记忆，青春期到成年初期（即 10 岁到 30 来岁之间）这一段时光占据了不成比例的份额，这种倾向，叫作“怀旧性记忆上涨”。这些记忆包括青春期的成长烦恼、高中和大学、初恋、第一份工作、第一间公寓。对比来看，对襁褓期，我们什么也不记得；对童年最开始的阶段，我们记得不太多。中年人对自己 30 岁以后到近期发生的事情，也存在巨大的记忆低谷。因此，我们对自己生活的感知存在偏差，我们记忆内容的主体来自备受广告商影响的那 20 年（10 来岁到 30 来岁的人口最受广告商重视）。

丹麦心理学家乔纳森·科佩尔（Jonathan Koppel）和多特·波恩特森（Dorthe Berntsen）发现，“怀旧性记忆上涨”也适用于世界性事件。人们更容易记住自己 10 岁到 30 岁之间发生的新闻事件。说没有人记得伍德斯托克音乐节或许太过夸张；但这么说应该很保险——对那些还记得它的人而言，这件事发生在他们 10 岁到 30 岁之间。

接受我的历史调查的参与者是 20 岁到 70 岁之间的成年人。20 岁的人此刻正处在黄金记忆区的正中间。对 70 岁的人来说，该黄金区已经过去 40 到 60 年了。因此，你大概会料到，这些受访者对 60 年前的事情有着相对更清晰的记忆。事实上，“有生记忆”占了主观时间线的大约一半，而其他所有事情都压缩在另一半里。

历史课程的目标是提供广阔的视野，向我们展现那些我们出生之前存在过的伟大世界，而这也就相当于开展一场艰苦卓绝的战斗，对抗现实的记忆和关注时限。

历史的 32 张面孔

历史不仅仅包括名字和日期。莎士比亚、维多利亚女王和爱因斯坦今天还生动地活在我们脑海里，因为我们能想起他们保留在肖像画里的面孔，这些面孔已经成为了集体记忆的一部分。我很好奇，公众普遍记得住多少张历史人物的面孔呢？几乎每个人都能认出拿破仑、华盛顿和林肯，但达到这种知名度的人其实少得惊人。大多数人都听过，但没法从头像里分辨出来的各色重要人物远比这些人多。此外，几乎所有人辨识当代艺人和运动员的能力都比辨识历史人物要出色。因此，要估计到底有多少张广为人知的“历史”面孔，取决于你把历史人物和当代名人的界限划在哪里。

史蒂芬·斯基纳（Steven Skiena）和查尔斯·沃德（Charles B. Ward）2013 年公布了一份“历史人物 100 人”名单，我对这 100 人的面部识别度做了检测。斯基纳和沃德说，这一历史人物排名“就跟谷歌网页排名一样，使用一套单一的共识价值观，把对名声的多样化标准整合到了一起”。他们的方法对维基百科条目的依赖性很大：相关条目有多少；条目的浏览次数是多少；有多少条链接指向它们。这一方法的有效性有多强，你或许可以提出争议。但从我的目标来看，它撒下了一张大网，这很重要。名单的前 10 名是耶稣、拿破仑、穆罕默德、莎士比亚、林肯、华盛顿、希特勒、亚里士多德、亚历山大大帝和托马斯·杰弗逊。

我请调查参与者分辨 160 像素见方、边缘分明的人物头像。我把调查设计得尽量简单，用的是我能找到的最具标志性、识别度最高的头像。诚然，有些历史影响力最大的人物没有记录下面部特征来，但识别出来的肖像不一定非得真实。耶稣的图像完全出自幻想。尽管如此，美国人对耶稣看起来“应该”是什么样有非常明确的设想。20 世纪宗教画家沃纳·索尔曼（Warner Sallman）绘制过一幅最具标志性的耶稣像（要不是因为这件事，索尔曼想必已经被人们遗忘了）。从 1941 年开始，印刷品和贺卡上开始大规模印制这幅《耶稣头像》。你在电影和电视剧《南方公园》里看到的耶稣形象，就是以索尔曼的作品为模本的。

在我的样本里，100% 的受访者都认出了索尔曼所绘耶稣头像的小幅剪裁版。

斯基纳和沃德所举的100人中，除了默罕默德、大卫王和一些基督教早期圣徒，我都能找到类似可用的图像。所以我并未针对后面这几个人进行测试。调查以选择题的形式进行，正确答案放在选项里，以推动人们的非文字记忆。每道题包括5个选项，外加“不知道”。

排除近几任的美国总统，有5位历史人物在美国几乎人人都辨识得出来：耶稣、希特勒、亚伯拉罕·林肯、爱因斯坦和乔治·华盛顿。在广为人知的人物当中，国家元首占了大多数，此外还包括3位作家（莎士比亚、马克·吐温和爱伦·坡），2位科学家（爱因斯坦和牛顿），以及集科学家、政治家和博物学家为一身的本杰明·富兰克林。

辨识度高，可不光要靠历史意义重大，长着一张不同寻常的脸对此也很有帮助。英国国王亨利八世脑满肠肥，亚伯拉罕·林肯瘦骨嶙峋，希特勒有一撇诡异的胡子。相比之下，托马斯·杰弗逊就迷失在了多位戴假发的美国开国元勋当中。虽说他的脸自从1938年就刻在了美国硬币上，可只有50%的人能从图片认出杰弗逊。

斯基纳和沃德的百人名单里，只有31人能被50%以上的参与者辨识出来。我相信，这低估了大众普遍能认出来的历史人物的总数，但差得也不多。

原因是这样。斯基纳和沃德的百人名单本身就是一份排行榜了。这100人的最后10位是：

91. 教宗若望·保禄二世
92. 笛卡尔
93. 尼古拉·特斯拉
94. 哈里·杜鲁门
95. 圣女贞德

96. 但丁
97. 奥托·冯·俾斯麦
98. 格罗弗·克利夫兰[①]
99. 加尔文
100. 约翰·洛克

不需多言，你大概也看得出来，这里面唯一一个大多数普通人有望从图片里认出来的是杜鲁门（我的样本里有58%的人认出了他）。

斯基纳和沃德百人名单的前50人，包括了23位我样本里有一半人能认出来的人物。而名单的后半截（第51到第100）只包括了8位。如果我们假设这属于典型的衰减速度，再假设该名单继续扩展，那么它的第三段（即第101到第150）就只有大概3张大家认得出来的脸，再之后的50人（第151到第200）里恐怕只有1张。按收敛级数为之建模，那么半数以上美国公众能认得出来的所有历史人物会是35人左右。

斯基纳-沃德榜单里收录了近几任总统。一如罗迪格的研究所示，他们的名气或许稍纵即逝。从宏观来看，认得出杰拉尔德·福特（美国第38任总统）的人跟认得出莎士比亚、拿破仑的人数量差不多，但这无疑是暂时性异常。

我采用了一个很武断的定义：所谓的历史人物，其主要成就应至少发生在调查所在时代之前的50年甚至更久远。这意味着，尼克松、里根、小布什等人离我们还太近，要从名单里划掉。对斯基纳-沃德名单之外的人物，我只找到4位能为大多数人认出来的，分别是沃尔特·迪斯尼、德怀特·艾森豪威尔、安迪·沃霍尔和林登·约翰逊（他们勉强翻过了50年的门槛）。所以，加起来一共是32张面孔。从古至今能被大众认出来的面孔比历任美

① 第22任和第24任美国总统，美国历史上唯一一位两度当选且任期不连续的总统。——译者注

国总统还要少。

毫无疑问，美国公众的视觉史无疑是一张受扭曲的示意图。在大众熟悉的面孔里，58% 是美国白人。名单里只有 1 位女性（伊丽莎白一世），1 位不是白人（甘地）。从来没人说历史也要讲究政治正确（见图 3-5）。

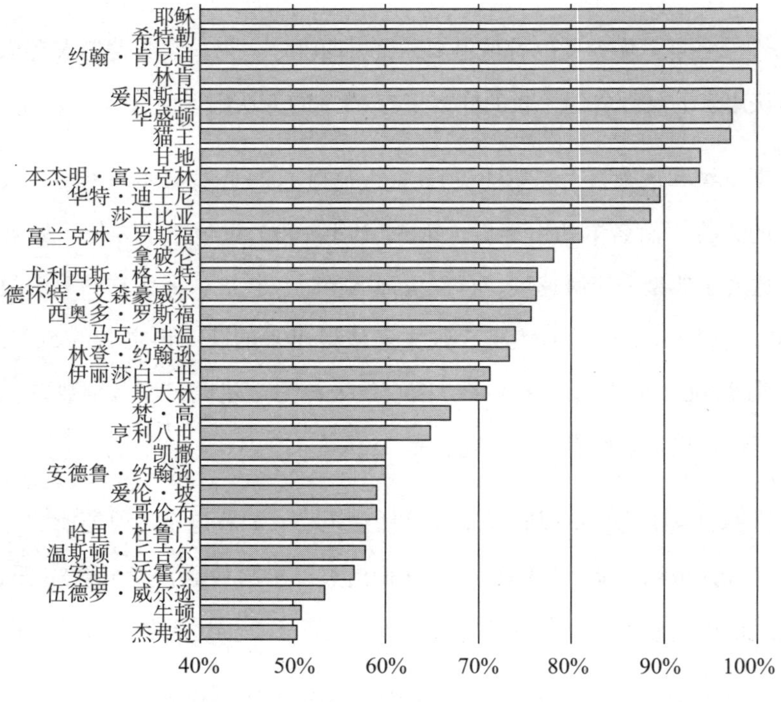

图 3-5　能让美国公众从一张历史图片里认出来的面孔只有区区 32 人

傻瓜一看就懂的历史

民意调查测量的是狭义的历史知识——有多少人能认出一张面孔，是否知道一项事实，对一件事怎么看待。事实之间的关联同样重要，甚至更为重要。本书开篇所写到的那位受过教育的女士，知道莎士比亚也知道哈姆雷特，却不知道两者的联系。知识过分零散、不能连点为线的现象很普遍。

一项针对大学生的调查发现，只有30%的人能说出谁提出了相对论。学生们当然知道爱因斯坦这个名字和他的脸。但问题问的不是爱因斯坦，而是相对论。

和历史上其他所有人物一样，爱因斯坦就像是一团云彩，由各种观点、联想和警句构成，飘来荡去，并不总是跟他的名字或面孔联系在一起。伟大的人和事不仅逐渐遭到遗忘，还变得愈发简略。在生活中，爱因斯坦是一个多维度的复杂人物。他是个失败者，找不到学术圈的工作，只好在瑞士专利局打工；他是个犹太人，逃离了第三帝国；他是美国的名人，是民权活动家，把种族歧视称作“白人病”。可渐渐地，爱因斯坦的故事遭到了简化、再简化。历史的剪辑室把那些暧昧模糊、不够分明的东西都剪掉了。

在一项记忆实验里，罗迪格和同事们请不同年龄的人罗列南北战争、第二次世界大战和伊拉克战争期间发生的重大事件。对于南北战争期间发生过什么事情，人们达成的共识比伊拉克战争更多。亲身经历过一场战争的人，对它有更私人、更独特的记忆。而仅仅从学校和周围环境里了解战争的人，对它则有更一致的阐释。

因此，过去从复杂的现实变成了“傻瓜一看就懂的历史”。一路上，历史故事频遭篡改。我请调查参与者指出下面这句话的作者是谁：

> 精神错乱的定义就是一次次地做同样的事情，却指望出现不同的结果。

在互联网名言警句大全里，这一警句大多被归在爱因斯坦头上，政客们超爱引用。（错误地）引用爱因斯坦的话，仍然是即刻提高格调的最廉价的手法，但“精神错乱”这句话不曾出现在爱因斯坦的任何著作或采访当中。这句话最早出的时候，这位著名的物理学家已去世几十年了，人们在 1983 年出版的两本完全不搭界的书中读到了这句话的最早版本（措辞略有差异）。一本书叫《麻醉性药物滥用者互助会基础教程》（*Basic Text of Narcotics Anonymous*），它并未把这句话安在爱因斯坦头上，物理学家可从没进过戒毒中心；另一本是莉塔·梅·布朗（Rita Mae Brown）的《猝死》（*Sudden Death*），讲的是女子网球巡回赛上的浪漫故事，它也没把这句话安在爱因斯坦头上。相反，书中此话出自一位虚构的女性，她也不是物理学家。“丘氏漂移”（Churchillian drift）就是一个例子，也就说，不那么出名的人所说的名言警句，会被安插到另外一个更有名的人（比如英国前首相丘吉尔一类）头上。这种现象比互联网出现得要早，但五花八门的网站核实不力，起了推波助澜的效果。

另一种流行的误解是把 $E=mc^2$ 跟原子弹混为一谈。1946 年 7 月 1 日，《时代》杂志的封面是爱因斯坦的头像，外加蘑菇云为背景。蘑菇云上写着 $E=mc^2$。自此以后，美国人认为这一标志性的方程式对制造原子弹至关重要。没错，$E=mc^2$ 的确是爱因斯坦的方程式，1939 年，爱因斯坦也的确以共同执笔人的身份，上书罗斯福总统，警告德国可能正在制造原子弹。但原子弹跟相对论毫无关系，没有爱因斯坦的理论也能制造出来。而且，原子弹的确是在没有和平主义者爱因斯坦的参与下制造出来的，更何况，爱因斯坦也没有参与此事的保密权限（见图 3-6）。

我请调查样本指出“原子弹之父”是谁。这个说法有点模糊，可以指代多位物理学家——但不管怎么说，爱因斯坦跟这个头衔完全不沾边。即便如此，最常见的回答仍然是爱因斯坦（42%），击败了奥本海默（8%）和爱德华·泰勒（3%）。

（照片）	几乎所有人都能从照片辨认出白发的老年爱因斯坦，但只有68%的人能认出1921年照片中的他（时年42岁）
物理学家	48%的人可以说出爱因斯坦以何种职业谋生（答“科学家”也算对）
德国	42%的人可以说出爱因斯坦的出生国
$E=mc^2$	66%的人知道谁发明了这个等式
相对论	30%的人知道谁想出了相对论
智商	98%的人理解“爱因斯坦”是高智商的代名词
原子弹	42%的人说是爱因斯坦造的原子弹（答案是错的）
“精神错乱的定义就是一次次地做同样的事情，却指望出现不同的结果。”	41%的人相信这句话是爱因斯坦说的，尽管这句话不曾出现在他任何著作和访谈中

图 3-6　谁是阿尔伯特 · 爱因斯坦

弗里达 · 卡洛（Frida Kahlo）是 20 世纪备受欢迎的画家。经仔细观察，公众对卡洛生活和成就的认识，匮乏得叫人瞠目结舌。几乎一半的美国人知道她是个画家，或者她是个墨西哥人。但很少有人能把她跟超现实主义，一幅著名的自画像，或是迭戈 · 里维拉（Diego Rivera）联系起来。如果你完全不知道这些跟她有关系的重要事情，那卡洛这个人还剩下几分意义呢？这就像一个笑话里说的：圣诞老人真的存在——只不过他骨瘦如柴，住在迈阿密，还讨厌孩子（见图 3-7）。

	8%的人可以从画像认出卡洛
艺术家	53%的人知道卡洛的职业
已故	44%的人知道卡洛是否在世，4%的人相信她依然活着
墨西哥	48%的人知道卡洛的国籍
超现实主义	18%的人可以把卡洛和超现实主义联系在一起
迭戈・里维拉	9%的人可以说出卡洛伴侣的姓名
不是格鲁吉亚・奥基夫	15%的人不能准确地说出卡洛是“一位住在新墨西哥州的女性艺术家，她创作了色彩缤纷的花朵、动物头骨和沙漠景观”。
不是格兰特・伍德	5%的人知道卡洛是《美国哥特式》的作者

图 3-7　谁是弗里达 · 卡洛

教材之战

2014 年夏天，美国大学理事会公布了一套新的大学预科历史课程教学大纲。短短几天，这条原本枯燥的修订事件就登上了新闻。共和党全国委员会称该教学大纲是“一套激进的修正主义历史观，强调我国历史的消极方面，忽略或是抹杀积极方面”。得克萨斯州教育局拟定了几套方案，拒绝大学理事会推荐的教材，只采用本州认可的教材。得克萨斯州提案的幕后人物肯 · 默瑟（Ken Mercer）解释说：“我已经听到一些孩子对我说，他们上大学之后发现，所谓的‘美国史入门’其实是‘厌恶美国入门’。”

2014 年 9 月，科罗拉多州的一所学校董事会制定了一项政策，对倡导爱国主义、自由市场体系、尊重权威的科目施以强制性指导。2015 年，俄克拉荷马州立法委员会正式禁止美国大学理事会的历史教学大纲，认为它缺乏上述价值观。

为什么一套历史教学大纲竟然触动了这么多人的神经呢？斯坦利·库尔茨（Stanley Kurtz）在《国家评论》杂志上抱怨说，一些历史学家希望"早期美国开拓史少些关于清教徒、普利茅斯殖民地、约翰·温斯罗普（John Winthrop）'山巅之城'讲演的内容，更多关于种植园经济、奴隶贸易在以剥削为本质的国际资本主义制度兴起中扮演什么角色的内容"。而这些历史学家又控制了大学理事会。

库尔茨（他的姓跟约瑟夫·康拉德小说《黑暗之心》里那位倡导殖民成癖的反英雄人物是同一个）认为，家长和历史学家之间存在脱节。大多数父母会很乐意让孩子学习跟自己小时候一样的历史，专业的历史学家却往往是修正主义者。历史学家们认为，自己的作用就是要"修正"该领域下的现存知识。教科书逐步纳入学者们全新的学术研究成果，这使得每一代人使用的教科书都有所不同。

库尔茨说得没错——我们的教育制度未能把约翰·温斯罗普的事迹教给学生们。我发现，哪怕以宽泛的选择题形式提问，也只有 44% 的受访者知道他是马萨诸塞湾殖民地的清教徒州长。但温斯罗普的讲演真的重要到人人都得知道吗？温斯罗普成为保守派眼里的英雄，是因为他是"美国例外论"的标杆人物，但"美国例外论"本身就是一个相对较新的修正主义观点，直到罗纳德·里根上任，美国总统才在讲演里提到过他两次。

像我们所有人一样，温斯罗普是个矛盾重重的人物。他拥有奴隶，还援引《圣经》，称“更先进的”民族有权占据印第安人的土地。你认为温斯罗普是圣人还是罪人，取决于你选择从什么样的事实来着手。而这正是历史教科书问题的实质所在。

新西兰惠灵顿维多利亚大学的心理学家詹姆斯·刘（James H. Liu）开展了一项涉及30个国家的历史知识调查，完美地阐释了这个问题。研究人员请来自世界各地的志愿者说出哪些人在世界历史上有着最大的影响力（无论好坏）。有一个国家的受访者认为世界历史上10个最重要的人物分别是：

1. 甘地
2. 希特勒
3. 本·拉登
4. 特蕾莎修女
5. 巴格特·辛格（Bhagat Singh）①
6. 希瓦吉（Shivaji Bhonsle）②
7. 爱因斯坦
8. 苏巴斯·钱德拉·鲍斯（Subhas C. Bose）③
9. 林肯
10. 乔治·沃克·布什

你也许能猜出这份名单出自哪个国家。如果你是美国人，你大概怎么也猜不出排在第5、6和8位的都是些什么人。

问题的关键不在于印度人过分夸张了本国在世界历史上的重要性。每个国家都一样。詹姆斯·刘的调查中还有一个问题，请参与者用百分比来评价

① 印度独立运动中对抗英属印度当局颇有影响力的一位社会主义革命者。——译者注

② 印度统治者，马拉塔帝国的创立者，印度17世纪的民族英雄，史称“印度海军之父”。——译者注

③ 政治人物，曾参与印度独立运动，为自由印度临时政府的领导人，以及印度国民军的最高指挥官。——译者注

自己国家在世界历史上的相对重要性。

亨利·罗迪格帮忙收集了美国的数据，他对我说，看到估计值时，他感到挺“难堪”。美国人估计，美国占到世界史重要性的 30%！

得知加拿大人对加拿大的重要性估计也处在同一范围，罗迪格感觉好受了些。事实上，30% 上下是受访国家（主要是大型工业化国家，这些地方有詹姆斯·刘的同事）的典型回答。把所有平均估计值加起来，总数值接近 900%。按照逻辑，这个数不应该超过 100%，实际上还应该更低才对，因为詹姆斯·刘只调查了全世界 196 个主权国家里的三十来个。

撰写教科书的历史学家明白，他们必须让有着五花八门讲究的校董会买单才行。无论好坏，美国的历史教科书以采用政治中立、不得罪人的风格为目标。更微妙的问题是，历史学家对该收录哪些人、该排除哪些人、对特定历史事件给予多大的权重、该强调哪些事情之间的联系，做出了成千上万个主观判断。所有这些选择的累积效应反映出了作者的世界观。库尔茨（还有站在他对立面的自由派人士）察觉到了历史课程中的文化和政治议程，并不是因为他们有受害妄想。现在，问题变成了“到底什么样的观点能为人接受”。

编写一本从正面（并符合事实的）角度介绍希特勒的教材，这是做得到的——纳粹德国就这么做过。编写一本严谨、准确、没有苛厉措辞的自由派美国历史，也是做得到的。但大多数人想必也承认，这样的历史不适合作为基础教科书，去教中小学的孩子。对教科书，我们的合理期待应该是：它们体现了持中间立场的美国人的政治和文化价值观——并潜移默化地实践它。

但这一理性预期正日益陷入困境。我们生活在高度“小众传播”的时代。带党派立场的电视网络全天候地实时播报新闻，为社交网络提供素材，它们包罗万象，远远地超过了从前的低俗小报。家长和政客们习惯了这样的新闻来源，希望教科书也变成同样的“小众传播”平台。福克斯新闻台的座右铭“公正和公平”捕捉到了这一全新意义上的权利认识论。我们感觉，我们不仅有权享受到按自己政治立场量体裁衣编写的历史，还相信只有我们撰写的历史才是最客观和中立的——别人编写的历史都充满偏见。

HEAD IN THE CLOUD 已过世的男性白人

美国人并不善于辨别充斥在教科书里的欧洲男人。上图的两张面孔，只有一半的美国公众认得出来。

一道多选调查题对左边长胡子的这位男性给出了以下选项：查尔斯·达尔文、阿佛烈·丁尼生（Alfred, Lord Tennyson）[①]、卡尔·马克思、查尔斯·狄更斯、亨利·沃兹沃思·朗费罗（Henry Wadsworth Longfellow）。

对右边的绅士，选项分别是塞缪尔·约翰逊（Samuel Johnson）[②]、萨德侯爵（Marquis de Sade）、约翰·塞巴斯蒂安·巴赫、彼得大帝，以及莫里哀（Molière，法国 18 世纪戏剧家）。

---

① 第一代丁尼生男爵，英国 19 世纪著名诗人。——译者注

② 英国历史上最有名的文人之一，凭一己之力编撰出了《约翰逊字典》。——译者注

正确的答案是达尔文和巴赫。诚然，他们的成就跟他们长什么样子没关系。然而，我们生活在一个越来越追求视觉表现的社会。教科书、传记、纪录片和博物馆馆藏里都有图像。一半的公众认不出达尔文和巴赫，因为他们根本没接触过这些人物。

HEAD IN THE CLOUD

Why Knowing Things Still Matters When Facts Are So Easy to Look Up

04

蠢人的胜利：五分之一法则

在探索无知世界的过程中，你用不了太久就会遇到“五分之一法则”。按照这一法则，大约有 20% 的公众会相信调查员提出的任何愚蠢念头——只要这个调查员胆子够大。20% 的美国人认为“佛罗里达州男子”①是个民间传说里的角色。2010 年，《赫芬顿邮报》上的一篇文章抽样调查了当时的一些民意调查，据说有 20% 的人：

① “Florida Man”是美国互联网上的一个热词，2013 年走红，多出现在 Twitter 上，推文中一般会包含新闻报道及文章的链接，并多以“佛罗里达州的一名男子”作为主语，内容是关于发生在佛罗里达州的反常或奇怪罪案。——译者注

- 相信真的有巫婆；
- 相信太阳绕着地球转；
- 相信外星人绑架案；
- 相信奥巴马是个穆斯林；
- 相信彩票是一种良好的投资方式。

2014 年，马来西亚航空公司的 M370 号航班神秘消失，新闻报道铺天盖地，但却几乎不包含任何真相。CNN 的一项民意调查请人们对航班失踪做出可能的解释：是恐怖分子，或者飞行员蓄意为之，等等。调查的最后一个选项是，“外星人、时间旅行者或来自其他维度的生物”。3% 的受访者认为这一解释“很有可能”，6% 表示“有一定的可能”。两者加起来，一共有 9% 的人认为这种说法具备可信性。

问及外星人或时间旅行者本身就是暗含诱导性的提问。大多数人不会上钩，但少数人乐意。那些认为上述荒谬想法“有可能”的人，在接受调查之前是否真的想到过这些荒唐想法，这一点没人说得清楚。特定的调查问题自发制造了一批头脑发热的粉丝。

如果调查只是简单地问：“马来西亚航空公司的 M370 号航班发生了什么呢？”主动给出荒谬答案的人会少得多。把对调查的回应视为“人们就是这么想的”，从道德上是错误的。受访者在接受调查、说自己相信的答案之前，说不定根本没那么想过。接受调查之后，说不定也不再相信、甚至连想都不会去想。用一个足够怪诞的问题，外加一点聪明才智，制造出“五分之一”的统计数据并不太难。

按照规定，调查员应该设计尽量中立性的问题。但这一规定该怎样遵守，却并不总是那么明确。2014 年，美国公民权利组织“反诽谤联盟”（Anti-

Defamation League）做了一项调查，请一个人数极多的全球性样本（包括了来自 100 个国家或地区的 5.31 万名受访者）说明自己对第二次世界大战期间犹太人大屠杀的看法。该调查制造出一个令人难忘的“五分之一”局面：每 5 名美国人里，就有一人不接受对“大屠杀”的标准历史记录。

调查的细节讲述了一个更复杂的故事。调查员先问受访者是否听说过大屠杀。听说过大屠杀的人，请概述自己对此事的看法。有三个选项可供选择：

- 大屠杀是个传说，并未发生过。
- 大屠杀发生过，但遇害犹太人的数量遭到了历史性夸大。
- 大屠杀发生过，遇害犹太人的数量得到了历史的公允记录。

“不知道”并未明确地列入选项，但主动这么回答的人，也纳入了表格。表 4-1 是来自几个国家或地区的结果。

表 4-1　世界各国民众对“大屠杀”的了解程度

国家（或地区）	从未听说过大屠杀	大屠杀是个神话	大屠杀遭到了极度夸大	大屠杀得到了公允的记录	不知道
德国	8%	0%	10%	79%	4%
美国	10%	1%	5%	79%	4%
中国	31%	2%	22%	42%	3%
埃及	71%	3%	15%	6%	6%
约旦河西岸和加沙地带	51%	5%	35%	4%	5%

居然有人否认大屠杀，着实令人震惊，但所有地方都有这样极少数的一群人。其比例范围从 0（在德国，否认此事需要相当大的精神能量才行）到 5%（约旦河西岸和加沙地带）不等。

更叫人吃惊的是，选择中间选项（即认为大屠杀的确发生过，但遇害人数遭到“极度夸大”）的受访者人数相当多。在美国，白人至上主义者接受电视采访时想要表现得“理性些”，就会这么说。10% 的德国人和 22% 的中国人也认可这一观点。

纳粹死亡营里到底杀害了多少人，具体的数字无法确切知道，所以，说遇害人数的估计值可能遭到“夸大”，并不算明显错误。对某些人来说，选择这一选项，有可能是表达文化身份或政治立场的一种方式。对支持巴勒斯坦建国的人，或是反对以色列在约旦河西岸定居的人来说，这说不定颇具吸引力。事实上，“反诽谤联盟”的民意调查发现，受访者淡化大屠杀的遇害者人数（甚至完全否认大屠杀），是跟其对犹太人的负面态度一脉相承的。

最意想不到的是，还有那么多人说自己从来没听说过大屠杀。在美国，只有 10% 的人表示不知道此事，但埃及有 71%，印度尼西亚为 90%。在整个中东地区，大多数人表示，他们从未听说过种族灭绝。然而，正是此事激发了以色列立国，而以色列立国又跟整个中东地区持续不断的政治军事冲突紧密相关。

但无知也可以掩盖不受欢迎或争议性意见。“反诽谤联盟”在大屠杀问题之前，还询问了 15 个人们对犹太人的态度问题，故此，受访者会清楚地意识到，这一问卷对犹太人有着特别的兴趣，而对犹太人不满意的人或许觉得，与其拿出调查员不赞成的答案，说不知道反倒更容易些。在调查访问中，知识和意见不见得总是存在泾渭分明的区别。

10% 传说

否认大屠杀，相信外星人劫持客机，这样的调查证明了公众的轻信态度。所以，经常有人告诉我们，要保持更强烈的怀疑精神和批判性思维，对愚蠢的说法多个心眼。这是怀疑主义运动的主题。不过，我们跟以讹传讹的关系，远比乍看上去要复杂。

“如果你在买汽油之后不按‘清零’键，下一名顾客加油时可能会从你的信用卡上扣钱。”[①]这是在互联网上广泛流传的一个说法。它不是真的。我把它收录在一项真假调查问卷里，80% 的受访者表示它不成立，仅有 2% 的人说这是真的。其余的人说不知道。显然，在 Facebook 上大量转发这条消息的就是这 2% 的人。

一般来说，公众明白有一些似是而非的说法因为经常重复被当成了真的。可他们并不会从这一点联想到自己前一天听到的内容。我们知道怎样保持怀疑态度，但拿不准该在什么时候保持怀疑态度。再说了，盲目怀疑跟盲目轻信一样，有可能让人误入歧途。

真假判断：“9 · 11”恐怖袭击发生的时候，世界贸易中心的地下室储存着黄金。

真。袭击发生后的几个星期，世贸中心的贵金属存储处运走了价值 2.3 亿美元的金条和银条。我对这一说法做了检验，因为它听上去像是个都市传说。果然，70% 的人说这是假的，只有 9% 的人说它是真的。公众似乎明白“9 · 11”事件甚得阴谋论的宠爱。秘密的黄金存储，让人禁不住又给它加上了一个可疑记号。人们凭借朴素、直观的怀疑态度给出了答案，而并非知道事实。

真假判断：你只使用了大脑的 10%。

假。这个历来很受欢迎的“统计知识”几乎要把神经科学家

① 在美国给汽车加油，一般是用户自助的方式，插入信用卡，自己拿油枪加，整个过程没有油站工作人员插手，所以才会有上述说法。——译者注

们逼疯了。无数的证据否定了它——可不知道怎么回事，这些证据始终传不到最需要看到它们的人眼里。在我的调查中，66% 的受试者说这是真的。

为什么这个说法这么受欢迎呢？“10% 传说”似乎跟直觉、创造力、非常规的精神特点产生了共鸣。有些人用它来赞美冥想、瑜伽和其他“打开心智”实践的益处；在另一些人眼里，它为心灵感应、“开天眼”、来生等提供了可信度。只有极少数人把“10%”阐释为不可逾越的极限；它更像是一张执照，允许我们去幻想刚起步的人类潜力运动蕴含的无限可能性。

我猜想，这一似是而非的虚假陈述不会引起人的怀疑，因为它听起来就像是一段中立的科学说法，跟“空气中 20% 的成分是氧气”没多大区别。事实上，“10%”这个说法，还会被安插到某位科学名人的头上。这个人，除了阿尔伯特·爱因斯坦，还有谁更合适？

美国人认知中的妄想症

相信戴安娜王妃死于谋杀的人，有更大概率相信她的死是她自己一手伪造的。认为奥萨马·本·拉登死得比官方报道的 2011 年美军突袭更早的人，也有更大概率相信他还秘密地活着。有研究证实，一些人天生就容易相信阴谋论。他们往往会相信各种阴谋论，甚至宣称自己相信许多在逻辑上彼此矛盾的理论。

妄想症是个大问题，它影响着涉及我们所有人的议题的相关意见。2014 年，心理学家斯蒂凡·勒万多斯基（Stephan Lewandowsky）、盖莱·吉格纳克（Gilles E. Gignac）和克劳斯·奥贝劳尔（Klaus Oberauer）做了一项涉及若干阴谋论的调查。请判断下列陈述的真伪：

- 阿波罗登月从未发生过，它是在一家好莱坞电影制片厂里搭建的背景里拍摄的。
- 美国政府默许了“9·11”恐怖袭击事件的发生，以便找借口实现袭击之前就已确定的国内国际目标（如对阿富汗和伊拉克展开战争，侵犯美国公民的自由）。
- 所谓的二手烟有损健康一说，建立在虚假科学的基础上，是一帮腐败的医学研究人员试图以教条取代理性科学。
- 20 世纪 70 年代，美国机构有意制造出艾滋病病毒，并用到了黑人和男同性恋身上。

研究人员还问受试者对以下说法是否同意：

- 接种疫苗使儿童致残或致死的可能性，超过了它们对健康带来的好处。
- 人类对全球气候的影响并不明显。
- 我相信，转基因食品已经破坏了环境。

那些相信一目了然的阴谋论的人，有更大概率认同上述说法（前两个是错误的，第三个未经证实）。和典型的阴谋论不同，这些观念在影响着投票亭内外的日常行为。我应该为孩子接种疫苗吗？混合动力汽车是否值得花更多的钱去购买？我该买哪一种西红柿？上述问题对 20% 的美国人产生了深远的影响。

HEAD IN THE CLOUD

Why Knowing Things Still Matters When Facts Are So Easy to Look Up

05

信息匮乏的选民

“很难想到哪一次重大政策争端里事实真的发挥过什么作用，”自由派经济学家保罗·克鲁格曼（Paul Krugman）曾在《纽约时报》上这样写道，“这是个不可撼动的教条，板上钉钉。”

“目前，支持民主党的绝大多数选民都是些信息匮乏的民众，如果民主党提供的数据跟他们个人政治主张有矛盾，他们可不会被说服。”保守派学者杰里米·卡尔（Jeremy Carl）在《国家评论》杂志上表示。

克鲁格曼批评说：“构成美国政治实体的很大一部分人秉持着与实际经

验完全不符，且完全不可改变的观点……如果你曾卷入过这些辩论，你肯定知道，这些人不是快乐的战士，他们是些脸红脖子粗的怒汉，倘若碰到有人自以为是地指出不支持其立场的事实，他们就会火冒三丈。”

“许多自由派人士都持有深刻意识形态烙印的观点，”卡尔说，“认为必须接受某些‘真理’，才能表现出人的道义美善；而那些对此有所妨碍的真相，则遭到忽视……要跟狂热人士就其狂热主题展开有理性的辩论，太难了。”

卡尔和克鲁格曼抱怨的是同一个问题。大多数选民一开始掌握的信息太少了，只接受那些支撑其先入为主观念的证据。保守派人士和自由派人士永不厌倦地描述持反对立场的绝大多数人多么愚蠢……因为，这是真的。

选举就是投飞镖拿主意

1992 年，备受尊重的加利福尼亚州法官亚伯拉罕·阿蓬特·汗（Abraham Aponte Khan）在法院竞选中输给了一个几乎不知名、还被洛杉矶律师协会评为“不合格”的挑战者。挑战者的名字是帕特里克·墨菲（Patrick Murphy）。他能赢，是因为“墨菲”这个名字听起来比“汗”更“美国”。这位“地道”的美国法官墨菲日后因为被控洗钱和长期无故缺席审判而被辞退。

2006 年，被律师协会评价为“非常优秀”的法官丁特拉·简纳福兹（Dzintra Janavs）在一场选举中输给了在加里福尼亚州何尔摩沙海滩上开百吉饼店的林恩·戴安·奥尔森（Lynn Diane Olson）。

“你知道司法选举里最惊悚的事情是什么吗？”曾为洛杉矶前市长安东尼奥·维拉戈沙（Antonio Villaraigosa）工作过的顾问帕克·斯克尔顿（Parke

Skelton）自问自答说，“那就是 80% 的人真的是随便选个人。”

斯克尔顿这类的顾问显然深得“选民无知”之味。他们知道新闻媒体并不报道司法选举。这类竞选很枯燥，除了为数不多的律师，没人关心这个。即使是对选举最了解的选民，对参选法官的认识也几乎为零。大多数司法选举都无关党派，所以选民在选择时甚至根本不知道参选人士属于什么党派，只能近乎随机地按名字挑选。这种情况把投票过程变成了检验无形偏见高度的有效的心理实验。只不过，它不太擅长选举出能胜任工作的法官。

报业的漫长颓势令许多选民没有了前后一致的本地信息来源。有线新闻频道和新闻聚合软件铺天盖地地报道高调的全国性选举，争夺点击率。花哨的候选人或者丑闻把公众的眼球从犯罪分子身上吸引开去。但看看典型的投票活动吧。选举有几十场，可最多能有十来场会得到合情合理的报道。

我请全国范围内的一组成年人样本说出国家、各州和地方需要竞选上任的 14 种公职在任者的姓名。调查还请参与者写下未列入名单的其他公职官员的姓名。

几乎所有人都能写出总统的名字，89% 的人能说出副总统的名字（比另一些调查所报告的数字要高）。62% 的人能认出至少一名本州的参议员。略少于一半的人可以认出两个。55% 的人知道自己所在地区的议员（见图 5-1）。

另一个容易被想起来的是州长。81% 的受访者知道自己州的首席行政官。至于自己所在市级行政区，只有不到一半的人说得出市长的名字。

上述 6 种职位，是普通公民所知的极限了。能说出其他公职在任者名字的受访者还不到 1/3，这包括了州和市政立法机构（政府的大部分工作都靠这些机构完成）的所有代表。

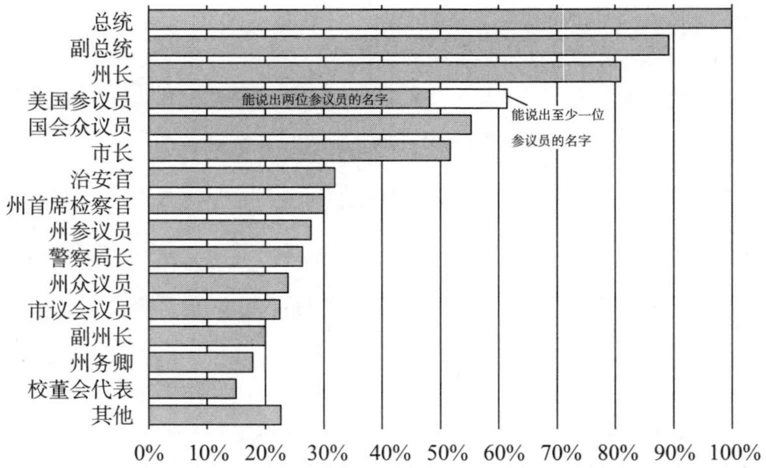

图 5-1 一个典型的美国人只能说得出 6 个竞选上任的民意代表的名字

我还请参与者用 5 分制（从“非常保守”到“非常自由”）给自己的政治偏好打分。我发现，这一答案跟知道多少当选官员姓名之间并没有相关性。

然而，知识与明智决策之间存在相关性。不知道市长或州议员名字的选民，不太可能知道官员其他太多的事情，比如官员的竞选主题，取得过什么成就，经历过怎样的失败，是否吃过什么影响连任的官司。不知道市政厅在哪儿？大多数人就算用导航仪都找不着市政厅在哪儿。

当政客说错了话

2014 年，宾夕法尼亚大学安纳柏格公共政策中心进行了一项调查，证实了如今已为人熟知的一件事：美国人不理解自己的政府是怎样运作的。调查向成年人询问了一些理应从公民课上学到的事实。

- 如果最高法院以 5 ∶ 4 就一桩案件做出了裁决，这是什么意思？
  21% 的人回答说：“该决定会被送回国会重新考虑。”错。

- 在美国参议院和众议院，行使总统否决权的规定多数票数是多少？
  只有 27% 的人给出了正确答案：2/3 多数。
- 你是否知道中央政府的三大分支分别是什么？
  只有 36% 的人说得出所有的 3 个分支：行政、立法、司法。

不仅仅是普通民众不太理解公民常识。2014 年，美国联邦法官阿伦达·赖特·艾伦（Arenda Wright Allen）否决了弗吉尼亚州禁止同性结婚的法条，她在主审法官意见中写道："我们的宪法宣称，'男人'生而平等[①]。"呃……这句话出自《独立宣言》。

在政治舞台上，"口误"是个最为主观的词。你喜欢的政客说错了话，那叫"口误"，你不喜欢的政客说错了话，那就是"暴露了无知"。2015 年，得克萨斯州前州长兼总统候选人里克·佩里（Rick Perry）在演讲时引用了一位伟大爱国者的话："托马斯·潘恩（Thomas Paine）写道：'爱国者的义务是保护人民免受政府威胁。'"这句话在现场——弗吉尼亚州里士满万豪酒店里——引来观众一片掌声，事实核查员们却不满地冲下伸出了拇指。潘恩并未说过这句话。它出现在激进左翼环保主义者爱德华·艾比（Edward Abbey）的著作里。

佩里上了互联网格言警句网站和"丘氏漂移"的当。但另一位总统候选人米歇尔·巴克曼（Michele Bachmann）可不是。2011 年，她对新罕布什尔州纳沙乌的支持者们说："在你们这个州，列克星敦和康科德响起的枪声传遍了世界。"这两座城镇在马萨诸塞州，从没挪过窝。

对建国之父们到底说了些什么，美国人的认知也乱成一团，至于国父们

① "人生而平等"的英文原文是"all men are created equal"，"men"既可以泛指所有人，也可以专门指代"男人"。——译者注

想要表达的意思，他们更是完全摸不着头脑。1997 年，国家宪法中心进行了一项民意测验，发现 84% 的美国人认为“人人生而平等”是宪法所载的内容。不过，你肯定以为联邦法官知道得更清楚，自由世界的领袖就更不必提了。1996 年 10 月 16 日，时任美国总统的比尔·克林顿说：“就我所知，宪法上说，‘民有、民治、民享’。《独立宣言》里就是这么说的。”他把两份伟大的文件给弄混了，而且，这两份文件里都不包含这句话。“民有、民治、民享”出自林肯著名的《葛底斯堡演说》。

克林顿毫无疑问是个政客，但他跟大多数同辈人差异很大——他受过良好的教育。他曾拿过罗德奖学金[①]，当过法学院的教授。

别指望克林顿知道自己在说些什么、他以为知道自己在说些什么、他说自己知道些什么了。去听听这次演讲的录音吧。总统失言之后，在场的支持群众们为他的口误欢呼并鼓掌。

对品格的执念

兴许人们就是不希望让脑袋聪明的人来担任总统。美国人的另一个信条是，应该以“品格”来评估候选人，不要过分强调教育或知识。政客最不希望群众把自己视为“知识分子”了。许多政客十分擅长给自己营造“大老粗”的形象。

对“品格”的执念恐怕是超越意识形态的。每次选举时，我们都会听到摇摆不定的选民说，他们会根据品格、亲民度，甚至候选人是否更“适合”该岗位，从两位意识形态有别的候选人中做出选择。

① 该奖学金设立于 1902 年，是国际性研究生奖学金项目，每年挑选各国已完成本科的精英生前往牛津大学进修，是全世界最负盛名的奖学金项目，甚至还被称为“全球本科生诺贝尔奖”。——译者注

加州大学洛杉矶分校的政治学家琳恩·沃弗雷克（Lynn Vavreck）发现，分裂投票的选民，即投票给了不止一个党派的候选人，比那些坚守单一党派立场的选民更加信息匮乏。沃弗雷克调查了一个规模极大的样本（包含了4.5万名美国人），请他们说出南希·佩洛西（Nancy Pelosi）[①]和约翰·罗伯茨（John Roberts）[②]等政客当时正担任的职位。她对比了调查结果与投票模式。在2012年的选举中，1/3政治知识掌握的最少的选民，有12%的概率投票给来自不同党派的参议员和总统候选人。而对1/3掌握信息最多的选民而言，分裂投票的概率仅为4%。

信息匮乏的选民还有更大的概率形容自己在移民、同性婚姻、给富人加税等热门问题上犹豫不决，这一发现与所谓"糊里糊涂的中间派"概念相吻合。政治民意调查员意识到，许多称自己是"中间派"的人，无非是真的"不知道"罢了。

我们希望中间派选民能充当党派政治的制衡因素，帮忙促进民主社会所必需的折衷与妥协。这些选民有着坚定、理性的政治信念，只不过，这些信念恰好处在两党理念的中间。然而，这样的选民似乎并不太多。

沃弗雷克写道："人很容易以为，控制参议院这么重要的事情，落在了谨慎考量、仔细挑选候选人、按每一场选战分别投票的选民手里。可这似乎不太可能。分裂投票的选民有更大可能受偶发因素影响，如在职情况、最近的竞选宣传、候选人获得的新闻报道的基调和份额。"

社论撰稿人讨厌竞选活动聚焦于威逼手段，聚焦于无关政策的丑闻。但政客们靠这样的宣传活动来竞选，因为它们就是管用。信息匮乏的选民极有

① 美国政治人物，现任美国众议院少数党领袖，第60任美国众议院议长。——译者注

② 美国律师、法学家，是第17任美国联邦最高法院首席大法官。——译者注

可能被迎合低级趣味的政治广告说服，也最有可能左右本来就胶着的选举。

投票抽奖

洛杉矶是无知冷漠选民们的首城。这座城市有个神秘的传统，在奇数年的春天举行市政选举。2013 年，只有 23% 的本市登记选民现身投票，选出埃里克·加西蒂（Eric Garcetti）担任全美第二大城市的市长。2014 年洛杉矶学校董事会选举的投票率仅为 8%。

洛杉矶选举不可救药的一个证据是，2014 年该市道德委员会建议设立投票抽奖计划。每个选民将自动进入抽奖池赢取高达 2.5 万美元的现金奖励。这一名叫“投票来呀”的计划有望成功提高投票率。但除非有人还能找到办法把市政候选人及相关议题教给选民，否则，投票率提高会带来什么好处还真说不清楚。

一直以来，经济学家始终认为投票是一种不理性行为。你的一票能左右选举的概率微乎其微，很可能不值得让你费功夫去投票，更不值得让你深入研究候选人及相关议题。按照这一理论，理性人保持无知才是理性的（尤其是对晚餐聚会上都没人讨论的地方选举）。

但人们还是会投票。既然经济学家不喜欢前后矛盾，便称之为“投票悖论”。你可以把民主国家想象成赌场。它们利用人类的不理性——而且逐渐意识到，再也没有比人类的不理性更坚实的基础了。选举中往往会出现足够多“不理性”的选民来引导公众智慧，选出与公众情绪相吻合、通常不太糟糕的候选人。

智慧靠得住的公众到底有多大规模呢？MORI 市场研究公司做过一项

调查，请世界各地的受访者估计本国公民上次参加选举投票的比率。这个例子充分地说明了美国到底有多“例外”：除了美国，其余 14 个国家的受访者都大幅低估了选民的参与投票比率。平均而言，美国人猜测，57% 的美国人会出门投票。这差不多完全准确。

为此，美国到底是该得智慧奖，还是拿个傻瓜奖呢？很难说。美国人投票的实际比率（58%）是 14 个受访国家里倒数第二低的，只有波兰的选民投票率比这更低。

美国人也许不投票，但至少够现实。再说，美国人的确有强烈的投票道德感。随着选举日的临近，在候选人认为有望给自己投票的群体里，种种微妙的激励就开始动员人们出门投票，但无党派的爱国动员同样不少。你支持谁，你对此人有多少了解，一点也不重要……出来投票就好！

我前面提到的那项请人们说出自己民意代表的调查，还询问了人们在 2012 年的那一次总统选举里是否投了票。2012 年参与了投票的选民了解的信息更多。和没投票的人相比，他们说出本州和地方当选官员姓名的概率要高一倍。

因此，强扭着不去投票的人的胳膊去投票，却又不对他们进行某种形式的教育，这么做并不可取。这种压力恐怕只会让许多不情不愿的选民像选彩票数字那样挑选候选人，而这样的投票抽奖是我们不想要的。

HEAD IN THE CLOUD 说出你的民意代表的名字

请试着说出以下 7 种竞选公职岗位的现任官员：你所在州两名联邦参议员中的至少一名，你所在州的州长和总检察长，你所在州的州参议员，你所在县的治安官，你所在的市或镇的议员，你的学校董事会代表。

成年人平均而言只能说出 7 种公职里 3 名官员的名字。这个问题可以预测家庭收入。能说得出所有公职官员名字的人，年收入比那些一个公职官员名字都说不出的人要高 4.3 万美元——出门投票的概率也更高。

Head in the Cloud

第二部分

哪些知识让你更富有、更幸福？

HEAD IN THE
CLOUD

Why Knowing Things Still Matters When Facts Are So Easy to Look Up

06

给你的知识标价格

威廉·巴德·波斯特（William “Bud” Post）是个流浪汉兼诈骗犯，曾因开空头支票被判过刑。除此之外，他就干些马戏团厨师、卡车司机之类的零活，挣点儿快钱。1988 年，他的银行卡余额是两块四毛六。这时，波斯特做出了一个他这辈子最天才的财务决定。他典当了一枚戒指，买了几张彩票。

有一张彩票中了大奖——宾夕法尼亚州乐透彩票的 1 620 万美元。紧跟着，波斯特做出了自己第二天才的财务举措，他选择了 26 年分期支取，而非一次性拿完奖金。

中奖几个星期之后，波斯特收到了自己第一年的奖金：497 953.47 美元。

他把大部分都花掉了。波斯特买了一架私人飞机，一张贩酒许可证，给自己的两个兄弟租下了一家餐厅和一家二手车行。

第一笔奖金到账 3 个月之后，波斯特就负债 50 万美元。一年之后，波斯特决定买下自己梦想中的房子。那是坐落在宾夕法尼亚州石油城的一座待装修的豪宅，价值 39.5 万美元。紧接着，事情变得复杂起来了。波斯特的一个弟弟雇佣了一名枪手，想杀死他和他（第 6 任）妻子，以便继承这笔钱财。好在杀手失败了，弟弟锒铛入狱。而后，波斯特自己朝妻子开了一枪，还对一名收账员开了火，他因此而收到了一张限制令，被判伤害罪。

和波斯特关系暧昧的前房东起诉他要求分享这一大笔奖金。因为彩票是她替波斯特买的；按她的说法，波斯特答应分享奖金。波斯特坚决否认。一名法官不相信波斯特说的话，她采信了房东的证词，勒令波斯特分给原告奖金总额的 1/3。波斯特说自己没有钱。他的房子是个吞钱的无底洞，所有东西都已抵押掉了。于是法官冻结了后续应给付的奖金。

等房子变成一片废墟，波斯特开始变卖财产。《华盛顿邮报》这样报道：

> 到石油城拜访他破败豪宅的人会注意到，窗户上钉着胶合板，浴缸已不知去向，泳池里满是碎片，一辆破车停在杂草丛生的院子里，安保系统出了故障，每隔 60 秒钟就叽叽喳喳地响 6 声。
>
> 蓬头垢面的波斯特先生没戴假牙，绕着自己有 16 个房间的房子慢慢走着，他说戴了假牙会头痛。
>
> “我身无分文的时候要开心得多。”他发着牢骚。

说到身无分文，波斯特宣布破产了。他把自己梦想中的房子按原价的一成六卖掉了——换回了 6.5 万美元，还拍卖了彩票的未来付款。这样，他手里又有了 256 万美元。让我们来举手回答吧：有谁猜得出这个故事结局吗？

波斯特把这笔仍然相当可观的钱挥霍在了 2 座房子、3 辆车、2 辆哈雷摩托、1 辆卡车、1 辆露营车和 1 艘帆船上。他说，他打算用帆船在墨西哥湾做特许捕鱼的买卖。波斯特在这艘帆船上因为长期存在的暴力威胁罪被捕，在狱中呆了一小段时间。等到出狱时，他已一贫如洗。此后，他靠着食品券和每月 450 美元的残疾救济金活到了 2006 年。

威廉·波斯特的悲惨故事引人深思。爱情、健康和幸福，可以通过运气、努力、教育以及最重要的金钱来实现，这是我们人人都秉持的信念。波斯特是达克效应的例证，这个人对预算、房地产投资、兴办实业的认识几近于零，所以相信这些事情很容易办到。钱也许真的没法买到幸福，但无知却经常导致不幸。

在接下来的章节里，我将探讨事实性知识和无知跟个人幸福有着怎样的联系。

关联往往非常显著。例如，我向 445 名美国人询问了 10 个有关历史、地理、公民、科学、文学、艺术和个人理财等常识性知识的问题。事实上，我通过这份问题清单，安装了一个统计软件包。我借此检验了受访者的知识水平和收入水平之间是否存在相关性。的确存在。知道更多事实的人赚的钱更多。为进一步进行解释，我有必要稍微跑题一下，对统计学进行一番介绍——我保证简短扼要。

事实性知识与收入存在相关性

大多数人对统计数据的认识是，民意测试和调查并不完全准确。你随机选一些人，指望他们代表整体人口。这肯定是存在“误差范围”的。

怎样判断这个误差范围呢？这里有一个例子：我在问答测试里请人们说出时任众议院议长的名字。在当时，正确的答案是约翰·博纳（John Boehner），70.6% 的受访者都选择了他。但我真正关心的是，整个美国有多大比例的人能给出正确答案。我并不真的知道，因为我没有问过美国的所有人，而是只从互联网小组里随机选择了 445 个人。统计数据显示，对一个包含了 445 人的随机样本，70.6% 的误差范围是正负 4.2%，也就是说，实际的人口百分比可能处在 66.4% 到 74.8% 之间。

人们还对相关性感兴趣，这是一个更为微妙的概念。我说过，在问答测试里表现好的人，往往能赚更多的钱。这可能是一个有趣的发现，但还是老问题，我怎么能担保它反映了整体人口趋势？

假设我调查了 10 名随机志愿者，其中一人既是个冷知识迷，也是个亿万富翁。光是这一点，显然会在繁琐知识和收入水平之间建立某种相关性，但这是统计学上的“噪音”，并没有什么太深的意义。

这是统计学家非常担心的一点。他们通过 p 值（概率值）来表示这种担忧。用简单的话来说，p 值就是一个结果纯属偶然发生的概率。这是个假阳性的概率。由于我们喜欢有意义的结果，而不是假阳性结果，所以 p 值越小越好。

按照惯例，不大于 0.05（5%，1/20）的 p 值叫作“具有统计意义的”。换一种说法，给定结果并非偶然，你希望自己对此至少有 95% 的把握。当然，“统计意义”的意思无非是，数据给出了相当高的概率，支持一个结论。5% 的阈值没什么神奇的地方，它也并不能保证真相。然而，这是学术期刊发表论文通常所需的阈值。从发表论文的角度来说，批评者们认为，实现 p=0.05 的阈值，就像是扔一个 20 面的骰子。足够多次数地重复实验，你总能弄点东西出来发表！（这种做法叫作“p 值操控”）。尽管并非四处皆准，但民意调查员和记者在汇报调查结果时，广泛采用 0.05 的 p 值。

回到我的问答测试。正确答案率和家庭收入之间的相关性 p 值 <0.001，意味着假阳性的概率小于 1‰。如你所知，p 值低本身并不证明结果有意义。但当它 <0.001，你至少可以说 p 值简直好得不能再好了。

现在，我们要提出另一条重要的统计学规律：相关性并不能证明因果关系。

对此，我最喜欢用“Spurious Correlations”（伪造的关联）网站来举例子。该网站罗列了各种令人印象深刻却全无意义的统计数据。例如，从 1999 年到 2009 年，发生溺水事件的游泳池的数量跟尼古拉斯·凯奇（Nicolas Cage）拍过的电影数量相关。同一时期，“美国小姐”获胜者的年龄跟用水蒸气和高热物质杀人的凶手数量相关（见图 6-1）。

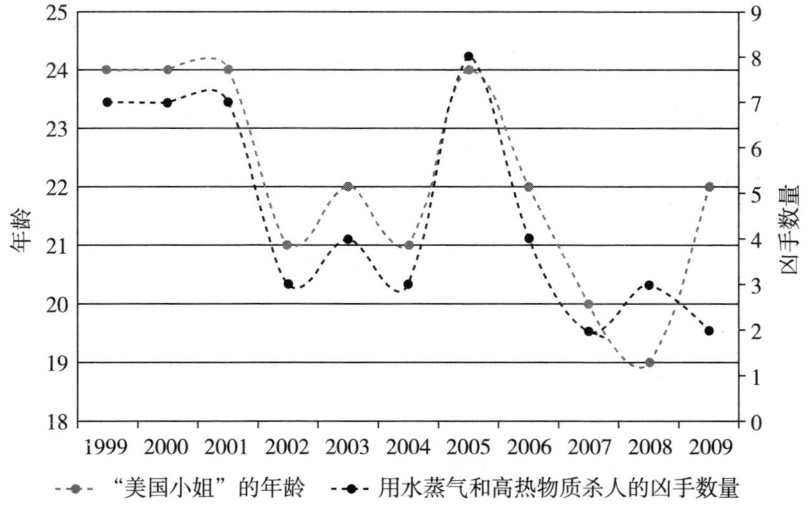

图 6-1 “美国小姐”的年龄与用水蒸气和高热物质杀人的凶手数量的相关性

如此东拉西扯的巧合，在这个数据丰富的时代很容易找到。符合统计学意义的测试不一定能过滤掉它们。只要对相关性考察得足够仔细，又花了足够长的时间，总能有人找出点什么抓眼球的数据来。

这就是为什么关注有意义的相关性很重要。事实性知识与收入水平之间的关系有一个明显的解释变量：教育。

知道很多事实的人可能在学校花了更长时间，受过良好教育的人会赚更多的钱。这可是美国学术能力评估测试（SAT）补习班和学生贷款的销售卖点呀。常春藤联盟高校、斯坦福大学或麻省理工学院的学位可直接换算成现金（而且会按年度不停地记录下去）。与许多有声望的职业岗位一样，学士、MBA、哲学博士或者医学博士学位，都等同是虚拟的工资卡。

这就提出了一个问题：能不能仅用"知道事实"这一点来预测收入呢？还是说，它无非是额外提示了人接受过多少正规教育？

统计学家常常希望消除多个预测因素对给定结果带来的影响。他们使用最广泛的一种工具是线性回归。尽管名字有点深奥，但背后的理念很简单。假设你怀疑人吃多少甜甜圈跟他的体重之间存在联系，那么，你可以用甜甜圈消费量来预测体重吗？找出答案的办法之一是，收集个体每周的甜甜圈消费量和体重变量。接下来，你找一些绘图纸，为数据图中的每一个人创建数据点（散点图）。每个点的位置表示给定个人的消费量（x 轴）和同一个人的体重变量（y 轴）。

要是两者之间真的存在相关性——大吃甜甜圈的人会更重——图表上会出现一团向上的点云，从左下方推移到右上方。倘若案例的结果足够清晰，你可以用一把尺子把点云连接起来，画出趋势线。这条线，就是线性回归。你可以用它来进行预测。如果你想知道，一个人一个月吃 14 个甜甜圈，体重最有可能是多少，你可以在 x 轴（代表甜甜圈的个数）从 14 的位置往上画一条线，直到它跟对角的趋势线相交。然后，你就可以从交点上读到 y 轴上体重的预测值。

从概念上说，统计软件创建线性回归时做的就是这件事。代码不是关键所在——要让直线与数据吻合，有着严格的数学程序，但其基本思路就跟我前文描述的差不多。

如果你把多个预测因素加入组合，情况就变得有趣了。如果你考虑到了受访者的性别，那么体重预测会更准确，因为男性往往比女性重。为此，你需要制作一幅三维散点图，这就很难用图纸来管理了，但用统计软件就没问题了。

所谓的多元回归，是分析大数据使用的主要技术。性别为 x、邮政编码为 z 的地方的一名顾客，有更大概率购买 a，点击 b，给 c 投票。测量每一个具体因素有多大用处可进行预测，是这些模型的作用之一。掌握很多因素的时候，你往往会发现有些因素是多余的。包含了邮政编码的模型，就不需要再包括居住州了，因为邮政编码就给出了州，而且对居住地做了更准确的描述。软件可以识别它。

我们理解为什么邮政编码比所在州蕴含的信息更丰富。通常，各个因素之间的重叠并不太明确，也缺乏显而易见的理由。任何数量的不同因素都有可能告诉我们一些相同的事情，但每一个因素也有可能同时在传达一些独特的信息。此时，模型通过囊括多个因素来获得预测能力。

由于接受正规教育的年限和收入之间的联系早已为人熟知，而且我认为也得到了理解，所以把它加入预测收入的模型是很有用处的。我把它加入了自己的 10 道问题分数模型。在模型中加入教育水平之后，测验成绩与收入是相关的，也就是说，事实性知识作为收入预测因素，仍然具备统计意义。

这也就是说，事实性知识不仅仅是教育水平的“替代品”。

另一个相关因素是年龄。中年人比青年人赚钱更多，平均而言，接触各种事实的年头也更久。这可能使知识水平和收入水平之间产生明显的相关性，但真实情况可能是爬到资深职位的人有更高的收入。

所以，我以年龄、受教育程度和测验成绩作为因子进行了回归分析。知识水平仍然是收入水平的重要预测因素。而知识渊博的人，哪怕在教育和年龄不变的条件下，赚的钱仍然更多。

知识多和知识少造成的收入差异令人印象深刻。为了说得更具体些，我假设有个 35 岁的人，上过 4 年制大学，我以他为基准。统计模型预测，这样一个人，要是答错了我问答测试里的每一道题，他的平均家庭年收入是 4 万美元。而与他年龄和教育水平相同的人，若能正确回答所有的 10 个问题，则拥有 9.5 万美元的年收入。一年差不多要多出来 5.5 万美元——换个说法，后者是前者的 2.35 倍（见图 6-2）。

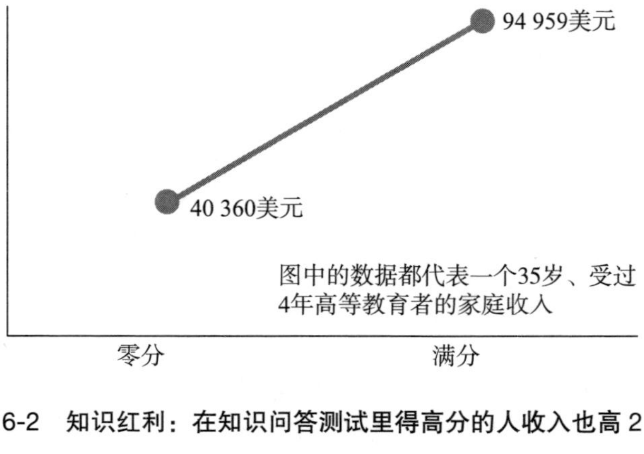

图 6-2　知识红利：在知识问答测试里得高分的人收入也高 2 倍

我应该解释一下，没有人真的得零分——我的问题相当简单，但只有少数人每道题都答对了。在所有全答对的人里，没有任何一个人恰好是 35 岁，且又上过 4 年大学。统计软件会考察所有数据点，检验收入怎样随着 3 个因素发生变化。它用类似直线的方式，针对任何给定因素，预测最有可能出现的收入情况。

那么，是知识水平，而不是教育水平或年龄，导致了很大的收入差异。实际差异还有可能更明显，因为这里考察的是家庭收入，而回答问题的人说不定并非家庭主要收入来源。这将稀释知识水平和收入水平之间的关系，但它仍然可受检测，关联性还很大。

收入与知识的因果关系

我们知道，常识性的事实知识和收入相关，但相关性并不等于因果关系，如我们从美国小姐与“高热物质”谋杀案一例中所知。

这里存在 3 种可能性：

A. 对一定程度事实性知识的广泛了解导致了高收入。

B. 反过来：高收入使人们获得了广泛的知识面。

C. 知识水平和高收入有着相同的成因。

可能性 A 提出，教育的经济收益不仅限于拥有一份大学文凭。大学毕业生理应胸有点墨。他必须具有自己工作所需的知识，以及大量相关领域的知识。

杰克和珍妮去了同一所学校，以同等成绩拿到相同学位，并在同一年毕业。珍妮仍记得大学一年级时对美索不达米亚的讨论，而杰克早就忘了，他还忘了其他许多学过的东西。虽然美索不达米亚跟珍妮的工作没有实质性关联，但她的整体知识范围给同事们留下了深刻的印象。她身边大多是些受过类似教育的人，人们预计她领悟得了有关弗吉尼亚·伍尔夫或薛定谔的猫一类的笑话。在人们的感知里，珍妮很聪明，这有可能让她得到较高的起薪，并在成功的阶梯上快速攀登。

不仅如此，珍妮广博的知识面还能带来一些额外的、更实质性的优势。管理者需要对自身领域之外的事情有足够的了解，才能跟同事们沟通。营销人员需要理解大众文化。做一辈子工程师的人，跟有机会从工程师晋升到管理层的人，其区别或许就在于知识的广泛性。要是打着铮亮发油的老板不知道冥王星是颗矮行星，就得不到工程师们的尊重。

这只是知识水平有可能怎样导致高收入的草图之一。还存在一些并不互相排斥的其他可能性。有可能，那些脑袋里装着大量事实的人更精于创新。他们的知识储备，使他们看到了其他人忽视的类比，能够为问题拟定创造性的解决方案。

还有一种解释是，能学会并记住大量常识性知识的人，说不定同样也能学会并记住大量和金钱有关的知识。这或许能推动他们进行更好的预算、储蓄和投资，而随着时间的推移，后者又可能带来更高的资产净值和收入。此外，见多识广的人往往会和受过良好教育、经济上稳妥可靠的伴侣结合，从而带来更高的家庭收入。

这些情况是可能性 A 推导出来的例子。但也许我们还可以反过来解释。高收入可能导致更广博的知识面（可能性 B）。富人兴许有着更多的闲暇时间跟进新闻、读书、听播客和上课充电。与此同时，那些艰难谋生度日的人，可用在非基本生活资料上的金钱和时间都更少。他们很可能要打第二份工，根本请不起保姆来带孩子，因此不太可能有时间接受继续教育。

第三种可能性 C，是有另一个能同时导致宽知识面和高收入的因素。不难想到第三点因素有哪些候选者。让我们从财富在某种意义上具有遗传性开始。富裕家庭的孩子有家教，能上名校。他们租第一处公寓、第一次买房，都能得到父母的资助。他们的父母有人脉，可以助推其事业发展，他们还可以继承父母的财产。

如果是这样，成因就在于拥有富裕的家庭。有钱的爸妈造就了有钱的后代。富裕的家庭还（通过家教和好学校）为孩子带来了广博的知识。哪怕排除了受教育年限和年龄的因素，我们也可以很容易地发现知识水平与收入水平之间的相关性，因为富孩子可能受益于家庭对学习的重视，上了所好学校。

另一种可能性是，原因就是单纯的记忆力。天生有着良好记忆力的人能记住更多的事实。有可能，这种记忆力在许多职业里都有用，从而为具备这种能力的个人带来了很高的平均收入。

还有其他因素与此相关。许多成功的人认为好奇心（这是对“聪明”的自谦吗？）是自己的成功因素之一。还有人认为远大志向、决心和自律是成功的因素。受教育是孩子的第一份职业。具备天生成功动力的人，有可能从一开始就通过擅长课业——包括学习知识——表现出了这一点。这种动力有可能导致其后的高薪职业，以及终身学习的习惯。

稍后我会再回来讨论这个主题。按照我的猜想，所有这些可能性都有一定道理。广博的知识导致高收入，高收入又导致了博学多识，两者互为因果。很遗憾，你不能选择父母的富裕程度，也选择不了与生俱来的心智能力。但我们所有人，都可以付出努力去学习。

衡量幸福的标准

观察收入差距是对知识“估价”最粗暴的方式，但它也有一些优点。金钱是可量化的。要受访者报告自己的收入，他只需回想一个数字；而要他评价自己的健康或幸福度，他必须创造一个数字。不是所有人都渴望致富，但也没有人真心想要贫穷。因此，收入水平可以粗略地衡量当事人个人生活目标的实现情况。有大量研究表明，收入跟幸福、健康和寿命相关——至少，到攀上中产阶级之前是如此。这都不足为奇，2010 年，普林斯顿大学心理学家丹尼尔·卡尼曼（Daniel Kahneman）和经济学家安格斯·迪顿撰文指出，中产阶级比穷人更幸福。他们还发现，年收入 7.5 万美元上下是个拐点。年收入 7.5 万美元以下，幸福会随着收入水平增高而提升，等到了 7.5 万美元，这种趋势就开始走平。在这个收入之上的人们，自我报告情况并不是更幸福。

当然了，衡量幸福很棘手——这是卡尼曼 - 迪顿论文提出的一个观点。目前还没发明出能揭示人有多幸福的智能手表或大脑扫描仪。衡量幸福的唯一实际方法就是询问人们自我感觉有多幸福。民意测验和心理学家一直在做这件事。与一般的调查一样，结果往往取决于问题的具体措辞。

我在一些调查里纳入了一道常用的幸福测试题：

> 有些人一般很开心。无论发生什么事情，他们都享受生活，充分利用每一件事。你认为这句话能用来描述你吗？准确度有多高？

答案用级数来表示。它的措辞意在鼓励坦诚表达。受访者的回答情况，跟更详尽的心理评估及其他和幸福有关的证据是相符的。

我把这个问题纳入了前面介绍的问答游戏，发现事实性知识与幸福没有关联性。它们之间存在一种轻微的正向趋势，但几乎不存在统计学意义。我数次重复了这一调查，结果都一样。看起来，一般知识水平与收入水平有很强的关联性，但跟幸福则不存在关联性。还有其他什么积极的生活结果跟知识水平相关吗？哪些知识有可能带来大把大把的钞票呢？我将在下一章讨论这些问题。

HEAD IN THE CLOUD 琐事也有意义

你或许想知道，什么样的问题有预测收入水平的力量。以下的例子，来自我前面讨论过的调查：

- **埃米莉·狄金森（Emily Dickinson）是什么人？——厨师、诗人、设计师、哲学家，还是真人秀明星？**
- **美国内战和滑铁卢战役哪个发生在先？**
- **哪一位画家创作了这幅画？（附上毕加索1928年的画作《画家和模特》）**
- **古巴在哪？（受访者要在地图上找到它的位置。）**

这些问题属于我们称为“琐事”的范畴，不是因为信息不重要，而是因为我们认为它们似乎跟基本的生存境况或收入水平没关系。然而，统计数据表明它们与收入水平的确有很大的关系。

答案：狄金森是诗人；滑铁卢战役先发生。埃米莉·狄金森这个问题最简单，93%的人回答正确。约70%～75%的人知道其他问题的答案。

HEAD IN THE CLOUD

Why Knowing Things Still Matters When Facts Are So Easy to Look Up

07

科学越进步，人类越无知？

电视购物频道 QVC 的主持人肖恩·基林格（Shawn Killinger）和设计师艾萨克·米兹拉（Isaac Mizrahi）有点词穷了。该怎么向家居购物的观众推销这种丑得吓人的海绵绿女款衬衫呢？

> 基林格：它差不多就像是你在几十万公里之外的行星月亮上看到的地球的样子。
>
> 米兹拉：是的！……从行星月亮上看。
>
> 基林格：月亮不是恒星吗？
>
> 米兹拉：不，月亮是颗行星，亲爱的！

基林格：太阳是恒星。可月亮真的是行星吗？

米兹拉：月亮是行星，亲爱的。它是行星……

基林格：别这么看着我！太阳是恒星！太阳到底是不是恒星？

米兹拉：我不知道太阳是什么。我们不知道太阳是什么……可你必须去谷歌搜一下月亮好吗？月亮是一颗我没法站上去的行星！

发布到 YouTube 之后，这段对话广为传播。它完全符合人们熟知的故事：对基本科学常识，公众人物蠢得像猪。

美国人对科学的感情十分复杂。家长和政客把科技和数学教育视为通往荣华的通途，并认为它是解决从业务外包到中产阶级薪资停滞的所有经济问题的灵丹妙药。从威斯康星州到得克萨斯州，各州的州长都发誓要削减人文教育的比例，好让所有孩子都能学习编写代码。然而人们对科学却着实爱得很有限。除了新奇的技术装备，许多成年人对科学发展很少关注。要是政客提出用科学事实和科学思想作为所有政治决策的基础，是很难讨得大多数选民的欢心的。截至 2015 年年初，美国国会的 535 名参众两院议员里，只有两人曾是职业的科学工作者。

美国国家科学基金会定期调查跟踪美国、欧洲和亚洲的基础科学知识状况。调查问卷使用了 10 个判断真假的问题：地球的核心很热吗？所有放射现象均为人造的吗？父亲的基因决定婴儿是男是女吗？等等。很简单，对吧？这里有一些结果（见表 7-1）。

表 7-1　　美国国家科学基金会基础科学知识调查

调查问卷的问题及答案	正确回答的比率
地球的核心很热。（真）	78%

续前表

调查问卷的问题及答案	正确回答的比率
数百万年来，大陆一直在移动，而且还将继续移动。（真）	77%
所有放射现象均为人造的。（假）	73%
是地球绕着太阳转，还是太阳绕着地球转？（地球绕太阳转）	71%
父亲的基因决定婴儿是男是女。（真）	62%
抗生素杀死病毒及细菌。（假）	54%
电子比原子小。（真）	45%
人类是从早期动物演变而来的。（真）	44%
激光器通过汇聚声波来运作。（假）	42%
宇宙始于一场巨大的爆炸。（真）	35%

在判断美国人的基础科学知识状况是好是差之前，不妨先这么设想：就算对真假判断题随机猜测，回答正确的比率也应达到 50%。50% 的有效值意味着零，也就是说，这个分数与完全无知是一致的。我请各位注意最后 4 个问题，回答正确的美国人还不到 50%。

这项调查有 2 010 名参与者，说明可能存在的误差幅度大约为正负两个百分点。因此，最后 4 道题低于 50% 的得分真的反映了整体人口的知识水平。

真叫人脸红啊：大多数美国人认为电子比原子大，激光器通过汇聚声波来运作。每一部手机和每一台平板、电视的运行都离不开电子，却鲜有人了解它。你想必看到过激光笔，它是用声音还是用光束指方向的？

另外两道得低分的问题测试的是对进化论和大爆炸理论的认知。只有 44% 的人认同人类发展自早期的动物，只有 35% 的人认为对大爆炸的通俗描述是真实的。虽然物理学家会反对说，“一场巨大的爆炸”是对“大爆炸理论”这一起错了名字的概念的误导性描述。但其他的结果清楚表明，调查样本里并没有多少人是物理学家。

无知是全球性的

说到进化论和大爆炸理论，要把美国人的无知与虔诚区分开来着实不太容易。由于有些人把这些科学观念视为对传统信仰的挑战，他们就坚守符合自己文化和政治立场的观点。

自 1983 年以来，盖洛普公司一直在通过民调了解美国民众对进化论的看法。在调查覆盖的全部时期，神创论一直受人拥护，前后最多只有几个百分点的浮动。盖洛普公司将问题设置为选择题，列有 3 个选项。选项一是“在大约 1 万年前，上帝按照他的样子创造了人类”。在 2014 年的调查中，有 42% 的美国人认同这一说法。

另有 31% 的人选择了选项中的第二项：“人类是从原始的生命形态经数百万年发展而来，但上帝引导了整个过程。”仅有 19% 的人接受了严谨的世俗立场，认为人类是演化而来的，“上帝在这一过程中并未扮演任何角色。”

盖洛普公司的调查结果与美国国家科学基金会的结果大体一致。它们的微小差异仅仅表明措辞的重要性。盖洛普的问题或许为洞悉普通人如何看待进化论提供了一扇更适合的窗户。在接受达尔文进化论的人里，有半数多更乐意将其视为神意的表现。当然，还有很大一部分美国民众认为世界很年轻，恐龙没能挤上诺亚方舟。

每一次报道出这样的结果，社论作者们都对科学教育的状况叹息不已。

他们习惯性地得出如下的结论：知识在这个国家正走向衰落，美国逐渐落在了世界其他国家和地区的后面。这两个结论能不能站得住脚，其实并不十分清楚。

调查往往发现，年轻人比长辈对科学知识有更多的认识。这逆转了在其他知识领域经常看到的模式，反驳了一切有关“如今的孩子们没学到任何东西”的危言耸听论调。美国国家科学基金会的调查还表明，按全球标准来看，美国人的科学知识水平并不太糟糕。对美国国家科学基金会的问题，美国人答对的平均比率为58%。同一项调查也曾在世界其他地区做过。欧洲人（63%）和韩国人（61%）以微弱的优势击败了美国人。美国人的表现优于日本人（51%），比中国（37%）和俄罗斯（33%）的参与者优秀很多。俄罗斯人得分倒数第一：每一道真假判断题，绝大多数人都回答错了。

美国人在进化论和大爆炸理论问题上的分数跟俄罗斯人打成了平手（前者为44%，后者为35%）。所有其他国家的参与者在进化论问题上的表现都更好。欧洲人和中国人的正确率是70%，日本为78%。不过，中国人在大爆炸理论问题上的表现比美国人还要糟糕，仅有17%的参与者回答正确。

盖洛普公司发现，自2000年以来，美国支持世俗的达尔文观点的人数比率翻了一番。当然，之所以能翻倍，是因为开始的调查比率太小了，从1982年到2000年前后始终徘徊在10%上下，到2014年之前才升到了19%。转变立场的这些人，来自那些此前选择“上帝指导进化”这一中间选项的人。

2013年，皮尤研究中心的报告说，在区区5年时间里，共和党人相信进化论的比率下降了11个百分点（43%）。同一时期，民主党人对进化论的认同率增加到了67%。皮尤中心还发现，过去10年里，美国人对“神创论”（creationism）这个词变得没那么熟悉了。尽管有保守各州的教科书、有神创论的博物馆、有媒体的诸多讽刺报道，许多相信神创论的人竟然不知道有这么个词。

我在前面提到过，人们很难理解太过庞大的数字。科学经常需要应对天文级数的大数字，显微级数的小数字。我曾询问过一组受访者：“地球的年龄有多大？”按地质学家的说法，这个答案是很精确的 45.4 亿年，上下可波动 0.01 亿年。我的问题不需要精确答案，只要选中 10 亿这个数量级即可，比如“10 亿到 99.9 亿年”。这就算正确答案了，但只有 20% 的美国人选择了它。

别埋怨神创论博物馆。的确有人接受 18 世纪爱尔兰乌舍尔主教（Bishop James Ussher）的结论（基于对钦定版《圣经》的研究），认为世界是在公元前 4004 年由上帝创造的。但只有不到 3% 的人选择与《圣经》记载相关的范围，即 1 000 到 9 999 年前。选择高于正确答案的人多过选低的人。许多人必然是近乎随机地选择了一个庞大的数字，并不以科学或经文为基础（见图 7-1）。

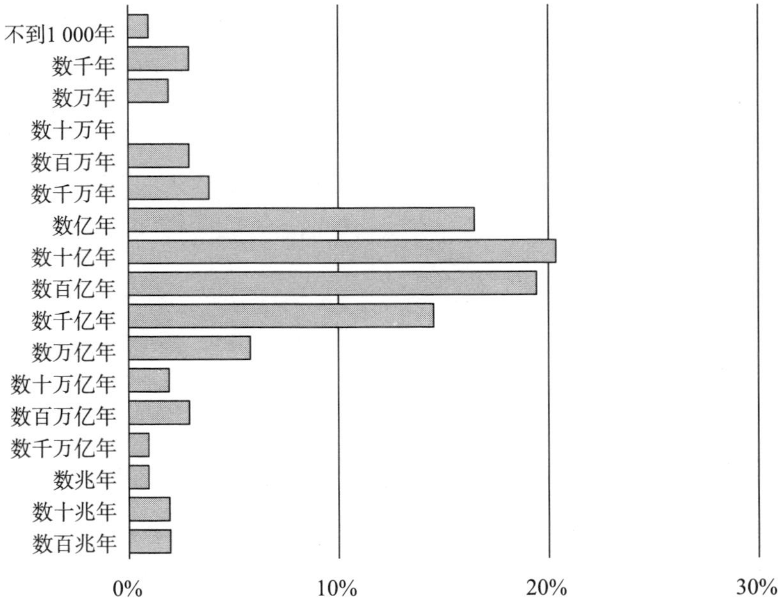

图 7-1 地球的年龄有多大

诗人或许认为，任何一个凡夫俗子，只要曾经思考过自己身处万事万物中的位置，一定会对地球年龄这种根本之事感到好奇。实用主义者则反驳说，这个事实没有任何实际意义。这是个多么神奇的时代呀，宇宙的奥妙可以向所有人揭示，但却遭到了几乎所有人的忽视！

科学被展示，但从未被了解

2015 年，网络段子手杰伊 · 布兰斯科姆（Jay Branscomb）在 Facebook 上贴了一张大导演斯蒂芬 · 斯皮尔伯格（Steven Spielberg）坐在一头死去的三角龙旁边的照片，这是电影《侏罗纪公园》的宣传照。布兰斯科姆写了段旁白："为了消遣而捕猎的猎手，正高兴地坐在自己刚捕获的三角龙旁边。请各位转发，让全世界都记住这个卑鄙小人。"

这个帖子被转发了 3 万多次，获得了数千条愤怒的评论。人们愤怒的是，斯皮尔伯格竟然猎杀了一头恐龙！毫无疑问，有许多人是在逗趣，或者跟着布兰斯科姆一起搞笑，但我相信，也有很多人的愤怒发自内心。首先，不是所有人都认识"三角龙"（triceratops）这个词，也不是所有人都能看出照片是通过 CGI 技术合成的。这些人只看到了一头死掉的奇异动物，看起来还有几分眼熟——或许是从自然纪录片里得来的印象。我曾在一项调查中发现，有 15% 的公众认为，早期人类曾和恐龙并存。这并不意味着他们相信，人现在还跟恐龙生活在同一个星球，可总有这么一大批人抱有这种错得离谱的观念。

科幻小说让恐龙、克隆、黑洞和量子理论等词汇变得为人熟知，但其意涵并未得到人们真正的理解。电视节目、广播、播客、博客和博物馆展览都以妙趣横生、通俗易懂的方式展示科学事实。大多数公众都或多或少接触过科学知识，但他们到底记住了多少内容呢？

“行星”就是人们知其然而不知所以然的一个概念。在我的调查里，人们平均能够说出太阳系八大行星里的6.9颗，最容易漏掉的是水星和海王星。25%的人提到了冥王星，虽然错了，但犯这个错倒可以理解。只有4%的人提到了太阳——不管他们是不是QVC广告节目的观众。还有2%的人认为月亮是行星。

当问到“天空中第二亮的恒星是哪一颗”时，只有不到20%的人给出了合理的答案。回答这个问题，我们首先要知道太阳是一颗恒星。显然，它是天空中最亮的恒星。你还需要知道，天狼星是夜空中最亮的固定光点。所以天狼星显然是最合适的答案。可只有18%的人选了它（见图7-2）。

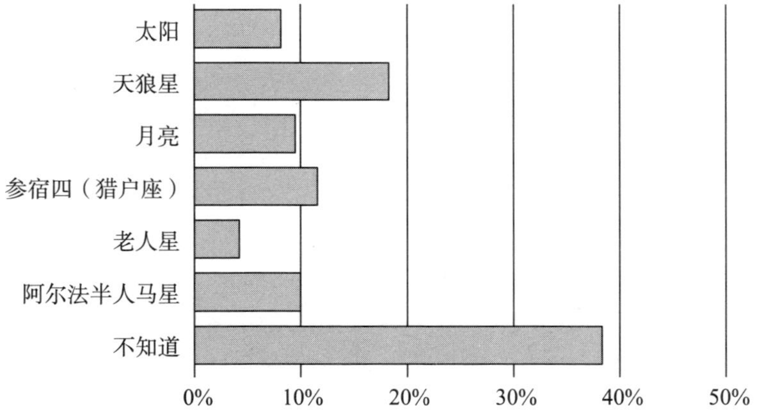

图7-2　天空中第二亮的恒星是哪一颗

你可能会反驳说，大多数人并不会把太阳想成一颗星星，尽管共同核心课程标准认为一年级学生应该知道。但如果这样，夜空中第二亮的应该是老人星——这颗星在美国大部分地区都不太容易看到，可只有4%的人选择了这一选项。

更惹人瞩目的是，有太多人给出了完全站不住脚的答案。有9%的人认为月亮是恒星。8% 的人选择了太阳，这表示他们认为天空中还有一颗比太阳更亮的恒星。

科普作家卡尔·萨根（Carl Sagan）说：“我们都是星尘物质构成的。”然而，这种特点并不意味着我们对构成自己身体和整个世界的星尘物质有太多的认识。我曾向一组调查样本询问世间共存在多少种元素。大部分答案的范围介于 40 到 180 种之间。在调查当时，人们公认的元素有 118 种，但只有 30% 的人选择了接近的答案。还有相当比例的人回答“不知道”。

> 塑料是我们这个时代的宝贵材料，它是由什么物质构成的呢？我给出了多个选项，要求人们选出最适合的答案。
>
> A. 氢、碳和惰性气体
>
> B. 硅、氧、氢和氮
>
> C. 碳、氢、氧和氮
>
> D. 橡胶、乙烯基和纤维素
>
> E. 天然气和乙醇
>
> F. 氨基酸、磷、水和甲醇

答案 C 是最适合的，可只有 13% 的人选择它。皮尤研究中心定期进行的科学知识调查里，最难的一道题是：“哪一种气体是地球大气层最主要的构成成分？”答案罗列了氢、氮、二氧化碳和氧作为选项。可多年来，只有 20% 的受访者能选择正确答案（氮）。氧是最受欢迎的答案。

科学知识与收入的相关性

2014 年，俄亥俄州州议会审议了一部要求撤销共同核心课程标准的法案。法案申明，科学教育应避免“对科学事实进行政治或宗教阐释”，“注重学术和科学知识的传授，而非科学发展的过程”。

公立学校的课堂，就像邻里之间的烧烤聚会或感恩节晚餐一样，不是挑战政治和宗教信仰的地方，这多少说得过去。可引人侧目的是禁止教授“科学发展过程”的规定。学校传授科学知识却不教科学发展过程？实在令人无话可说。

众议员安迪·汤普森（Andy Thompson）是该法案的发起人之一，他澄清了这个谜团，解释说该法案只是把神创论引入课程的途径。“在很多地区，”他说，“人们或许有着不同的观点……但我们希望为他们提供以各种视角思考的可能性，这不光涉及信仰问题、地球起源，还包括全球变暖等争议性话题。”

一位记者问这是否意味着传授“智能设计论”（intelligent design）。“我想，让他们考虑到人的信仰，这挺好的，”汤普森回答说，“而且合情合理。”

换句话说，科学教育的要点是教有信仰的人该相信什么，而不是科学家相信什么，或者科学家为什么相信。该法案的发起人确信，科学事实没问题，科学思想却有颠覆性危险。

考虑到这一点，我提出了以下调查问题：

观察新药是否有效的最佳方式是什么？

A. 派发免费样品，并让用户在线填写表格。

B. 找一群志愿者，一半发给新药，一半发给安慰剂。看哪一组疗效更好。

C. 分析药物，看看它的成分是怎样的，是否包含能治疗或预防疾病的已知成分。

D. 在黑猩猩身上试用药物。如果对它们有效，那么药品就可能对人类有效，因为黑猩猩跟人类有着 99% 相同的 DNA。

E. 建立假设，把药物发给志愿者进行检验。如果对大多数志愿者有效，那么很可能对普通公众也有效。

只有 B 选项描述了“对照”这一重要概念，它是所有科学方法的核心，也是批判性思维的核心。它是最佳答案，59% 的人选择了它。

想一下美国人在基础科学知识调查中所得的悲惨低分吧。理解科学方法的人，比理解用科学方法揭示的最基本事实（比如构成空气绝大部分的气体是什么）的人更多。

这可能反映了美国教育的侧重点：优先教导技能和批判性思维，事实则往后放。科学方法是教育里极其重要的一件事——这是俄亥俄州法案误入歧途的一大原因。但事实同样重要。没有它们，学生就只能获得肤浅的科学概念，无法深刻理解概念之下的深意。物理学显然碰到了这样的情况，以下列子足以说明。

“以下哪一种说法准确地描述了物理学中的‘不确定性原理’（uncertainty principle）？”我的调查问题提供了以下选项（见图 7-3）：

A. 电子携带的是正电荷还是负电荷不确定。

B. 亚原子粒子的瞬间位置和速度不能同时完全确定。

C. 我们越了解一件事物，就越感觉知之甚少。

D. 光的速度基本上不确定，它取决于观察者的参照标准。

E. 出于实践目的，许多确定性系统并不可预测，因为它们初始状态的微小变化会导致日后性状的极大变化。

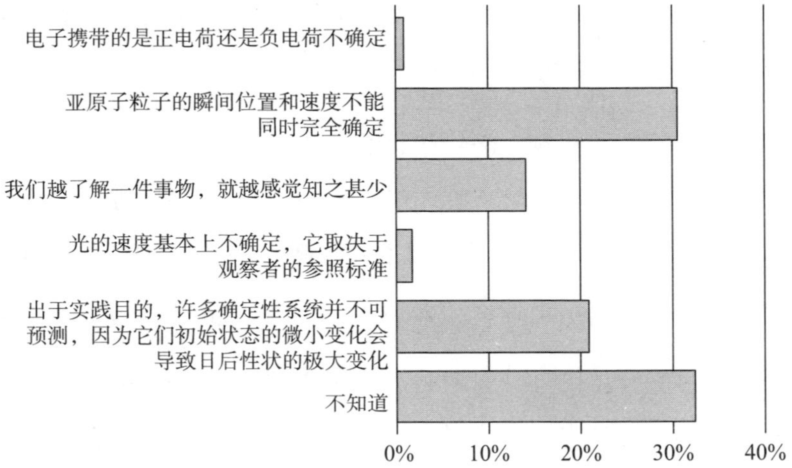

图 7-3　以上哪一种说法准确地描述了物理学中的“不确定性原理”

“不确定性原理”是一句很吸引人的话。它表达了，或者说，听起来像是在表达我们对不确定性世界的焦虑。但只有答案 B 接近物理学家对这个术语的用法，有 31% 的人选择了这个答案。

有 21% 的人把不确定性原理与混沌原理（答案 E）搞混了。两者在大众媒体上都获得很多关注，甚至有可能套用了同一类营销话术：事物是不可预测的。不过，它们描述的是完全不同的不可预测性。

有一个问题，请人们选择“最准确地描述了爱因斯坦相对论的简短描述”。选项如下：

A. 一切都是相对的，包括对空间和时间的感知。

B. 光速不依赖于观察者的运动，重力来自空间和时间的“曲率”。

C. 光速根据观察者的运动而变化，时间是空间的第四个维度。

D. 光的速度是相对的；宇宙始于一场大爆炸，此后，它一直在膨胀。

E. 速度和位置是相对的，无法同时确切知道。

F. 能量是物质的一种形式（$E = mc^2$），物质可以通过将其运动速度提高到光速而转化为能量。

爱因斯坦将“相对论”这个词应用到两套完全不同的理论上，其一描述的是接近光速的速度物理学（1905 年的狭义相对论），其二是关于重力的性质（1915 年的广义相对论）。答案 B 合理地概括了这两种理论的内容，但只有 7% 的人选择正确。

最受欢迎的答案是 F，有 47% 人选择了它。我特意把这个答案写得毫无意义，就像是蹩脚科幻电影里的台词。但好像许多人看到了 $E= mc^2$，就觉得它旁边的文字必然是对的（见图 7-4）。

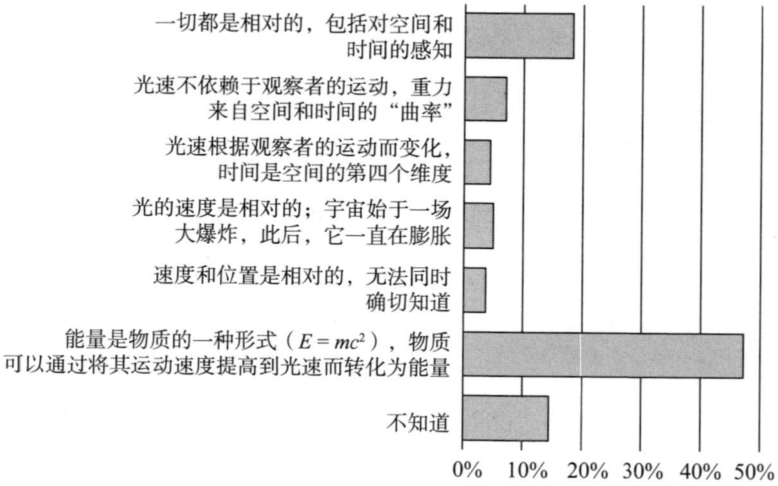

图 7-4　以上哪一种说法最准确地描述了爱因斯坦相对论

许多人遗漏了相对论的关键前提，即光的速度是一个常数，并不取决于观察者的运动。正是这一完全意外的发现（出自迈克尔逊 - 莫雷实验），使爱因斯坦想象出了一个时间和空间相对的世界。相对论问题里的两个矛盾选项（C 和 D）与这一关键前提相违背。

诚然，相对论和量子理论是很深奥的话题。没法指望非物理学工作者对它们有太深入的了解——普通人当然不了解了。人们对科学的了解通常是营销话术式的、表面的，是围绕几个遭到误解的短语和公式构建起来的。

有人说，美国的文化和教育制度正引导女性偏离科学研究工作。我做过一个有关科学素养的调查，询问受访者 8 个有关生物学、化学、物理学、天文学和计算机科学的问题。调查结果与受访者的性别有显著相关性，男性得分更高。平均而言，男性能答对 66% 的问题，女性则能答对 55%。

这样的结果很典型，但需要放在更宽泛的调研背景下来考察。乔伊斯·厄林格（Joyce Ehrlinger）和大卫·邓宁进行的一项实验给出了一幅更详尽的画面。他们要求男女受访者估计自己的科学推理能力。平均而言，女性对自己的评价低于男性。接着，被试者要做一套检验科学推理能力的问卷，并估计自己的表现。总的来说，女性跟男性在科学推理能力上得分相同，但女性对自己的表现评价却比男性要低。最后，研究人员邀请男女被试者参加一轮有奖科学知识竞赛。女性一般不愿意参加，她们的决定跟自己在测试中的表现没有关系，而是跟她们怎么看待自己有关。这项实验旨在揭示美国教育制度里可能发生的情况。实验的结果表示，男女“科学差距”之所以存在，完全是因为人们相信它存在。

我的调查发现，科学知识和收入水平没有显著相关性。有一种既定的文化观念认为，科学教育能带来更丰厚的薪水。那为什么两者没有相关性呢？科学家和工程师占美国劳动力总数的 4.8% 左右。认为一切都跟基础科学教育有关的教育改革家们应该留心这一点。我的调查主要检验的是，科学知识对 95% 并不从事科学工作的普通民众具有的收入“价值”。对他们而言，科学知识可能没有太大的价值，至少不是那种以美元计算的“价值”。

这是提出统计课上讲授的另一条规律的大好时机。这条规律比“相关性并不能证明因果关系”还乏人问津，它从反面来说明：缺乏相关性并不能证明因果关系不存在。

如果外星球的统计学家访问地球想弄清人类是怎么生孩子的。这位外星人也许会发现，性生活跟生孩子之间的相关性很小，如果考虑到生育能力和避孕技术的变幻莫测。然而，任何地球人都会坚持说，性行为是生孩子的原因——也是唯一的原因。如果外星人推导出其他原因，显然是错的。

研究未能揭示相关性的一个原因是，样本规模不够大。样本应该有多大呢？唉，这件事你永远无法知道。就我的科学知识调查而言，受访者规模大到足以表明极为明显的性别差异了。很可能，规模更大的调查会发现科学知识与收入水平相关，也可能不会。

缺乏相关性并不能否定因果关系的存在，但至少说明还需进一步的思考和研究。最近几项精心设计的大规模研究表明,吃鸡蛋和高胆固醇没有相关性。在美国禽蛋委员会和全国各地偏好油腻的食客们听来，这是个好消息——反正不大可能是坏消息。一项本应揭示出相关性的研究，没能揭示出预期的相关性。如果你知道一项研究在 A 和 B 之间未能找到相关性，你有很好的理由降低对“A 导致 B”的期待。

HEAD IN THE CLOUD 难通过的图灵测试

以下是我问的两道科学问题。我很惊讶，志愿者很容易就答出了第一道题，却认为第二道题难以回答。

1. π 的第二位数字是什么（即小数点右边的第一个数字）？

2. 以下哪一句话最准确地描述了图灵测试？

A. 它是科学博士候选人接受的传统口头测试，起源于 17 世纪的剑桥大学。

B. 一种通过匹配线粒体 DNA 序列来判断 2 个物种或个体血缘有多亲近的方法。

C. 一种用于评估新药的统计测试，比较服用了药物与安慰剂后的效果差异。

D. 人类向不可见的对方提问，以便判断后者是计算机还是人类的实验。

正确答案分别是 1 和 D。

第一道题，有 71% 的人回答正确。说出 π 的第 3 个数字，人们表现也很好（70% 的人知道是 4）。这个问题与收入水平有关，那些知道 π 第二位数字的人比不知道的人一年多赚 3.2 万美元（家庭收入）。

当今世界已经快要赶上图灵（Alan Turing）1950 年提出的这个远见卓识的思想实验了。图灵测试的各种版本可以充当垃圾邮件的过滤器：它是呆伯特（Dilbert）漫画和科幻小说里的“梗”。图灵测试比赛已经证明，不太智能的机器人比人能想象得更会捉弄人。尽管如此，只有 30% 的受访者知道图灵测试是什么。

HEAD IN THE CLOUD

Why Knowing Things Still Matters When Facts Are So Easy to Look Up

08

咬文嚼字是一种职业态度

我家附近有一家餐厅，招牌上手写着：最美味的古巴参（错别字，“参”应为“餐”）!

碰到错别字的时候我们该怎么办，有两种哲学态度：一种不妨称为咬文嚼字的书呆子态度；另一种则可称为随心所欲的嬉皮士态度。前者认为，如字典般准确的拼写，以及《英文写作指南》（*The Elements of Style*）中简洁精练的建议，在这个后语法时代仍然中肯切题。昂贵的招牌塑造了客户对企业的第一印象，文字理应拼写正确。而烹饪的准备过程，一如语法规则，是一门严谨规整的学科。不遵守规则，酱汁会凝固，奶油会变酸，鸡肉会沾上有毒的沙门氏螺杆菌。有错别字的招牌背后是一个不甚讲究细节的餐馆老板。

语法嬉皮士的观点是，语法是一种约定俗成的幻象。语言是流动的，下里巴人总是胜过阳春白雪。短消息、推文和状态更新就像是一趟通往拼写和语法的未来之旅，在这趟磕磕碰碰的旅行里，你得用指头敲打出文字。没有人会因为打错了一个字就对一家好馆子绕道而行。

我有些朋友无法容忍招牌上出现错别字。在餐桌上，他们会狠狠地吐槽这种语法暴行，并常常幻想化身义务纠察员，半夜里溜出去用画笔把错误给改掉。现实世界和虚拟世界都存在这种义务语法警察。据报道，软件工程师布莱恩·亨德森（Bryan Henderson）在维基百科上做了 4.7 万多次编辑，全部是为了纠正他个人看不惯的拼写错误：如用“comprised of”换掉“composed of”。

菜单上的语法战争

菜单是语法战争的战场之一。“开餐馆的人又不是作家，”菜单咨询师格雷格·拉普（Gregg Rapp）说，“对大厨来说，制作一份菜单就像是写一张术语对照表。”菜单上会出现拼写和语法错误，是因为如今大多数非连锁餐厅都自己打印菜单。餐馆老板不再把菜单送到有人工校对的老式印制店制作，而是在笔记本电脑上直接打印出来。

《华盛顿邮报》的简·布莱克（Jane Black）写道：“我不指望大厨们变成作家，就如同他们也不指望我们做出千层松饼一样。但考虑到拼写检查器的存在（在写作方面相当于冷冻酥皮糕点面团），菜单上的拼写错误就不免多得吓人了。”

问题在于，有多少顾客会在意呢？ 2013 年，订餐服务商 GrubHub 检验了用户在搜索时遇到菜品名称拼写错误的情况。GrubHub 的大多数客户都使用移动应用程序，而虚拟键盘则用得磕磕绊绊。然而，不管是联想输入法还是自动更正程序，都无法解释最常见的拼写错误。意大利食物的名字最叫美国人狼狈不堪（见图 8-1）。

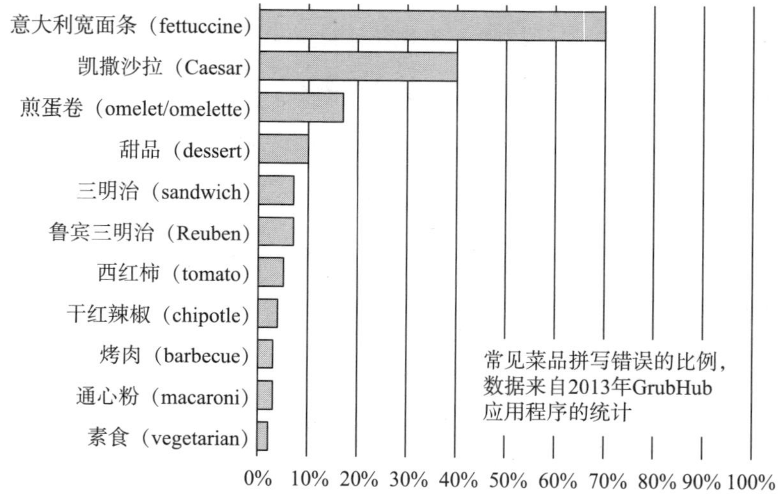

图 8-1　大多数人无法拼对“fettuccine”（意大利宽面条）

超过 70% 的人把“fettuccine”（意大利宽面条）这个词拼错了，大多数人选择的是“fettucine”和“fettucini”。不管是线上菜单，还是饥肠辘辘的食客在自行搜索时，遇到的拼写错误比正确拼写更常见的情况并不少见。按“谷歌趋势”的说法，拼写错误的“ciabbata”比正确的“ciabatta”（脆皮意大利白面包）要常见 4 倍；错误的“osso bucco”比正确的“osso buco”（红烩牛肘）常见 2.5 倍。

据说玛格丽塔比萨（Pizza Margherita）会被人拼成“玛格丽塔女王”（Queen Margherita）。许多人按照龙舌兰酒鸡尾酒的名字把它拼了出来。凯撒沙拉（Caesar）被拼错的概率是40%。法式蔬菜沙拉“Mesclun”被拼成“mescaline”的概率也高得吓人。明星大厨盖伊·费里（Guy Fieri）出名地爱把“mascarpone”（马斯卡泊尼乳酪）拼成“marscapone”，甚至连他美食节目的标题也是如此。

我曾经为两份杂志出版商工作过，他们都拿不准拼写和语法准确是否重要。文字编辑和校对员会增加管理成本，但拼写和语法错误减少能不能转化成更高的杂志订阅数，吸引来更多广告呢？他们都对此表示怀疑。

身为杂志编委会的成员，我觉得拼写和语法问题都很重要。当然了，跟出版商一样，我也只是猜测。我的态度还算现实，知道读者不会抱怨编辑的工作太糟糕。相反，我有种朦朦胧胧的理论：拼写和语法问题会让人们对杂志的感知产生微妙的差异。哪怕对剪裁或者发型一无所知，你隔着几条街也能看出西装或者假发是不是地摊货。我认为读者能够直觉地感受到编辑的质量，并进而塑造他们对杂志内容的看法。

正确的拼写和语法真的会影响消费者的判断和决定吗？为了一探究竟，我进行了3次调查，测试商业语境下拼写和语法的价值。其中一项调查列出了一份虚构的三明治小店的菜单，请受访者回答几个相关问题：选项中的食物是否诱人？你会去这家店试试吗？在这吃午餐，你愿意花多少钱？

受访者不知道的是，我把他们随机分配进了两个组，两个组看到的菜单是不同的。有一份菜单的拼写和语法严谨而正确。而另一份菜单，我则想办法塞进去了所有常见的拼写错误。

我在调查里没有提及任何与拼写相关的问题。我想看看，糟糕的拼写是否对三明治店的经济效益产生（或许是无意识的）影响。

不会。按照所有的标准，在统计误差的范围内，错字连篇的菜单都跟行文规范的菜单得到了相同的评价。人们有同样的意愿去这家三明治店尝试，有同样的比例认为店里的食物是否健康，有同样的概率认为菜品价格是否公道。

在所有情况下，调查丝毫未提供证据说明拼写错误会带来差异。我说的拼写错误，指的是“sandwhichs”（三明治的复数形式，正确拼写是“sandwhiches”）、“barbaque”（烤肉，正确拼写是“barbeque”）和“vegitarian”（素食，正确拼写是“vegetarian”）这一类错误。总之，说到拼写和语法错误，我们实在对餐馆宽大为怀了（见图 8-2）。

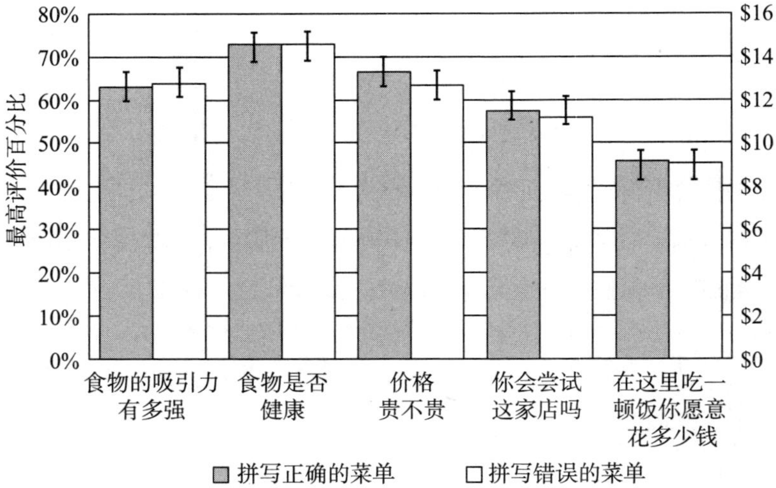

图 8-2 菜单上的拼写错误不会影响人们对餐馆的感觉

拼写与收入的相关性

“我知道，不管你是丈夫、父亲还是国会议员，信任都要靠自己赢得。”① 这是路易斯安那州国会议员万斯·麦克利斯特（Vance McAllister）发表的一篇新闻稿，为一桩罪则（出轨）道歉，却又犯了另一桩罪则（错把“you’re”

① 此句原文为“Trust is something I know has to be earned, whether your a husband, a father or a congressman”。——译者注

写成了“your”)。

自动更正程序已经变成这种语法错误的替罪羊。本意是要从琐碎细节上解放我们思想的软件，如今却替我们犯了错误——有时也为我们犯错提供了一个方便的借口。如今的普通美国人掌握了多少语法知识？为了弄明白这个问题，我写了一篇短文，尽可能地塞进去一些荒唐的语法错误。这篇短文成为另一项调查的依据。这一回，我请参与者找出文中的语法错误。所有人看到的并不是我充满错误的模板文章，而是一篇随机展现一半错误，另一半则经过更正的替换文章。参与者要说出高亮显示的短语是否正确。

文中的错误包括了“your”和“you’re”“it”和“it’s”“there”和“they’re”的混用。此外还包含以下错误：

- “Throws of passion”(字面意思是“激情投掷”，正确的短语应为“throes of passion”，意为“激烈挣扎”)。
- “Mother load”(字面意思是“母亲负担”，正确的写法是“mother lode”，意为“主矿脉”)。
- “彻底的 360 度大转弯”(正确的用法当为“彻底的 180 度大转弯”，因为转 360 度的意思就是转了一个圈，方向上毫无变化)。
- “Daring-do”(字面直译为“大胆做”，正确的写法是“derring-do”，意为“无畏之举”)。
- 把“Bemused”视为“amused by someone else’s inappropriate reaction”的同义词，意思是“被他人的反应逗乐了”；但这个词的正确意思是“困惑”。
- “Equity waver theater”(正确的拼写应为“Equity waiver theater”，意思是“放弃权利”)。

我发现，有 1/3 的美国公众不太能区分“its”和“it’s”，他们对“they’re”和“there”，“your”和“you’re”分得更清楚。只有约 15% 的人对这些错误完全视若无睹。

在句子里本应该使用“whom”（咬文嚼字的人会对此较真）的地方，近 2/3 的人认为用“who”是正确的。这很好地证明，“whom”这个词已经过时了，它几乎完全不可能自然而然地出现在讲演或任何以英语为母语的数字媒体上——对这个词，我支持嬉皮士的态度。

一半多一点的人认为“throws of passion”是正确的。其他常见的语法错误情况也差不多。不过，英语老师可以放心，绝大多数人能认出“taken for granite”（应为“taken for granted”，意思是“理所当然”）和“doggie-dog world”（应为“dog-eat-dog world”，意思是“狗咬狗的世界”）是错的（见图 8-3）。

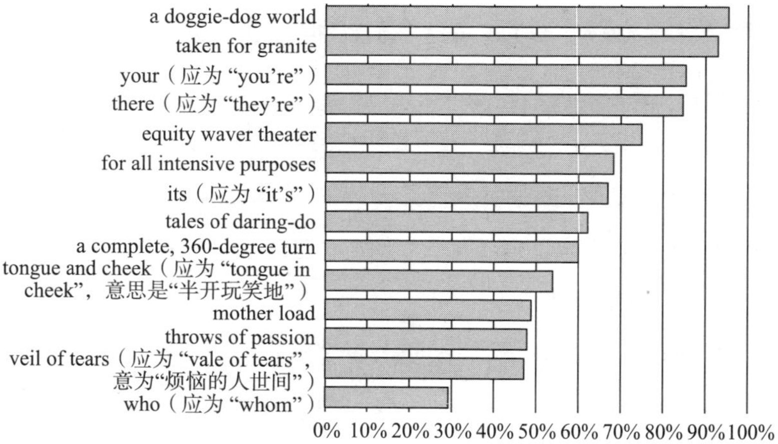

图 8-3　有多少人发现了以上语法错误

“Derring-do”是一个可以追溯到乔叟[①]时代的古老用语。把“derring”

① 14 世纪英国著名小说家、诗人。——译者注

和音形都相近的“daring”弄混，完全可以理解。事实上，认为“daring-do”没错的人（38%）比指出其正确用法的人（26%）还要多。每名参与者只看一个版本的文章，显然拿不准到底是“daring-do”对还是“derring-do”对。

本次调查的一大发现便是，许多人都对语法问题欠缺信心。我还另外加入了一些毫无争议的正确用法来获得评价基准。其一是“viral story”（意思是“迅速传播的故事”），只有67%的人将之标为正确。这或许反映了人们以为问卷会很难的心理预期。即便如此，它还是告诉我们，语法问题是许多人感到有所欠缺的领域。

但这还不足以让人们仔细检查自己的拼写错误。较之之前的任何时代，当今的企业要进行更多内外沟通，使用包括社交网络、网站、视频和幻灯片在内的更多媒介。即使有自动更正功能，商业文档里拼写错误的词汇也屡见不鲜，而且从自动更正功能受益最大的写作者，往往也是那些最不会去使用它的人。许多商业文档不是用文字处理软件创建的，而是在幻灯片、电子表格、电子邮件和媒体编辑器等应用程序里创建的，用户不见得总会打开这些程序里的自动更正功能，或者不知道如何使用——毕竟，这些软件并不以文字处理见长。

我向一个全国性调查样本就商业文档里经常拼错的词做了调查。这项调查是以选择题的形式进行的，这按理说，这比直接拼出一个词要简单些。然而，只有大约一半的样本能够选中“embarrass”（尴尬）、“consensus”（共识）和“prerogative”（特权）等词的正确拼写（见图8-4）。

对“judgment”这个词，只有27%的人选择了美国英语首选的拼写法。不足为奇，最受欢迎的选择（72%）是“judgement”。“judgement”是个合乎逻辑的拼写方法，按英国英语拼写法，它是正确的——不过，说到“legal judgment”（法律判断）时，英国人又会把“e”给去掉。出于某个神秘的理由，受过教育的美国人对“judgment”形成了公论，用它指代“法官的裁决”，也表示“得出合理结论的能力”。

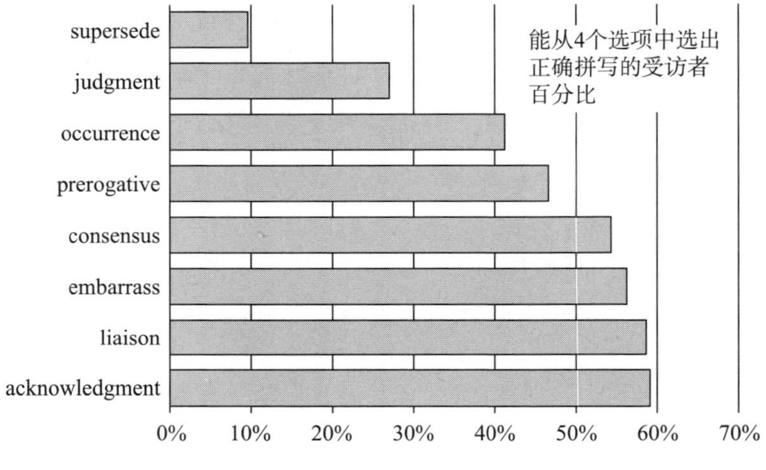

图 8-4　商业文件里经常拼写出错的单词

能选中“supersede”正确拼法的人很少，只有 10%。有 83% 的人想把它拼成“supercede”。

回到我最初的问题：语法和正确的拼写真的依然重要吗？对全美不那么讲究语法的一半人来说，它们不重要，也无法重要。但很少有社会沟通人士会只与那些不讲究语法的人交流。

我发现拼写或语法错误跟年龄、收入，甚至受教育程度之间没有相关性。当然，我的数据只能用来说明我测试过的拼写和语法错误，它们大多属于大学毕业生常犯的那些错误。几乎没有英语课程会提醒人们小心“mother lode”和“equity waiver”这类新出现的蹩脚语法结构。30 岁以下的人跟年长的人在识别老式语法错误上表现得差不多——都不太好。尽管收入水平并未表现出与拼写正误的显著相关性，但趋势却是正向的，即拼写正确的人挣得钱更多。

这里有个不能不提的例子：把“your”当成“you’re”。意识到这种用法有错的人，比意识不到的人每年多赚 2.3 万美元（家庭收入）。“your”和“you’re”的区别在日常生活的常用语中就能体现出来，而在调查中，针对这一问题有 15% 的样本答错了。因此，这一语法错误在 85% 的绝大多数人眼里都是很碍眼的。

这样，我们可以得出一个合理的结论：尽管避免明显的语法和拼写错误很重要，但知道措辞细节的优势其实并不大。诸如“daring-do”和“supercede”等错误，跟收入水平没有相关性。

如果你在职业报告里正确地使用了一个单词，没人注意你使用得正确，那么，这有什么意义呢？很明显，意义在很大程度上取决于你的受众。如果你写的是一篇博士论文，是一篇校对员求职的简历，标准自然会提高。旨在针对宽泛受众的商业或政治沟通，也应该力求严谨正确，哪怕只是为了避免冒犯留言板上咬文嚼字的书呆子。但一如我们现在所知，餐馆老板有豁免权。我们期望大厨知道怎么做鱼丸，但并不指望他们能把“quenelles”（鱼丸）这个词拼写正确。

网络缩略语与收入的相关性

2014 年，美国联邦调查局因为编写了一份收录了短消息、Facebook 和 Myspace 中常用的 2 800 个缩略语的清单，引来了一片嘲笑声。这是一本包罗万象又毫无意义的俚语词典，但由纳税人买单。清单里列了一些几乎所有人都知道也在用的缩略语，估计只有几个联邦调查局的探员不知道，此外就是数千个联邦调查局不知道从哪儿挖来的晦涩甚至过时的缩略语。据说“BTDTGTTSAWIO”的意思是，“been there, done that, got the T-shirt, and wore it out”——“到哪儿做了什么事，领件 T 恤衫穿了出去”。

联邦调查局的工作说明了两个问题。一是网络缩略语和俚语的寿命极短。另一个是，使用“BTDTGTTSAWIO”这种缩略语的人，才不在乎有没有人懂，兴许他们就是希望能有人主动来问。

我用选择题的形式（每题有 4 个选项）调查了美国人对一些常见缩略语、俚语和流行词的理解情况。几乎所有人都明白 LOL[1] 的意思，其他短消息或推文里常用的缩略语则不然。大约 20% 的人说不准“YOLO”[2]“IMHO”[3]等常见缩略语的意思。大约 40% 的人认不出“<3”[4]“TLTR”[5]（见图 8-5）。

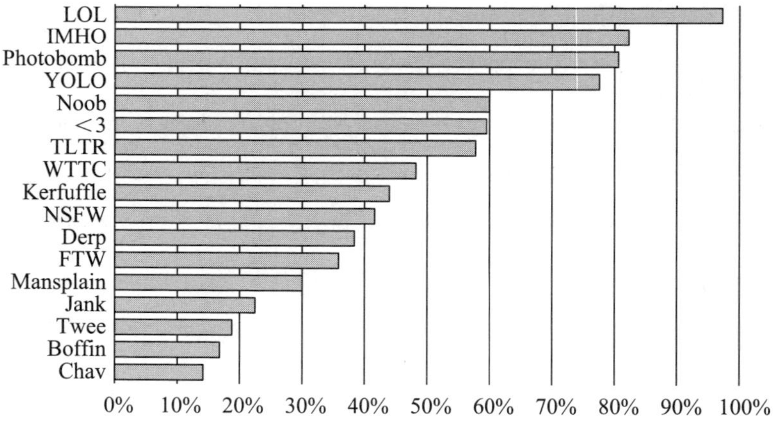

图 8-5　多少人理解俚语、缩写和流行词

不出所料，是否知道缩略词或俚语，跟人的年龄存在很强的相关性。可

① Laughing out loud，意为“大声笑”。——译者注

② You only live once，直译为“人只活一次”，引申意思是“及时行乐、今宵有酒今宵醉”。——译者注

③ In my humble opinion，意为“恕我愚见”。——译者注

④ 心脏符号，意思是“爱你哦”。——译者注

⑤ Too long to read，意思是“文章太长，不想读”，人们在论坛上表示反对时爱这么用。——译者注

即便是在 30 岁以下的人群里，理解率也并不高。有 1/5 的千禧一代说不出看似无所不在的“NSFW”（not safe for work，指“不适合工作场合”）是什么意思，而全体成年人里只有不到一半的人知道它指什么。

或许要归功于那些滥用新词——这些新词刚从夸夸其谈的新闻稿件里加入了牛津英语在线词典——的活跃记者，在我的调查里，有几个词得到了人们广泛的理解，这包括“photobomb”（照片炸弹，80%）和“noob”（新手，60%）。遗憾的是，只有区区 30% 的人识别出了真正有用的“mansplain”（男人说教）。

还有一些记者喜欢从英国挪用来的“kerfuffle”（大惊小怪）和“twee”（矫揉造作、拿腔作调）等词汇。我一直感觉用这样的词，就相当于给自己戴领结——哭着喊着要人给予关注。不管怎么说，大多数公众不知道这些词是什么意思。“kerfuffle”在英国外来语里的得分最高，有 44% 的人知道它的意思。“twee”“boffin”（专家）和“chav”（打扮时髦的糙汉）只有不到 20% 的认知度。是否精通俚语，跟收入水平完全没有关系。

移动设备上的非书面语言，会不会取代印刷品上的书面语言呢？有关这一点，人们一直有所争论。毫无疑问，语言的选择传达了微妙的信息。你的读者有足够的聪明才智予以察觉——正如谷歌的自动更正功能。

发音与收入的相关性

那么，我最终可以得出结论，擅长运用语言对我们的财务前途完全没影响吗？不一定。我碰到了一种重要的例外情况。

我挑选了一些商务会议上可能会发错音的词做了检测，请参与者从 4 个选项里选出最标准的正确发音。有 1/4 的人不知道“segue”（发音为 ['sɛgwe],

意思是“顺畅地转到下一件事上”）是个双音节单词。超过一半的人能把“cache”（发音为 [kæʃ]，意思是“缓存”）、“Wednesday”（发音为 ['wɛnzdɪ]，意思是“星期三”）、“hyperbole”（发音为 [haɪ'pɝbəli]，意思是“夸张的手法”）和“Linux”（发音为 ['lɪnəks]，意思是“操作系统”）等词发对音。远超一半的人不知道“niche”（利基市场，或小众市场）的发音是［niːʃ］（见图 8-6）。

GIF 的发音颇具争议。它是“Graphics Interchange Format”的缩写，指的是“图形交换格式”。这种源自 20 世纪 80 年代的文件结构历久弥新，成为了极短动画的代名词。大多数人的发音是“gif”，把“g”发成“ge”。但这其实是错的，首选的发音是“jif”，即［dʒif］。

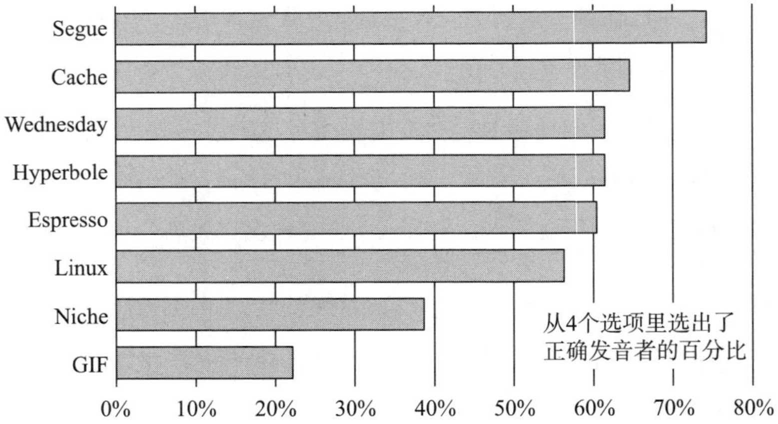

图 8-6　商务会议上的这些词，你可能会发错音

为什么会这样呢？因为这种格式的发明人史蒂夫·威利特（Steve Wilhite）是这么说的。“《牛津英语词典》对两种发音都认可，”2013 年，威利特说，“他们错了。它应该发轻声 [dʒ]，也就是‘jif’。就是这样。”

只有 23% 的样本认为“jif”是正确的。顺便说一下，PNG 的发音为“ping”。

我很惊讶地发现，发音正确与否与收入水平是相关的，而且相关度很高：在调查里表现最好的人和表现最差的人，家庭年收入的差距达到了 5.5 万美元。为什么发音这么重要，拼写却没关系呢？照我猜测，正确的发音是他人判断当事人是否受过良好教育的一种手段，而且，他人的判断跟收入水平的关系，比仅接受过教育与收入水平的关系更紧密。所以说，你知道些什么不重要，但让别人知道你受过教育很重要。

HEAD IN THE CLOUD 现代语言

你能选出正确的拼写吗？是“acomodate”“accomodate”“accommodate”，还是“acommodate”？

WTTC 和 GTM 是什么意思？

“Mischievous”的正确发音是什么？“miss-chive-us”“miss-chee-vee-us”“miss-chive-ee-us”，还是“miss-chuh-vus”？

只有 32% 的人正确地拼写出了“accommodate”（适应）。

WTTC 和 GTM 的意思分别是“welcome to the club”（欢迎来到俱乐部）和“giggling to myself”（自己傻乐）。如果你懂，你对流行缩写的了解就比一半以上的受访者要好了。

美国人一般会把“mischievous”挤出 4 个音节来发音，即“mis-chee-vee-us”，在“v”后面硬加了一个纯粹想象出来的“i”——很多人在拼写时也会不留神地加进去。追求语言纯正的人认为恰当的发音是“miss-chuh-vus”，在我的调查里，只有 29% 的人选择了它。

HEAD IN THE CLOUD

Why Knowing Things Still Matters When Facts Are So Easy to Look Up

09 网络红人与巨额代言费

圣保罗市派出了防暴警察——等着看杰罗姆·雅尔（Jerome Jarre）的人群有多庞大、多闹腾，你心里大概有个数了吧。在半个地球开外的地方，为了见雅尔一面，冰岛的一家购物中心里挤进了数千人，竟让保安误以为要发生恐怖袭击。《纽约时报》记者尼克·比尔顿（Nick Bilton）写道：“要介绍雅尔先生现在的生活，可以回想一下 20 世纪 60 年代的披头士乐队。当时，为了瞄一眼乐队成员，成群结队的妇女哭天喊地。你或许以为这是我的夸张，但上个星期，我和他在联合广场散步，每走几步就不得不停下来，以满足兴奋得尖叫的青少年的恳求：跟这位身高 1 米九的法国人合照、自拍。有些姑娘泪流满面；还有些人说，光是看到他就‘没法呼吸’了。”

杰罗姆·雅尔是智能手机应用程序 Vine 上的名人，这款程序可以让你上传或播放 6 秒钟的视频。雅尔和披头士乐队的区别在于，人人都知道披头士乐队是什么人。雅尔则是“网络红人”的代表。网络红人有着一群狂热的青少年粉丝，并以向他们卖弄魅力为主要工作。几乎所有 25 岁以上的人都不认识这些网络红人。大多数成年人无法解释 Vine 是什么，更说不出来 Vine 上的明星。

一些网络红人有经纪人，能挣大把的钞票。雅尔最近拒绝了一份价值 100 万美元的宣传“不健康食物”的合同。YouTube 名人 PewDiePie 是个 20 来岁的瑞典人，拥有 2 700 万关注者，据报道，他每年的广告收入可达 400 万美元。在一项调查测试中（单选题，有 5 个选项），仅有 23% 的受访者能认出 PewDiePie 是 YouTube 系列视频的主持人。

网络红人属于一个特殊集合的一份子。习惯的力量逼得我们认为，凡是主演过电视剧的人都是“名人”。但如今全美有 500 多个有线电视频道，成千上万的演员、电视大厨和真人秀明星，只有 1% 的人看过他们的节目，其他所有人都不熟悉。《权力的游戏》在媒体上得到了广泛的报道，但只有 2% 的美国人看过其中一集。“《加州靡情》（*Californication*）已经播放 19 年了，可我还没遇到过任何一个也看过它的人。”有一条推文打趣说。

有线电视明星实际上已经接近这条食物链的顶端了。接下来的一档是预算较多的网络媒体名人，比如出现在 Netflix、亚马逊影业和雅虎节目里的人。网络红人是他们中形式最为纯粹的，没有预算，只在特定的应用程序里出名。据说 Vine 上有 200 多号至少有上百万关注者的“名人”。将来，每个人都可能会在一个你从没听说过的社交网络平台上当一阵子名人。

美国的嘻哈困惑

“嗨，坎耶！”在迈阿密市巴塞尔艺术海滩（这相当于亿万富翁们的二手交换摊）上，名人艺术中介、聚会常客杰弗里·戴奇（Jeffrey Deitch）向一位名人打招呼。可惜这位名人并不是坎耶·韦斯特（Kanye West），而是尚恩·库姆斯（Sean “Diddy” Combs）。这场“认错人”事件成了全球新闻，戴奇不得不解释自己为何犯了这么一个离谱又不够嘻哈的错误。他坚持认为自己是库姆斯和韦斯特两人的好朋友。

坎耶·韦斯特毫不羞涩地主动站到了聚光灯下，大部分美国人并未关注他。我进行了一项调查，请人们通过头像分辨嘻哈明星。受访者（样本来自各个年龄段，不一定是嘻哈歌曲的受众）最擅长辨认真人秀节目的演员，或是白人演员。70% 的人认出了“史努比狗狗”(Snoop Dogg，真名科多扎·卡尔文·布罗德斯，是一位获得过格莱美奖得过提名的美国饶舌歌手、唱片制作人、演员），72% 的人知道埃米纳姆（Eminem），60% 的人可以认出坎耶·韦斯特，比能认出皮普保罗（Pitbull）的人（62%）略少。

调查用的是选择题，不少受访者没有直接选择“不知道”，而是对韦斯特给出了错误答案。有 4% 的人认为他是 Jay-2，2% 的人认为他是克里斯·布朗（Chris Brown）。对黑人嘻哈艺术家来说，这种糊里糊涂分不清谁是谁的情况很典型。有一个结论很难逃过去：对大部分公众来说，嘻哈艺术家看起来都差不多，可以互换。再举几个例子：

- 7% 的人把肯德里克·拉马尔（Kendrick Lamar）认成了“速可达硬汉”（A$AP Rocky）。
- 4% 的人把“速可达硬汉”认成了李尔·韦恩（Lil Wayne）。
- 1% 的人以为李尔·韦恩是德雷克（Drake）。

- 4% 的人把德雷克认成了克里斯 · 布朗。
- 4% 的人把克里斯 · 布朗认成了肯德里克 · 拉马尔。

这不足为奇，流行音乐知识题是个年龄测试。这项调查的答案与年龄，确切地说是年轻密切相关。在我的调查里，知道得多的人挣得却更少，这样的情况只发生过几次，嘻哈演员调查就是其中之一。不过，对数据进行处理后表明，收入差距几乎完全是年龄效应带来的。

33 岁是流行音乐的分水岭。针对正版音乐流媒体平台（Spotify）所做的数据分析清楚地表明：大多数人在 30 出头的时候就不再听新兴音乐了。

Spotify 观察自己的音乐流数据，发现青少年几乎只听当代流行音乐。随着年龄的增长，听众口味也会变化。他们会花更多的时间来听冷门乐队的歌和冷门专辑。随着岁月的继续流逝，一些人转投爵士乐、世界音乐或古典音乐的门下。但大概在 33 岁这个时间点，绝大多数人彻底不再听当代热门歌曲。这种现象甚至有一个名字，叫“口味冻结”（taste freeze）。男人比女人更容易受到这一现象影响。另一个有趣的事实是：一旦为人父母，你接受热门歌曲的“音乐相关性”就等于老了 4 岁。再接下来，你只知道打开“MTV 音乐录影带大奖”的颁奖式，而完全不知道谁是谁了。

业界观察家认为，流媒体助长了音乐口味的年龄隔离。收音机的影响力变小了，现在我们都成了“唱片骑师”。我们自己创建播放列表，跟喜好相同的同龄朋友分享。

科切拉音乐节是摇滚乐、独立创作、嘻哈音乐和电子音乐领域新旧表演者最盛大的展示台。2015 年的科切拉音乐节过后不久，我进行了一项调查，询问人们是否听说过音乐节上最受欢迎、广受赞誉的表演。2015 年科切拉音乐节上只有 3 场演出的表演者能被 50% 以上的人辨认出来。而这 3 场演出均为边缘演出，演出者全是老牌音乐人：AC/DC、史提利·丹（Steely Dan），以及超级商业化的德雷克。科切拉音乐节上最“潮”的演出的知名度还比不上丹麦哲学家索伦·克尔凯郭尔（Søren Kierkegaard，48% 的人认得出这个名字）。这说明，大多数美国成年人没有太敏感的“音乐嗅觉”（见图 9-1）。

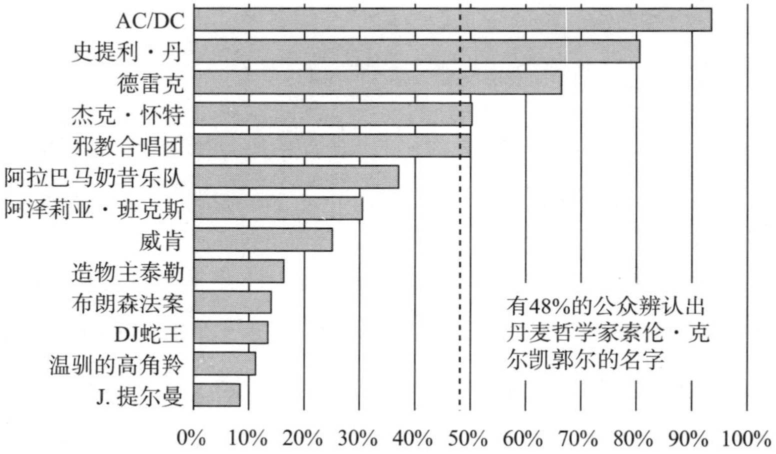

图 9-1 科切拉音乐节上的大部分演出者都不如哲学家索伦·克尔凯郭尔出名

给名人高额代言费真的值得吗

名人效应瞬息万变的特点对营销人员至关重要，因为他们如今仍然要给产品代言人支付天价代言费。嘻哈界的天王天后，至少对美国企业而言，是 Jay-Z 和碧昂丝（Beyoncé）。Jay-Z 因为推广三星 Galaxy 手机赚了 2 000 万美元。碧昂丝在 2013 年以 5 000 万美元的价格跟百事可乐签订了一份多年期合同。而这些数字，跟体育界名星比起来就是小巫见大巫了，体育明星经常跟商家签订 9 位数的代言合同。老虎伍兹虽然丑闻缠身，成绩下滑，仍与耐克公司签订了一份价值 1 亿美元的合同，拿下了一大堆新的代言。足球明星大卫·贝克汉姆以 1.5 亿美元的价格跟阿迪达斯签订了终身代言合约，虽然这项运动大多数美国人根本无法理解。这还只是他所代言产品的其中之一，其他产品还有阿玛尼、健怡可乐、H&M和三星等。据估计，贝克汉姆每年光代言费就高达2 000万美元。这些企业赞助商认为，名人仍然是一种共同语言，一种在纷乱的广告大战中脱颖而出的方式。但只有消费者都认识代言产品的明星，如此高昂的代言费才有意义可言。

根据从新闻媒体上得到的印象，我对代言费最高的明星们做了一次检验面部识别率的调查，请参与者们辨识明星照片，并写出他们的名字，有拼写错误也没关系。只有4位名星被一半以上的参与者认了出来。他们分别是老虎伍兹、布拉德·皮特（Brad Pitt），贾斯汀·比伯（Justin Bieber）和碧昂丝。认出伍兹的人高达95%，除了少数几位美国总统和电影明星，他比所有人的辨识度都高。尽管婚外情丑闻让伍兹损失了数千万美元的代言合同，但这大概也提升了他在非高尔夫球迷中的辨识度（见图9-2）。

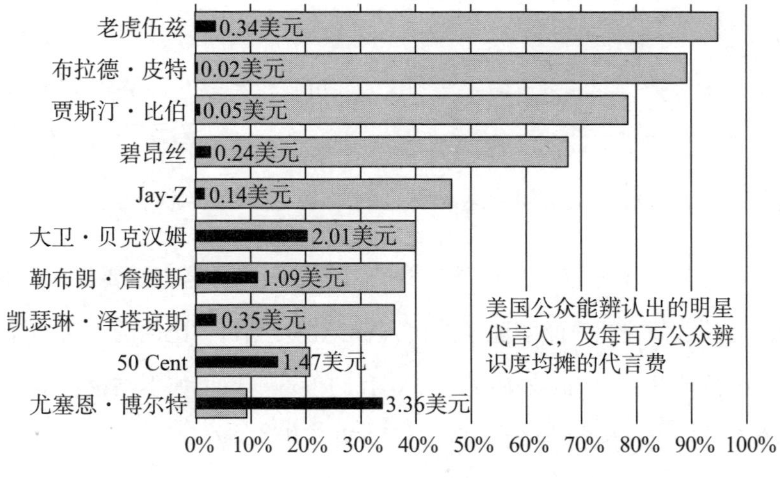

图 9-2 有多少人可以从照片中认出明星代言人

公众对名人的认知度有很大差异。只有9%的人认得出奥运会短跑冠军尤塞恩·博尔特，只有21%的人叫得出说唱歌手兼商人50 Cent的名字。顺便说一下，50 Cent 能进入这份顶尖代言人名单，是因为他收购了维生素饮料品牌 Formula 50，该品牌后来又被卖给了可口可乐。

我还估算了明星在美国每百万公众辨识度均摊的代言费是多少。举例来说，据称跨国电信公司 T-Mobile 向凯瑟琳·泽塔琼斯支付了 4 000 万美元的广告费。约 36% 的公众认得出泽塔琼斯，其余 64% 的人有可能认为她只是一个虚构人物，类似前进保险公司的虚拟销售员弗洛（Progressive insurance's Flo）。T-Mobile 跟泽塔琼斯签的合同，每百万公众辨识度的代言费约为 35 美分。

按照这样的算法，明星的每百万公众辨识度均摊的代言费从几美分到几美元不等。有些波动合情合理。布拉德·皮特是上述名单里最便宜的——每百万公众辨识度代言费仅为 2 分钱，因为他的代言事业仅限于为香奈儿香水拍摄一支广告，费用为 670 万美元。这跟答应每次走红毯都戴一顶香奈儿帽子可不一样。

按比例分摊，尤塞恩·博尔特和大卫·贝克汉姆最贵，分别是 3.36 美元和 2.01 美元。两人都是全球明星，而且运动员大多会向体育迷推销鞋子和运动器材，而体育迷认出职业运动明星的概率比普通民众高得多。

其他差异就不太容易解释了。手机和苏打水广告努力想要打动所有人。那么，为什么凯瑟琳·泽塔琼斯的代言费会是贾斯汀·比伯的 7 倍？为什么碧昂丝的价值几乎比 Jay-Z 翻了一番？我们很难不得出如下结论：给名人代言定价不是一门精确的科学，有些公司多花了太多钱。

HEAD IN THE
CLOUD

Why Knowing Things Still Matters When Facts Are So Easy to Look Up

10 没有知识，何来信仰？

> 我知道温斯坦的父母很不高兴，校监，但我肯定那是个东拉西扯的借口。我是说，它一听就像是瞎编的："赎罪日。"
>
> ——斯金纳校长，《辛普森家族》里的主要人物

从情景喜剧到周围的同事，你大概会认为，大多数美国人对犹太文化都有基本的认知。其实并非如此。大多数公众无法说出光明节灯台上要点燃多少支蜡烛（9 支），不知道大节（High Holidays，也叫圣洁日）是在什么时候（9 月到 10 月），也不知道犹太教的安息日从星期几开始（星期五）。只有一

半的人知道吃虾不符合犹太教的教规（见图 10-1）。

无知并不是双向的。犹太教徒跟基督教徒一样，能够回答出有关基督教节日和习俗的简单问题。事实上，2010 年皮尤研究中心的调查报告显示，在一套包含 32 道常识性宗教知识的问卷里，犹太教徒得分高于基督教徒，无神论者和不可知论者构成了最了解宗教的群体。

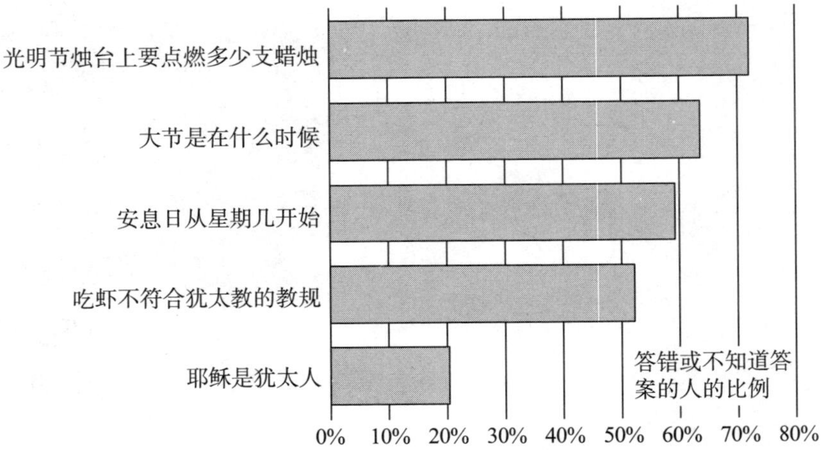

图 10-1　美国人都不知道哪些犹太文化

皮尤中心的调查不仅涵盖了犹太教 - 基督教传统，也涵盖了世界其他主要宗教的文化，例如喇嘛教是佛教吗？只有 47% 的美国人可以正确地回答这个问题。无神论者和犹太人比基督教徒更了解世界性宗教，基督教徒往往回答不出跟自己所信宗教相关的问题。以下是皮尤中心调查里的一道问题：

以下哪一句话更准确地描述了天主教有关圣餐所用饼和酒的教义？

1. 饼和葡萄酒实际上会成为耶稣基督的身体和血。

2. 饼和葡萄酒是耶稣基督身体和血的象征。

按照 1551 年的特伦托宗教会议和天主教会高层的反复证实，正确答案是 A。总体来说，有 40% 的人答对了，考虑到选项只有两个，这样的结果并不能给人什么安慰。许多人似乎认为 A 是一个怪异的答案，不可能是对的。只有 55% 的天主教徒回答正确。而对西班牙裔天主教徒来说，正确率仅为 47%。

多年来，波士顿大学宗教系教授斯蒂芬·普罗瑟罗（Stephen Prothero）一直在调查美国人的宗教知识状况。自从他注意到入学新生的宗教知识少得可怜，就开始做这件事。举个例子，普罗瑟罗发现，波士顿大学只有 63% 的学生知道“黄金法则”是什么。平均而言，他的学生能够说出十诫里的 4.6 条。在历史上，波士顿大学曾隶属于卫理公会，教员和校友里曾出过 7 位诺贝尔奖得主。所以，波士顿大学的学生有可能比同龄人对宗教知识了解得更多。

然而，按照普罗瑟罗的调查：

- 大多数美国人说不出《圣经》第一卷的名称（《创世记》）；
- 大约一半的公众说不出四福音书（指的是《马太福音》《马可福音》《路加福音》《约翰福音》）里的任何一部；
- 只有 1/3 的人知道是谁公布了“山中宝训”（耶稣）；
- 15% 的青少年甚至说不出“世界五大宗教”的任何一种（只有 10% 的人能说全五种）；
- 1/10 的人认为“圣女贞德是诺亚的妻子”这句话是对的。

“美国人既笃信宗教，又对宗教很无知，”普罗瑟罗写道，“美国的无神论者和欧洲热爱耶稣的政客同样罕见，但在这里，信仰几乎了无内容。”

2000 年，乔治·沃克·布什（George W. Bush）竞选总统的时候，一直努力想要改变人们认为他没什么深刻思想的印象。一位记者请他说出自己最喜欢的哲学家是谁。布什回答:“耶稣基督。”

苏珊·桑塔格(Susan Sontag)用反讽解释了布什何以做出这样的回答:“布什并不是想说……他的政府真的会受到耶稣阐述的任何戒律或社会纲领的约束……而且他的意思并未得到理解。”但布什这么说,大概很诚实,在政治上也很精明。和今天的许多信徒一样,布什想要把自己的信仰领袖打扮成伟大的思想家,淡化古代宗教世界和当代世俗世界之间的鸿沟。

桑塔格写到,美国式宗教更多的是有关宗教的想法,而非宗教本身。美国人期望领导人是有信仰的人,信仰的内容反倒不那么重要了。这种美国式的态度,就跟相信把票投给谁比了解候选人更重要差不多。

皮尤中心的民意调查发现,绝大多数美国人信奉“上帝或一种普遍存在的精神”,约占总人口的92%。这一结果十分典型。但不太典型的是,皮尤中心的研究人员询问受访者,他们对上帝的存在究竟有多确定。如我们所见,只要询问人们的怀疑态度,就能发现结果。在这种情况下,不管你信不信,所有受访者中只有69%的人“绝对确定”上帝存在。其余的人分别选择用“相当确定”“不太确定”“完全不确定”和“不知道”来形容自己的信仰状态。有大约23%的公众表达了不可知论的意见,相比而言,从一开始就说自己不知道上帝是否存在的人只有2%,说自己不相信上帝的人只有6%。基本上,持不可知论的人到底有多少,要看你是否提出后续问题。

你可能会想不通为什么美国的孩子们在数学考试上表现得那么差劲,但他们对宗教的无知却没什么好奇怪的。美国的公立学校几乎不讲授和宗教有关的内容。矛盾的是,公立学校的孩子通常都会接触一些伊斯兰教、佛教和印度教的内容,在历史或社会研究课上,他们甚至还会学到古代地中海世界已灭绝的宗教。但大多数美国公立学校都不愿传授有关基督教和犹太教的内容。这些内容留给了家庭、主日学校、希伯来语学校去教，而在那些地方，人们没什么兴趣讨论其他宗教。

那么，对宗教事务表现得无知就很容易理解了。更棘手的问题是判断它是否重要。摩门教徒对印度教有所了解重要吗？天主教徒非得知道自己的教会对圣餐圣体的主张是什么吗？如果他就是不愿意知道呢？“不管结果如何，”2010 年的皮尤调查报告说，“我们不会给公众的表现打高分或者低分，因为我们没有客观的方法去判断公众应该掌握多少宗教知识。”

尽管有文献给出了证据，说有信仰的人比没有信仰的人更幸福，但我没有发现宗教知识和自我报告的幸福度之间存在任何相关性。宗教信仰与收入或人际关系的情况也不存在相关性。

但掌握宗教知识的多寡有其他的原因存在。普罗瑟罗（为皮尤中心的调查提供顾问服务）给出了两个不同的理由：首先，宗教知识素养是整体文化素养的基础。美国的许多政治争议，从人工流产到干细胞研究，都要放在宗教争论的框架之下进行。世界各地的许多冲突也是如此。没有基本的宗教知识，人们（包括不信仰宗教的人）就难以理解新闻。如果你对“亚当和夏娃”“麦加”和“禅宗”一无所知，你就听不懂总统演讲、脱口秀段子和瓶装茶广告。

普罗瑟罗的第二个观点是，宗教知识让人举止文明；这是宗教信仰内在的积极影响，引领人们做出更好、更人道的决定。你很容易想起一些熟知宗教或有着深刻宗教信仰又富有同情心的人。但想到明显的反例也不难，比如西班牙的宗教裁判所和“伊斯兰国”（ISIS）的刽子手。

“宗教是一种文明力量”的观点，让我想起高中教练说踢橄榄球能塑造“品格”。有什么证据吗？再说，品格到底是什么东西？教练其实想要说的是，他听人说过，踢美式足球可以塑造品格，也许是听其他教练说的。这是他们喜欢反复说的那种话，因为这听上去比承认踢橄榄球塑造的是一种毕业之后就没多少人会用到的能力要好一些。

记者马克·奥本海默（Mark Oppenheimer）写道：“宗教知识并非良善公民的必需品。但如果想成为一个有教养的人，掌握宗教知识就很有必要了。它丰富了我们的生活，这就足以让人祝福了。”不妨用这种态度看待任何一种事实性知识。

HEAD IN THE CLOUD “最后的晚餐”宾客名单

请说出《最后的晚餐》上每一个在场的人（能说多少个就说多少个）。

释迦牟尼是哪国人：中国人、印度人、日本人、韩国人，还是蒙古人？

《最后的晚餐》宾客名单，你在四福音书里找不到。文艺复兴时期有艺术家（如达·芬奇）对此事做过描述，认为是耶稣加上十二门徒。故此，传统的名单是这样的：耶稣、彼得、安德烈、大小詹姆斯（有时也叫作大小雅各）、约翰、马太、腓力、多马、巴多罗买、犹大、达太和西门。这项调查的受访者，平均只能说出4个名字。差不多1/3的人忘了主宾，即耶稣，17%的人一个名字也说不上来。

释迦牟尼（佛陀）是印度人，从现代国家的角度看是尼泊尔人。如果你回答正确，就比69%的受访者表现更好。

HEAD IN THE CLOUD

Why Knowing Things Still Matters When Facts Are So Easy to Look Up

11

真人秀明星的风头盖过哲学家

“所有的艺术都没什么用。”奥斯卡·王尔德写道。他激怒了维多利亚时代的资产阶级，同时也命中了文化素养的吊诡之处。人们想要证明文化素养的价值几乎不可能。今天，移动设备正在改变我们从传统人文学科中的所学所记。我对哲学、文学、艺术和电影方面的知识做了调查，并试图寻找证据，想从资产阶级能理解的角度（高收入）证明此类知识也不是那么“没用”。

有一套简单的问答题，问人们：“谁是________？”空白处是一个名声或高或低的文化人物，有 5 种可能的职业，比如“发明家”或者“艺术家”。受访者要选择其一填入空白处。

图 11-1 显示了结果的一部分：西方哲学家对决真人秀明星。认出亚里士多德和柏拉图的人，跟认出卡戴珊姐妹的人一样多。对受访者来说，二元论的吹鼓手笛卡尔远远不如儿童选美大赛选手“甜心波波”（Honey Boo Boo）出名。说出“上帝已死”的尼采，败在了爱说“沙滩在哪儿”的主持人妮可·波利奇（Snooki Polizzi）手下。认出丽莎·凡德庞（Lisa Vanderpump，参加了真人秀《比佛利娇妻》）的人，是认出路德维希·维特根斯坦的 3 倍。其他知名哲学家，同样落在真人秀节目《泽西海岸》（*Jersey Shore*）、《鸭子王朝》（*Duck Dynasty*）的演员后面。

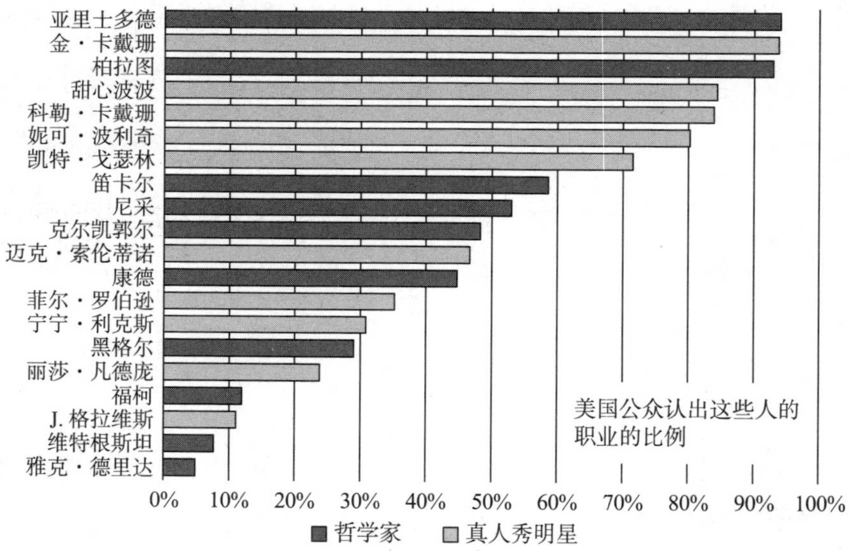

图 11-1　西方哲学家对决真人秀名星

经典的落幕

长久以来，教育工作者一直力争扩大人文学科的覆盖范围。他们的任务十分艰巨。“请说出一位大部分时间或一辈子生活在拉丁美洲的画家、小说家、诗人、剧作家、建筑师或电影人。”我向符合美国人口统计情况的受访样本提出了这个简单的要求。只要说出一位来自任何一个拉丁美洲国家的创作家就行，当代的，或者几百年前的都行。

只有31%的人做到了。最受欢迎的正确答案是弗里达·卡罗，12%的受访者提到了她，6%的人说出了加布里埃尔·加西亚·马尔克斯。

我又针对亚洲的情况问了相同的问题，有13%的人能够给出正确答案。

最受欢迎的回答是赛珍珠。我本来不想把这个答案算作正确，但她的确是。这位西弗吉尼亚州出生、写出了《大地》的作家，活了81岁，在中国度过了49年。几乎1/3回答正确的人说的都是赛珍珠。其他亚洲创作家所占比例跟她都差很远。几乎没有人提到印度和中东地区的创作家，几乎所有的答案涉及的都是中日两国的视觉艺术家。提到当代动漫大师宫崎骏和手冢治虫的公众，跟提到导演黑泽明和浮世绘画家葛饰北斋的一样多。

只有10%的人能说出一位非洲艺术家、作家或其他文化人物。提到奇努阿·阿切贝（Chinua Achebe）的人最多，占受访样本的2%。答案主要倾向于南非白人，或是曾在欧洲、美国或澳大利亚生活过的人（见图11-2）。

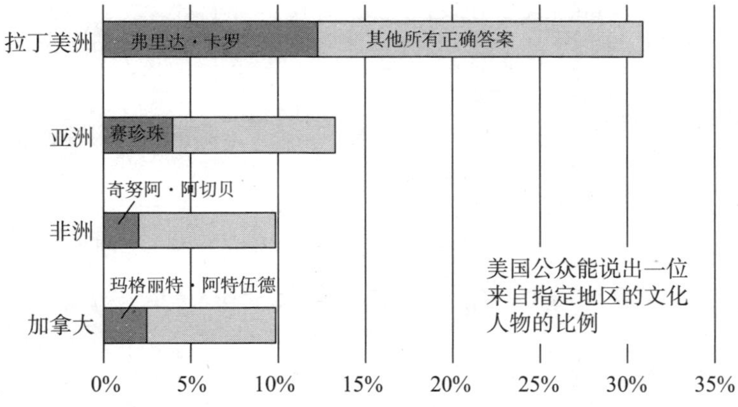

图11-2 说出一位大部分时间或一辈子生活在________的画家、小说家、诗人、剧作家、建筑师或电影人

最后我用加拿大又试了试。加拿大不是一块大陆，但它与美国有着特殊的关系，地理上紧临在一起，文化上却相互隔绝。美国人能说出加拿大创作家的表现并不比说出非洲创作家的表现更好。人们针对加拿大给出的错误答案，比其他任何地区都要多。许多调查对象说的是在美国展开职业生涯的加拿大出生的艺人，比如迈克·梅尔斯（Mike Myers）、威廉·夏特纳（William Shatner）和洛恩·格林（Lorne Greene）。由于此问不涉及演员，这些答案不算对。被提及次数最多的加拿大创作家是作家玛格丽特·阿特伍德（Margaret Atwood）和艾丽斯·芒罗（Alice Munro）。

别以为美国人对自己国家的文学大师有更多了解。据我所知，绝大多数美国公众都不认识任何一个在世的“严肃”小说家、短篇小说家或诗人（见图 11-3）。

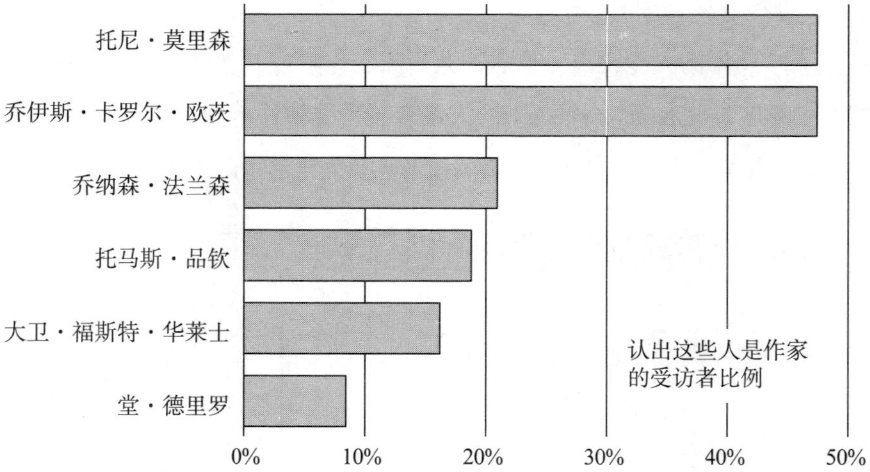

图 11-3　大多数美国人不知道上面这些人是谁

我的样本中有 47% 的人知道托尼·莫里森（Toni Morrison）是作家。这足以让莫里森成为在世文学人物里的摇滚明星了。她和乔伊斯·卡罗尔·欧茨（Joyce Carol Oates）打了个平手；其他所有被提到的作家的知名度都要低些。

当然，商业小说家如斯蒂芬·金、J. K. 罗琳和乔治·马丁的知名度就大多了，此外还有一大堆早已过世的标志性人物，从莎士比亚到卡波特，他们的作品都在学校被教过。在我的调查中，有 53% 的人认出了库尔特·冯内古特（Kurt Vonnegut）。但是，能被认出的在世或最近刚过世的著名文学家就几乎不存在了。

当代小说家名望达到的顶点恐怕要数在《辛普森家族》里扮演过自己的人吧。乔纳森·法兰森（Jonathan Franzen）和托马斯·品钦（Thomas Pynchon）都这么干过。但只有 21% 的人知道或猜中了法兰森是什么人，品钦的知名度只有 19%。

马克·吐温的《哈克贝利·费恩历险记》里发生了什么故事呢？我提出了这个问题，并附上了答案选项，有些是正确的，有些是错误的。我请调查的受访者选出所有正确答案。

大多数人只说得出两件事：哈克贝利逃离家乡，以及“黑鬼”这个词被多次使用。

其他被大多数人记住的段落是汤姆·索亚粉刷篱笆，汤姆和哈克贝利参加了自己的葬礼。这些事发生在《汤姆·索亚历险记》里，而不是《哈克贝利·费恩历险记》。

关于这部据说是最伟大的美国小说，有 28% 的人说不出书中发生过的任何一件事（见图 11-4）。

从参观画展和博物馆展品的人次，以及艺术品拍卖价格来看，公众对当代艺术的兴趣有增无减。可这种兴趣几乎不曾“渗透”到普通公众层面。一项调查列举了当代艺术标志性作品的图片，请受访者指出作者分别是谁。每一道题都是选择题，“不知道”是最常见的回答（见图 11-5）。

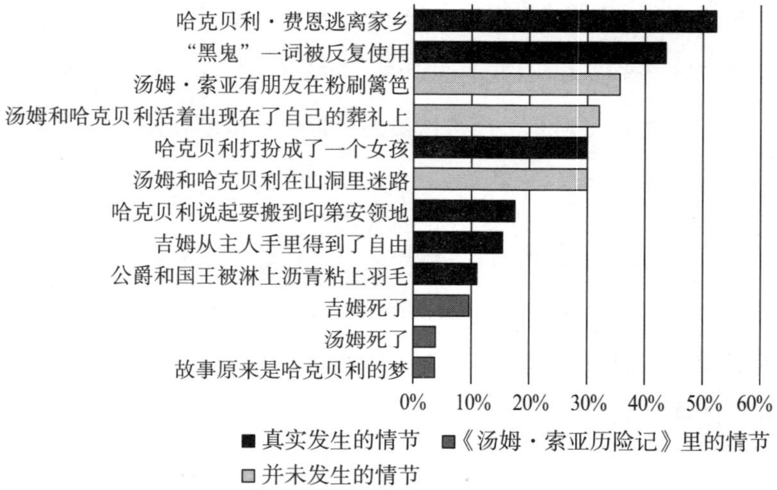

图 11-4　人们对《哈克贝利·费恩历险记》的情节都了解些什么

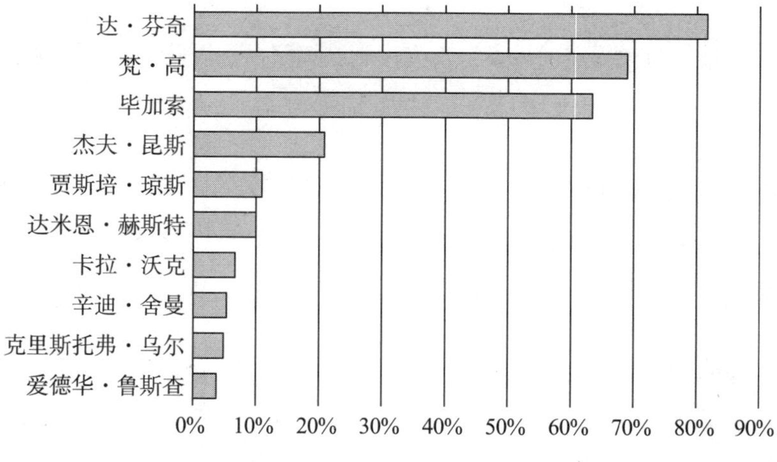

图 11-5　几乎没有人能通过艺术作品认出其作者

为了获得比较的基准,我还测试了《蒙娜丽莎》《星夜》和《格尔尼卡》这三幅画。大多数人能够把它们跟达·芬奇、梵·高和毕加索联系起来。不过,发人深省的是,有近 1/5 的人未能说出《蒙娜丽莎》的作者。《蒙娜丽莎》的形象一定很熟悉，但知道是谁画的就是另外一回事了。

评论家常常对杰夫·昆斯(Jeff Koons)和达米恩·赫斯特(Damien Hirst)所获得的关注和大把钞票表示悲叹，据说，他们在普通公众和亿万富翁那里都大受欢迎，但在具备品鉴力的观众心中就没什么地位了。实际上，如果说认知度是人气的先决条件，那么，昆斯和赫斯特并不怎么受欢迎。只有 1/5 的人能认出昆斯是《气球狗》(*Balloon Dog*)的作者，只有 1/10 的人能把赫斯特跟《生者对死者无动于衷》(作品内容是一只虎鲨悬停在甲醛当中)联系起来。近 3/4 的人毫无头绪，选择了“不知道”。

贾斯培·琼斯(Jasper Johns)的严肃性毋庸置疑，而只有 11% 的人知道琼斯是经典作品《国旗》(*Flag*)的作者。在这些人之外，其他艺术家的辨识度更是一路下跌。卡拉·沃克(Kara Walker)和装置艺术《黑人的形象绘制在我前往南方的路上》、辛迪·舍曼(Cindy Sherman)和《无名影片截图》(*Untitled Film Stills*)系列中广为流传的一幅照片、克里斯托弗·乌尔(Christopher Wool)和《现代启示录》(*Apocalypse Now*),还有爱德华·鲁斯查(Ed Ruscha)和《火中加油站》(*Burning Gas Station*),几乎没人能对得上号。这些著名艺术家识别度的差异，已经不具有统计意义。

有意义的现象是，某些错误选项的选中率比正确答案的还要高。有更多的人乐于认为《国旗》出自安迪·沃霍尔(Andy Warhol)而非琼斯之手;是安妮·莱柏维兹(Annie Leibovitz)、黛安娜·阿伯斯(Diane Arbus)或者安塞尔·亚当斯(Ansel Adams)拍摄了舍曼的照片(那可是幅自拍啊);是罗伊·利希滕斯坦(Roy Lichtenstein)创作了鲁斯查的《火中加油站》。这显然是视觉领域的“丘氏漂移”。在大众心目中，当代艺术全都可以安插到几个鼎鼎大名的人头上。

另一个结论：公众的智慧不适用于当代艺术领域。

之前我提到发音在商业环境中的重要性。在文化聚会上，同一个问题带来了一套等级制度。要是有人把安德烈·吉德（André Gide）的姓发成了“杰德”（Jide）或者“盖德”（Guide），那么，不管他的评论多么理性，也没几个人会认真对待了——Gide 的发音是“Zheed”，只有大约 11% 的美国人知道。就像一位博主所说，吉德是个“口令之名”，“高高在上者用它来判断不如自己的人”。

显然，文化名人的名字有很多都是大多数公众无法准确发音的。哪怕是英文名字也有麻烦。有 3/4 的人不知道约翰·凯恩斯的“Keynes”发音是［keinz］。

有些名字的错误发音太普遍了，以至于出现了半官方的“美国式”发音，在名人的母语里虽然不完全正确，却成了受过相对良好教育的美国人的标记（见图 11-6）。广为接受的美国式发音包括“理查德·佛格纳”（原文按美国式发音写成 Richard VOG-ner，正确发音应为“瓦格纳”）、“米歇尔·福寇”（Michel Foo-COE，正确发音应为“福柯”）、“伊恩·兰德”（Ine Rand，正确发音应为“艾茵”）、“马塞尔·普柔斯特”（Marcel Proost，正确发音应为“普鲁斯特”）、“瓦恩·米劳”（Wahn Me-ROW，正确写法是“Joan Miro”，发音为“胡安·米罗”）、“尤汗·沃尔夫冈·冯·哥图”（YO-han Wolfgang von Ger-tuh，正确发音应为“约翰·沃尔夫冈·冯·歌德”）、“W. E. B. 杜伯海斯”（W. E. B. Duh-BOYZ，正发发音应为“W. E. B. 杜波依斯”）、“保罗·克莱”（Paul Clay，正确发音应为“保罗·克利”）和“莱昂哈德·奥耶勒”（Leonhard OY-ler，正确发音应为“欧拉”)。

知道这些名字的发音与收入水平显著相关，如同能恰当拼读商务词汇与高收入有显著相关性一样。正确的发音还跟使用苹果操作系统有关联，但跟年龄和性别无关。

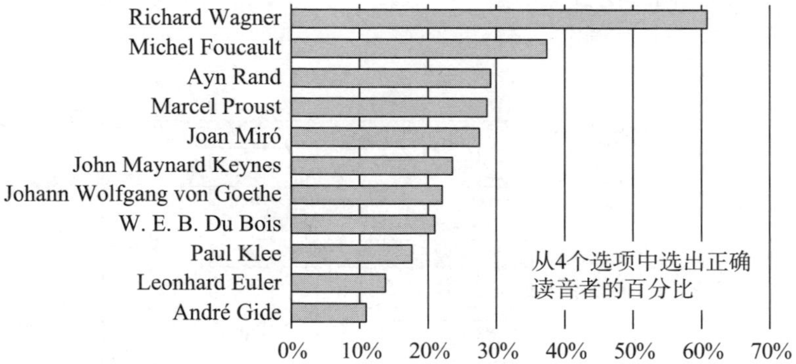

图 11-6　这些文化名人的名字你可能发错音了

假装的文化素养

当然，在文化素养方面“作弊”也很容易。以电影和电视节目为例。如今，电视剧很容易连续观看，下载电影也十分便利，“剧透”这个概念，以及体验一部电影或电视剧到底意味着什么变得复杂起来。

在我调查的人里，大多数都知道《惊魂记》里的连环杀手是诺曼·贝茨，他打扮成自己亡母的样子;《人猿星球》其实就是地球；达斯·维达（Darth Vader）是卢克·天行者的父亲；在整部《第六感》当中，布鲁斯·威利斯扮演的角色都是个死人。几乎 40% 的人知道《搏击俱乐部》里布拉德·皮特扮演的角色是爱德华·诺顿这个不可靠叙述者的多重人格投射。大约 35% 的人知道《公民凯恩》的玫瑰花蕾是雪橇。30% 的人知道《哭泣游戏》的女主角是个变性人。超过20%的人知道《普通嫌疑犯》里的凯文·斯派西就是凯撒·索泽；第1版《13号星期五》的剧情与《惊魂记》颠倒了，杀手不是杰森而是他妈妈。

最后，没有人知道《记忆碎片》里到底发生了些什么，证据是只有13%的人支持影迷们广泛接受的解释：失忆的伦纳德已经干掉了杀死他妻子的凶手。

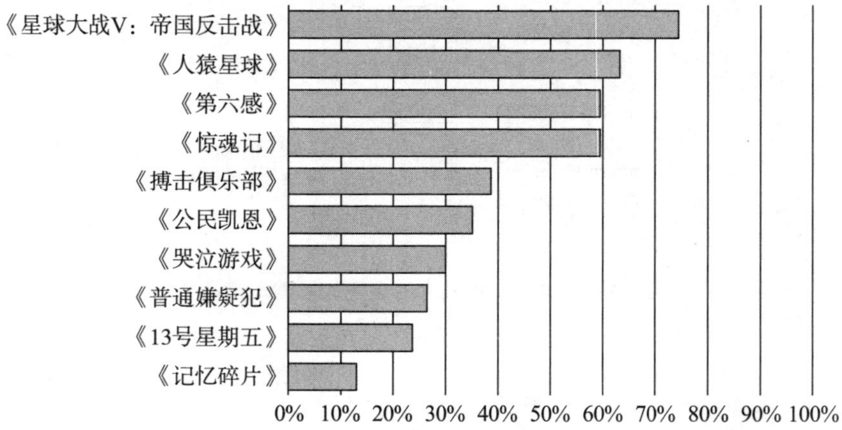

图 11-7　有多少人知道上述电影的剧透内容

这些数字，表面上看似不高，却说明了美国人有多么擅长假装具有文化素养。按票房数字进行粗略的估计，大约只有10%的美国人看过《帝国反击战》，2%的人看过《哭泣游戏》，1.2%的人看过《搏击俱乐部》。这是影院观影的比率。有人看的是视频和电视，能够相应提高观影比率，但也有粉丝会反复观看，观影比率又会稍有下调。不管怎么说，我调查中给出正确答案的绝大多数人，必然没有看过电影。可剧透就在那儿，就在我们呼吸的文化空气里。它们在软性饮料纪念款杯子上，电视节目的戏仿里，在网上评论区里，以及其他二手、三手，甚至第N手资料来源处。

从当代媒体的碎片中拼凑出对或高雅或低俗的文化的理解，这种能力兴许是一种有价值的技术，也是一种我们都在逐渐掌握的技能。小说家卡尔·塔罗·格林菲尔德（Karl Taro Greenfeld）写道：

> 每隔几周，我妻子就会提到读书俱乐部正在阅读的最新图书，不管那是什么书，也不管我是否读过，我都能对它发表一番意见。我的依据是什么呢？嗯……完全来自……什么呢？通常，这些书，我连书评都没读过，可我却能自由自在地像谢丽尔·史翠德（Cheryl Strayed）那样滔滔不绝，又或者像埃德维奇·丹蒂凯特（Edwidge Danticat）那样克制地煽煽情。毫无疑问，这些数据尘埃，都是我从以太网收集来的——现实点说，我是从各种社交媒体上收集来的。
>
> 索兰格·诺尔斯（Solange Knowles）对 Jay-Z 发动电梯袭击是怎么回事？我没有看 TMZ 监控摄像头拍下的视频，因为它太长了——但我浏览了足够多的微博，得知是诺尔斯删除了自己 Instagram 上姐姐碧昂丝的照片。这一季《权力的游戏》和灵床旁的强奸戏是怎么回事？我不看这部剧，但我已经浏览了 Vulture.com 的剧情简述，我本打算说这太亵渎了……
>
> 假装知道这么多，其实是什么也不知道——这事儿变得太容易了。

这引发了一个问题：假装出来的文化素养是否足够好呢？深入认识我们文化重视的一整套观念、图书、画作和电影，仍然是一件重要的事情吗？

和过去相比，传统的高雅文化在集体关注中所占的份额越来越小。这倒不一定是我们变蠢了；只不过是吸引关注的文化表现形式更多元了。这显然是调查显示传统文化知识素养低下的原因之一。

文化素养是教育水平的良好预测因素。但我发现，文化知识和收入水平之间的相关性小到惊人。这也许可以归结为一种“文科效应”。文化素养好的人，有可能是因为他们主修文科或艺术系，而主修这些学科的人，收入往往比同等教育水平、主修理工科的人要低。

当然，金钱并非唯一的衡量尺度，更说不上最准确。对一个能够欣赏伟大文学、艺术、电影作品的人来说，这些体验的价值不言而喻。但面对相同的伟大作品，每个人的体验如何却是个变化的概念。宗教正在解体，文化模式的预言却尚未成真。成熟而挑剔的品味变得前所未有的多样化。而对没那么挑剔的人，从云端抄袭一点肤浅的文化素养，也足以在这个世界行走自如——现在，是时候放下伪装了。

HEAD IN THE CLOUD 弗拉基米尔·纳博科夫是谁？

弗拉基米尔·纳博科夫（Vladimir Nabokov）是运动员、作家、商人，还是哲学家？

只有 30% 的人认识这位《洛丽塔》和《微暗的火》的作者。这个问题是教育水平的有力预测因素，但预测不了收入水平。

HEAD IN THE CLOUD

Why Knowing Things Still Matters When Facts Are So Easy to Look Up

12 公众健康信息中的骗局

密西西比州的教师对巧克力糖有一种独特的用法，它成了直观的辅助教学工具。取下包装，同学们将糖从一只手到另一只手挨个在教室里传递，以证明（如一位密西西比州的家长所言）：“一脱了衣服有过那事儿，姑娘就不再干净、珍贵了。”

欢迎来到美国南部腹地的性教育课堂。密西西比州是全美青少年怀孕率最高的一个州。家长们期待学校开展性教育，但当地一个声势很强的群体势力却要求老师在性教育课上教导孩子们要禁欲。不过，这并非密西西比州独有的现象。旧金山州立大学性学研究部创始人吉尔伯特·赫德（Gilbert

Herdt）报告说，联邦政府花了近10亿美元在学校推广强调禁欲的性教育计划，只可惜有证据表明：这些计划只是减少了学生对性行为、避孕和性病知识的了解。

问题在于，贴合实际生活情况的事实不足以让精力十足、“性趣”盎然的青少年们接受禁欲教育。所以，特别是在美国南方，学校会选择性地往事实里掺入半真半假的市井传说和彻头彻尾的大小谎言。一位家长说，密西西比州的课程可这样概括：“要是你做爱，你就会染上艾滋病，然后死掉。”

最近一项关于得克萨斯州各学校性教育课程的研究发现，“两门性教育课程根本没讲过一桩事实”，只有学校教师为支持禁欲论伪造的事实，“你如果触碰另一个人的生殖器，就有可能怀孕”，以及“半数的同性恋少年检验HIV呈阳性”。

美国西北大学医学人文与生物伦理学的前临床医学教授爱丽丝·德雷格（Alice Dreger）本身也是位母亲，最近她旁听了儿子的性教育课，用推文对这疯狂的禁欲教育做了现场直播。

> 整个课程的内容就是“性行为是一种可怕的生活方式的一部分。吸毒、失业、辍学——性行为也是这些灾难中的一部分”。
>
> 她正在讲述安全套的故事：每一只安全套都有一个洞。
>
> “我们要把这个骰子摇上8次。每次你的号码出现……就代表你的安全套失效了，你将得到一个纸做的婴儿。”天啊！！！
>
> 纸婴儿传到每个人手里。所有人的安全套都失效了，全都怀孕了。

显然，美国很多学校未能教给孩子性是什么——从这个角度看，它们也没能教给孩子饮食、运动、健康和医学是什么。互联网被吹捧成一台了不起的均衡仪，每天 24 小时不间断运行，不预设好坏标准地传播性健康信息。年轻人从智能手机中了解生活现实，父母则用谷歌搜索判断病情是否到了要去看医生的程度。这是把记忆和信息外包给云端的典型案例。这套机制运转得是否良好呢？

有一项调查是请 18 ~ 25 岁的年轻人回答有关性健康和避孕的问题。结果显示：女性比男性了解更多的知识。几乎所有的女性（96%）都能辨识出“能防止性传播疾病和怀孕的节育方式”是“（使用）安全套”。87% 的男性答对了这道简单的问题，但男性选择错误答案的概率也更大。

男性爱冒险。他们更多地认为，气球和塑料包装袋是安全套“可接受的替代品”——选择这个“搏一把”答案的人有 71% 是男性。

真假判断题：为了防止受孕，女性每次进行性行为时是否都必须放入宫内节育器？有 14% 的女性和 27% 的男性认为这是对的（它是错的）。

互联网传播色情电影比传播事实更高效。出于这个原因，不妨把在数字领域传授正确性观念的期待放得低一些。不过，互联网的确扮演了这一角色。2006 年，旧金山市启动了一套程序，允许青少年匿名向保健专业人士提出有关性的问题，以求获得及时答复。自此以后，此类程序已成为南方各州化解青少年性困惑的主要途径。

健康与药物阴谋论

你听说过“21 世纪议程”（Agenda 21）吗？据说它是洛克菲勒基金会和福特基金会资助的最高机密计划，目的是解决人口过剩问题。这两家基金会资助孟山都公司（Monsanto）开发转基因食品，慢慢地杀死那些食用者。

上面这段话里的每一个事实都是错误的，但“21 世纪议程”的谎言在阴谋论者中盛行不衰。2014 年，埃里克·奥利弗（J. Eric Oliver）和托马斯·伍德（Thomas Wood）进行了一项调查，后发表在《美国医学会内科杂志》（*JAMA Internal Medicine*）上。他们对“21 世纪议程”做了描述，并询问人们该描述是否真实。

有 12% 的人认为是真的，66% 的人无法确定。把这些人跟原本就相信的人加起来，美国有一半以上的公众或多或少地相信：全美两家最著名的慈善组织，在一家赞助了迪士尼乐园的公司的协助下，正在实施一项大规模消灭人类的工程。

说到迪士尼乐园，由于一些家长拒绝为孩子接种疫苗，2015 年这个全世界最欢乐的地方成了麻疹高发区。奥利弗和伍德发现，有 20% 的美国人认为疫苗会导致自闭症的流言是真的，只有 44% 的人认为是假的。

他们在报告中说，有 37% 的人认为美国食品药品监督管理局压制了治疗癌症的自然疗法。20% 的人相信，“卫生部官员明知使用手机会致癌却无所作为，是因为大公司在背后捣鬼”。奥利弗和伍德在报告中还说，支持健康及药物阴谋论的人更有可能使用草药补剂、有机产品和替代医学。他们不会每年都做体检，不使用防晒霜，也不注射流感疫苗。《美国医学会内科杂志》上的文章话锋一转打趣道，就算化解了“社会经济地位、偏执狂和一般性的社会隔阂”，上述相关性仍然存在。

麸质的元政治学：营销大于医学

贴上“不含麸质”的标签就像在印钞票。把它贴在任何东西上都没问题，包括那些本来就不含麸质的食品，没人会眨眨眼表示惊讶。根本无须宣传零麸质生活方式的好处，美国食品药品监督管理局自会审查相关说法。美国公众已经对麸质有所了解，至少，公众自认为已经了解了。美国消费者报告研究中心的一项调查发现，约 1/3 的美国公众正试图减少或不食用含麸质的食品。有 63% 的人认为不含麸质的饮食“将改善身心健康”。电视主持人吉米 · 坎摩尔（Jimmy Kimmel）在节目里做了一项调查，虽然不太严谨，却发现许多躲避含麸质食品的人根本不知道麸质到底是什么。

有人曾批评《奥兹医生秀》节目宣传了许多民科式的健康饮食狂人。但是，全能的奥兹医生跟麸质划清了界限，认为不含麸质食品“是一场骗局”，对大多数人根本没影响。

他是对的：不含麸质的食品不是医学的胜利，而是营销的胜利。医生们认为，只有不到 7% 的公众患有腹腔疾病，或者真正地对麸质过敏，需要在饮食中回避麸质。

好吧，那不食用含麸质的食品反正没坏处吧？也许。不含麸质的产品通常用米粉代替面粉，这提高了人对砷的摄入量，而砷不仅是慢性毒药，还是致癌物质。一些研究将不含麸质的饮食习惯与体重增加和肥胖挂上了钩。

不管不含麸质的食品对你的健康有什么样的影响，毫无疑问它会对你的财富构成威胁，因为带不含麸质标签的产品往往溢价至少 50%。食品营销顾问理查德 · 乔治说：“感知就是现实。如果消费者认为不含麸质的产品更好，逻辑就无关紧要了。”

最受欢迎的标有不含麸质标签的零食是薯片。薯片是用土豆做的——土豆本来就不含麸质，因为麸质来自小麦和大麦。但没有不含麸质的标签，难道消费者也许就不知道薯片是“健康”食品了吗？

我询问年龄在 18 ~ 25 岁之间的年轻人:“对麸质的最准确描述是什么?”答案选项分别是:蛋白质、碳水化合物、糖、添加剂或脂肪。只有 30% 的人选择了正确答案——蛋白质。受访样本对自己所选中的答案大都很有信心(虽然大部分人都选错了),因为只有 7% 的人选择“不知道”。

最热门的答案是碳水化合物(36%)。如果我询问碳水化合物或是蛋白质、脂肪的化学定义,我敢保证,大多数人也答不上来。但显然几乎所有人都意识到,蛋白质的名声好些,而碳水化合物简直会要人命。无碳水化合物和低碳水化合物的食物比比皆是,但没有人会追求无蛋白质的饮食,人们会看到广告里说一种食品是“良好的蛋白质来源”。要是麸质对大多数人不好——23% 的人认同这一说法,那么它恐怕就属于碳水化合物。一些人大概就是这么推理的吧。

在这个媒体无处不在的时代,麸质问题是反映人有知或无知的典型问题。实际上人们对麸质知之甚少——不知道它的化学成分,只知道它是某种文化象征。大多数人知道:

- 不含麸质的产品在时髦的咖啡店、手工烘焙店以及“全食”高档超市有售;
- 不含麸质的烘焙食物吃起来也许不如含麸质的烘焙食物口感好;
- 不含麸质食品比含麸质的要贵;
- 不含麸质的产品是“高档商品”;
- 是否含麸质是一条文化分界线——相信麸质不好的人往往在饮食上更用心,更具健康和环保意识;
- 在某些情况下,索要不含麸质的产品能让你显得像一个关心上述事情的人。

以上都是当代关于麸质的社会学和政治学事实。跟低麸质饮食到底有什么临床效果的事实比起来，我们吸收这一类信息要轻松容易得多。

“现实指的是，就算你不再相信它，它也不会消失。”科幻小说作家菲利普·狄克（Philip K. Dick）说。他的诙谐别有一番摩登味道。客观事实的存在独立于人类文化和信仰体系，这个概念相对新颖。我们身边的人相信的事情基本就是现实——这种状况直到最近这几个世纪才有所改观。在通往真相的道路上，道听途说比闻所未闻要强。当你的旧石器时代祖先听小道消息说，某一种浆果有毒，他就不会再采摘这种浆果了。集体智慧有可能是错的，但一味冒险有什么意义呢？

今天，我们是全球科学文化的继承人，任何移动设备都可以访问基于科学的事实。然而，最使我们感同身受的仍然是知识的社会价值，“社交网络”的兴盛便是证据。我们从他人的提问和相信的事物中学习知识。这种学习方式运转得依然不错，哪怕是对麸质问题的判断而言。有些人不知道麸质是蛋白质，却知道很多人认为麸质对人体不好。对一个没有能力或者没有闲暇去检索所有研究成果的人来说，这本身就提供了足够丰富的信息——一种众包形式（a form of crowd-sourcing）。大多数人信以为真的事情不见得准确，但公众的观点往往好过一个完全不知情的人的看法。

不管你对健康和饮食问题的情况掌握如何，有证据表明，常识性知识和良好的健康之间是挂钩的。在几次调查中，我请受访者按 10 分制来评估自己的健康状况。我还问到他们有多少朋友，对性生活的满意度，平时是否锻炼，单身还是已婚，是否有长期交往的对象，离异还是丧偶。除了健康和婚姻状况之外，没有什么证据支持常识性知识与这些情况存在相关性。

在上述调查中，知识最丰富的人已婚的概率最大。和另一个人共同生活抚养孩子，也是一个自我教育的过程。因此，婚姻可以增进知识水平，而单身有可能限制知识的获取。

我提出的健康问题是："我比其他人都健康。你认为这句话能用来描述你的健康状况吗？准确度有多高？"能正确答出各类庞杂问题的人，他们报告的健康状况也最好。

在我的一项调查中，统计模型以一个 35 岁、受过 4 年大学教育的人为基准，如果他一道题也没答对，他的健康评分是 6.32 分，而一个教育经历相同的同龄人，如果他 15 道题全答对了，他的健康评分是 6.96 分。两者的自我健康状况评价相差 10%。我无法判断这意味着什么，但这么大的差异在统计学上足够说明点什么了。

也许这为我一开始的问题带来了新的视角。互联网是健康信息的有益来源吗？答案在很大程度上取决于用户分辨信息良莠的能力。孩子在这方面常常失手，许多成年人也是如此。借助网络了解信息的人，不仅要知道在搜索框里输入哪个医学术语，还要有能力评估搜索结果中出现的网站的可信度和结构。要做出合理的判断没有一劳永逸的简单法子。互联网用户必须像侦探一样，从边边角角里寻找隐含的线索：拼写和语法错误——虚假网站常有此类错误，科学推理中的事实性错误和虚假陈述，边缘科学爱用的流行语，异想天开的思路或者心理恐吓，甚至包括网站的设计，这隐含着网站的发起者和受众的信息。掌握广博的知识恐怕与正确判断有很大的关联性，也是了解足够多健康真相的原因之一。

HEAD IN THE CLOUD 博学多识是良药

美国联邦最高法院有多少名大法官？

“我思故我在”这句话和谁有关？

太阳系中最大的星体是什么？地球、月球、太阳、火星，还是木星？

虽然这些问题看似与健康无关，却是预测健康状况的因素。答对的人比答错的人更健康。

约有 51% 的美国人知道联邦最高法院有 9 名大法官。88% 的人将“我思故我在”这句话指向了笛卡尔。71% 的人知道太阳是太阳系里最大的星体。

HEAD IN THE CLOUD

Why Knowing Things Still Matters When Facts Are So Easy to Look Up

13 冷门的体育知识和收入有关?

电视节目《危险边缘》最近出了一道题，问题的线索是篮球运动员布莱克·格里芬（Blake Griffin）的一张照片。3 位参赛者里没有一位按下抢答键，他们被难住了。体育迷们冲上社交网络质问，怎么会有人认不出洛杉矶快船队的前锋和 NBA 的最佳新秀呢？但这一知识盲点，实在是经常看这类问答节目的观众很熟悉的桥段。《危险边缘》节目的选手们对各州首府、古典音乐和文字起源的知识信手拈来，可对体育运动知之甚少。参赛者经常对体育类问题敬而远之，直到最后一轮他们非选不可了，抢答器也始终默不作响。

不光他们这样。为数众多的美国公众连最简单的体育运动题都答不上来。超过 2/3 的人不知道足球队有多少名球员（11 人）。大约 1/5 的人不知道哪一种运动项目的最高奖项是斯坦利杯（冰球），哪一种运动项目可以跟“满垒打”这个词联系在一起（棒球）。

你也许猜测对体育运动知识的熟悉程度与性别有很大关系，但实际上男性与女性之间并没有太大差别。男性比女性更知道游击手打什么位置，“全场紧逼”发生在篮球场上等。然而，就我提出的大多数问题而言，男女之间并不存在有统计学意义的差别（见图 13-1）。

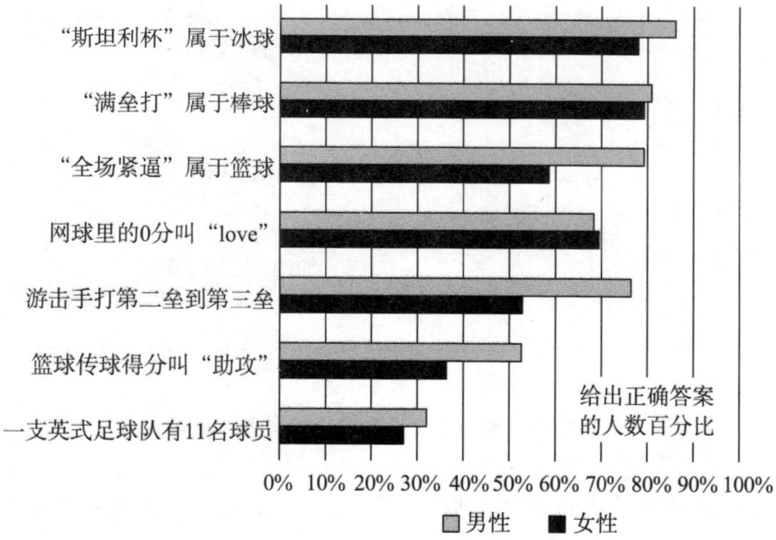

图 13-1　许多人答不出简单的体育运动知识题

一直以来，人们都认为用体育运动打比方是无障碍沟通的标志。在人们解释并购、税法或者弦理论的时候，最普遍的建议是把高深的内容用全民运动的术语打扮一下。“每隔一阵子，就有一个球朝着本垒的位置笔直地飞过来，你可以打出一记漂亮的本垒打。”2014 年，奥巴马总统在提到美国外交政策时说："但你不必对每一个飞来的球都挥棒。"想想看，在一些选民的耳朵里，这话听起来是这样的："每隔一阵子，呃，这是什么意思？"

当然，对"万福玛利亚传球"①"移动球门"②"被铃声救下了"③这一类的表达，体育白痴们大概也能猜出一二。但这里还有一个要多关注体育运动知识的潜在原因：我发现，体育运动知识跟收入水平具有相关性。线性回归模型预测，在我的体育运动知识测验中得分为 0 的人，平均家庭年收入是 3.4 万美元；而那些回答完全正确的人，平均家庭年收入是 8.5 万美元（见图 13-2）。

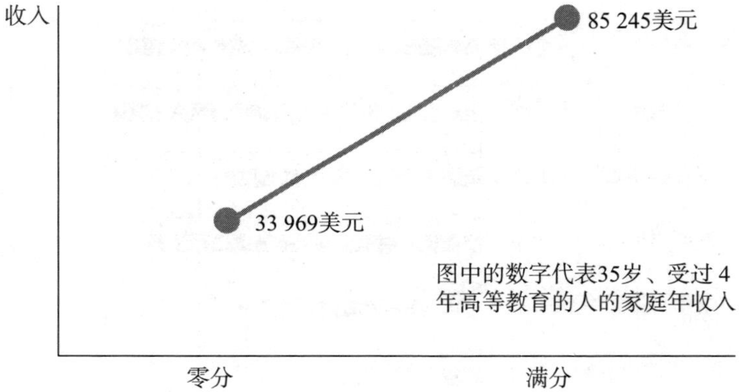

图 13-2　深谙体育运动知识的人收入也高

体育运动有什么特别之处吗？可能的原因之一是性别差异的影响。在美国，同样工作岗位的女性收入仅为男性的 80%。如果女性群体对体育运动知之甚少，这大概就是收入差距的原因所在了。

---

① 橄榄球术语，意思是成功率很低的长距离直传，一般在比赛快结束时孤注一掷地传出去以求在最后的时刻得分，剩下的就只有祈求圣母玛利亚保佑了。——译者注

② 足球术语，引申的意思是朝令夕改。——译者注

③ 拳击术语，意思是在最后关头脱离困境。——译者注

也就是说，不了解体育运动没准会导致高达 20% 的收入损失。可是，了解体育运动和不了解体育运动的人之间存在 1.5 倍的收入差距，全都推到性别差异上也说不通。再者，我也提到过，在对体育运动知识的了解上，性别差异并没那么大。

无论如何，我把性别因素加入了统计模型。结果表明，性别差异对收入水平影响不大，效度不明显。主要的预测因素的确只是体育运动知识的多寡而已。

鉴于这项调查着眼的是家庭收入而非个人收入，有可能已婚人士尤其是女性比单身人士更了解体育运动。有一项事实的相关性特别显著：知道游击手的位置是在二垒和三垒的人有更大可能是已婚，这表示一些人或许是因为结了婚当了家长才关注棒球的。

许多已婚家庭有两人工作养家，这可以解释一部分收入差距——但还不如数据显示得那么多。

还有一种假设是，体育运动在美国的文化中太普遍了，我测试的问题太简单，几乎等同于常识测试，而非专业的体育知识测试。专注茶水间的闲聊不会让你学到语法知识或者量子物理学，但你可以从中了解体育运动常识。

为检验上述假设，我准备了一份更难的体育知识测试题，问题选自网上意在挑战铁杆体育迷的问卷。测试问题涵盖了棒球、橄榄球和篮球，并着眼于具体的职业选手和比赛规则的微妙之处。举例来说：

- NBA 标志上是哪一位球员?

  [朱利叶斯 · 欧文 (Julius Erving)、杰里 · 韦斯特 (Jerry West)、

魔术师约翰逊（Magic Johnson）、蒂姆·邓肯（Tim Duncan），还是韦斯·昂塞尔德（Wes Unseld）]

- 以下入选名人堂的选手，哪一个从未在职业生涯中当过投手？
  [赛·扬（Cy Young）、贝比·鲁斯（Babe Ruth）、多恩·拉森（Don Larsen）、汤尼·关恩（Tony Gwynn），还是鲶鱼亨特（Catfish Hunter）]
- 以下哪名选手的绰号是“大蛇”？
  [多恩·比贝（Don Beebe）、杰里·斯托瓦尔（Jerry Stovall）、肯尼·斯坦伯勒（Kenny Stabler）、普利斯顿·邓纳德（Preston Dennard），还是瑞克·米雷尔（Rick Mirer）]

我认为，只靠日常生活的耳濡目染是答不上来这些问题的。[①]

这套难题的回答情况并未显示出与收入水平有相关性。于是，为了证实第一次测试的结果不是偶然的，我找来不同的随机样本，重做了一次“简单”体育知识的测试，再次发现了得分和收入水平之间存在相关性。在第二轮测试中，我加入了一道自我幸福感评价问题，同样发现了显著的相关性。按 10 分制进行自我评价，在简单体育知识测试里表现出色的人比表现差劲的人要幸福 50%。

简单的测试不光知识内容简单，知识范围也更宽泛，我询问了更多种运动项目，例如冰球、网球和橄榄球。它证实了知识的广度而非深度是预测收入水平的最佳因素。

不过，我发现没有证据表明体育迷比非体育迷更健康，或者每周会花更多时间进行体育锻炼。许多体育迷参与运动，似乎只是坐在沙发上观赛。

① 正确答案分别是：杰里·韦斯特，汤尼·关恩和肯尼·斯坦伯勒。——译者注

HEAD IN THE CLOUD “有史以来最伟大的击球手”

这就是我所说的简单体育知识题:

哪一项赛事每4年举办一次:橄榄球“超级碗”决赛、篮球NCAA季后赛、网球大师巡回赛、奥运会、棒球世界大赛?

约9%的人不知道答案(奥运会)。

就跟美国人逐渐忘掉了总统一样,人们也终将忘掉最伟大的运动员们。泰德·威廉姆斯(Ted Williams)是什么人?是运动员、作家、商人还是政治家?威廉姆斯曾入选波士顿红袜队名人堂,也是“有史以来最伟大的击球手”。59%的人知道他是一名运动员,他们比不知道威廉姆斯是谁的人平均年收入要高2.3万美元。但60岁以上的受访者占了回答正确者的一半,收入差距也大抵来自年龄差异。33岁以下的人中只有23%知道或猜中了威廉姆斯是什么人。

HEAD IN THE
CLOUD

Why Knowing Things Still Matters When Facts Are So Easy to Look Up

14

人生是一连串的“棉花糖实验”①

2013年，84岁的佛罗里达州居民格洛丽亚·麦肯齐（Gloria C. MacKenzie）买强力球彩票赢得了5.9亿美元的奖金。没错，就是近6亿美元。经济学家大概会说，5.9亿美元的奖金太荒唐了，分别奖励59个人1 000万美元岂不更妙？显然经济学家没怎么玩过彩票。彩票委员会把奖金数额设计得足够高才能叫那些买彩票的人掏腰包，他们发现，高到匪夷所思的奖金额能拉动彩票销量，而提高中奖率却不能。

① 在美国心理学家沃尔特·米歇尔的《棉花糖实验：自控力养成圣经》一书中，作者对克制冲动实行长期规划的重要性做了精彩的分析。本书中文简体字版由湛庐文化出品，北京联合出版公司出版。——译者注

田纳西州博彩公司总裁丽贝卡·保罗·哈格罗夫（Rebecca Paul Hargrove）表示，梦想推动着当今彩票的营销。“‘有什么好玩法？’……你花上 1 块钱，在接下来的 3 天都会思考这样的问题。我会跟姐夫分享奖金吗？才不要！我讨厌那个人，但我可以跟邻居家的小侄子分享。”彩票广告如果只宣传赢家能度一个美好的假期，这还远远不够。它们得展现赢家买下了私人飞机、航空公司，甚至一座岛或一座城堡的前景。叫卖声里是没有赔率这回事的。

我做了一个全国性的调查，想要了解人们眼中的强力球彩票中奖率。在美国，强力球彩票可以说是家喻户晓，因为它在全美 43 个州都卖得很火爆，就像广告里宣传的那样。这个调查以选择题的形式进行，共有 10 个选项。

我事先预料人们会过分乐观。要不是有不切实际的乐观念头，人们怎么会玩彩票呢？每张彩票背后其实印有实际的中奖率：1 : 175 223 510。因此，“1 : 1 亿”是问题的最准确答案。结果，更多的猜测落在了悲观的一面。常见答案的覆盖范围很广，从 1/（100 万）到 1/（1 万亿）都有（见图 14-1）。这倒不是说公众认为大乐透彩票的赔率比实际上要高。更大的可能是，对玩彩票的人来说，幻想的着眼点是奖金数额，而不是赔率。

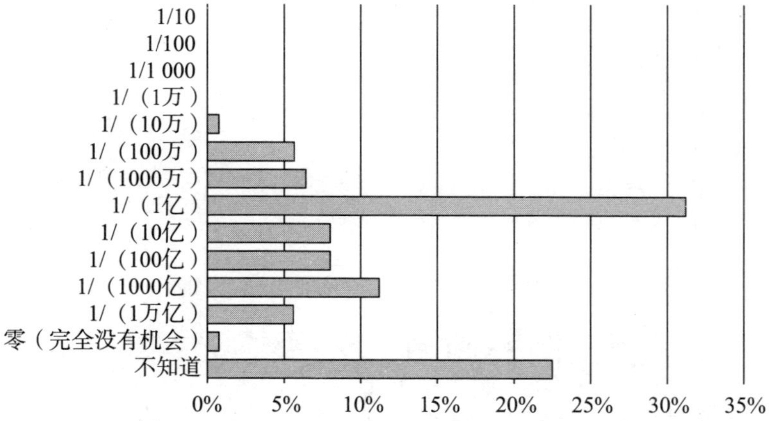

图 14-1　大多数人对赢得强力球彩票大奖的概率摸不着头脑

彩票玩家跟普通民众对彩票赔率的估计或许有所不同。但 1999 年盖洛普公司的民意调查发现，有 57% 的美国人在此前的 12 个月里买过彩票。故此“大乐透玩家”和“普通人”之间其实没有什么区别。

金融知识落差

如果说有哪一类的专业知识跟收入水平相关，你大概会猜测是个人理财知识，你猜对了。我列了一份清单，包含了涉及复利、通胀和税收等内容的 6 个问题，它们都关系到普通职员和银行储户的切身利益。在特定年龄或教育水平的人群中，答对最多问题的人收入就最高，储蓄也最多。

基于测试分数的结果，受过 4 年大学教育的 35 岁人群，其家庭年收入存在 1.8 万美元幅度的上下波动。虽然这样的收入差异比我们之前在体育知识或常识性知识测试中看到的要小，但也足够给人留下深刻印象了（见图 14-2）。

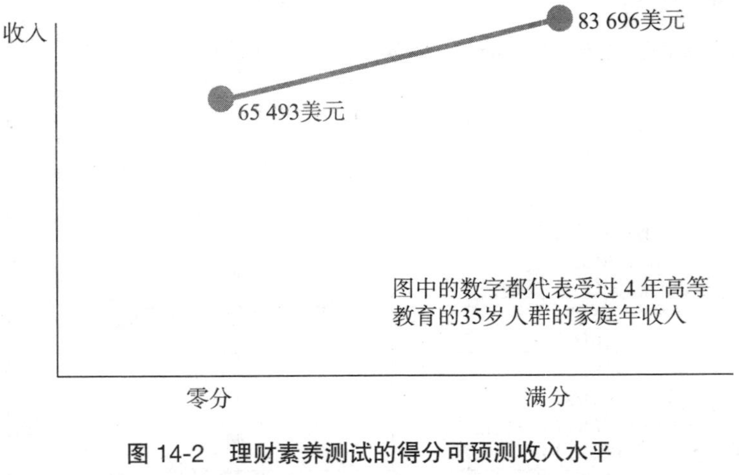

图 14-2　理财素养测试的得分可预测收入水平

如果金钱不是一种实现幸福的手段，那它又是什么呢？理财素养与人的幸福感息息相关。得分最高者自我评价的幸福感（4 分制）比得分最低者高 24%。

理财素养带来财富，还是财富提高了理财素养？富裕的人有充分的理由去搞清楚抵押贷款、税收额度和 401K 养老金储蓄计划等看似乏味的财务问题。从这个意义上说，是财富提高了个人的理财素养。

对财务金融的领悟力不仅仅针对富人，工薪族对通货膨胀特别关注，因为他们的工资如果跟不上飞涨的物价，就没法靠固定收入安度退休生活。当他们去市场购物，或是给汽车加油时，都会面对这个问题。我的调查问题是这样的：

依靠固定收入生活的人，以下哪种情况更好？

A. 3% 的通货膨胀率更好。

B. 7% 的通货膨胀率更好。

C. 通货膨胀率高低无所谓。

这道有关通货膨胀的问题已经简单得不能再简单了。有 75% 的人给出了正确答案：A。但愿答错的那些人能找个比较懂门道的人为他们理财。

2007 ~ 2009 年的金融次贷危机使左右两派互相指责。保守派认为，购房者申领根本无力偿还的贷款是不负责任的行为。自由派则认为，金融贷款机构一味宣传唾手可得的抵押贷款就是居心不良。可人们有时容易忽视的问题是：许多贷款买房的人根本不具备做出正确决定所需的金融知识。2010 年，亚特兰大联邦储备银行的一项研究表明，蹩脚的计算能力与现实生活中无力偿还抵押贷款的现象是挂钩的。在有关财务的数学问题上表现越差劲的贷款人，就越不会按时还款，也就越容易贷款违约而被取消赎买权。无论收入、种族和其他人口因素如何变化，情况都是如此。

亚特兰大联邦储备银行的问题比我问的问题还简单。比如下面这个例子：

> 一家商店以半价促销店内所有商品。促销活动前，一款沙发的价格是 300 美元，那么促销活动中同款沙发应该卖多少钱？

毫不奇怪，答错这道题的人很难理解期末整付（balloon payment）和负值摊还（negative amortization）这类财务概念的细枝末节。从这个角度来看，诸如“不负责任”和“居心不良”等道德判断可能找错了靶子。没有基本的数学能力，财务责任就是空话。

奥利维亚·米切尔（Olivia Mitchell）和安娜玛利亚·卢萨迪（Annamaria Lusardi）分别来自沃顿商学院及乔治·华盛顿大学商学院，她们一直在研究理财素养与财富多寡之间的联系。她们估计，全美有 1/3 的财富不平等问题可归结为“金融知识的落差”。金融知识比较丰富的人比知识少的人更懂得合理地储蓄和投资。

人生的棉花糖实验

我有一道测试题可以预测收入、财富和幸福。

> 假设你把 1 000 美元放在免税账户里，这笔投资每年有 7% 的回报率。需要多少年才能使原始投资翻一番？
>
> A. 0 至 5 年
>
> B. 5 至 15 年
>
> C. 15 到 45 年
>
> D. 45 年以上

这看起来像是一道数学题，其实不是。你既不需要知道怎样计算，也不需要知道所谓的“72 法则”。这不是一道代数题，而是考验你对复利的直观理解。具有这种金融知识的人知道，按照现实的投资回报率，把钱翻一番大概要花 10 年时间。这意味正确答案必然是 B。

“宇宙中最强大的力量是复利。”互联网格言警句大全有时会把这句话放到阿尔伯特·爱因斯坦头上，还有些人说是比尔·盖茨讲的。我不知道他们两人说没说过这样的话，但这话确实很有道理。人类努力的成果是按算术法则累积的：1，2，3，4，5，6……过了一天，多了一块钱。债务和投资与此不同，它们的累积遵循几何法则：1，2，4，8，16，32……这意味着，复利胜过纯粹的体力。财富总流向那些能让复利为己所用的人。

按照经济学家托马斯·皮凯蒂（Thomas Piketty）的分析，复利是收入不平等的基础。富人因为投资会更加富裕，普通人的工资涨幅根本赶不上复利。“复利的力量”是现实世界几乎所有财务建议的潜在公理。在当今疯狂信贷的社会里，资本不足的人一拿到薪水就会花个精光，他们为买车接受疯狂的贷款利息，彻底透支信用卡额度，艰难地偿还学生贷款，还要按揭昂贵的抵押房贷。复利让穷人变得更穷。这就是为什么财务规划师会建议，你要尽早开始储蓄。从 21 岁就开始存钱的工人，靠投资回报赚到的钱可能比自己一辈子的总工资还高。复利是所有可观财富的基础。成功的企业家并不比其他人努力 1 万倍。相反，他们找到了一种指数型发展业务的方法，只需要短短几年就足够了。

在我的样本中，有 59% 的人答对了复利问题。这比能在地图上找到委内瑞拉的人更多，和能从照片里认出坎耶·韦斯特的人差不多。但正确回答复利问题的人跟答错的人之间存在惊人的差距。答对的受访样本个人年收入比答错的人多 3.2 万美元，储蓄额比后者多 2 倍，自我评价的幸福感要高 15%。

一些研究暗示，经济安全感解释了金钱与幸福之间的相关性。高收入本身不能带来安全感，月光族会担心失去一切，有些节俭的教师和警察有一笔储蓄作为风险缓冲，使自己在一个不确定的世界里获得安全保障。财务行为也能反映和幸福感有关的性格习惯。能控制支出并设法存钱的人，更有可能做出明智的财务决策。

你也许听说过心理学家沃尔特·米歇尔（Walter Mischel）著名的“棉花糖实验”。米歇尔给一群4～6岁的孩子一个“恶毒的”选择：每个孩子都会获得一块棉花糖，他们可以立即吃掉，也可以忍耐15分钟再吃，届时就可以再得到一块棉花糖作为奖励。而且，在这折磨人的15分钟里，第一块棉花糖就在孩子们的视线中，触手可及。

一些孩子马上把棉花糖塞进嘴里，另一些孩子则陷入了哈姆雷特般的纠结，进退两难。有的孩子玩起了“奥德修斯和棉花糖”游戏，蒙起眼睛转过身，背对着棉花糖，躲避甜美的诱惑。

米歇尔用秒表为孩子们计时，他们屈服于诱惑的平均时间是6分钟。

米歇尔的女儿就在棉花糖实验最初施行的学校上学。随着时间的流逝，米歇尔和女儿注意到，立即吃掉棉花糖的孩子和那些挡住诱惑的孩子之间出现了差别：后者往往在日后的生活里更成功。他们成绩更好，升入了更好的学校。他们似乎更快乐，没那么多烦恼。

没熬过15分钟就吃掉棉花糖的孩子，往往在学校和人际关系里表现不佳，会更多遇到跟酒精和毒品相关的问题。

米歇尔和同事们开始对最初的棉花糖实验进行后续研究。他们发现，孩子延迟吃棉花糖的时间（几分钟或者几秒钟）跟日后生活成功的量化指标（如

SAT 分数）之间存在显著的相关性。越早吃糖的孩子，成年后患上肥胖病、边缘人格障碍、服食可卡因和离婚的比例更高。

人生就是接连不断的棉花糖实验。节食的人放弃吃糖带来的快感，不是为了几分钟后能吃两块糖这微不足道的回报，而是为了长久的健康、苗条和魅力。精打细算的人按捺下轻率的购物冲动，是为了存钱买新车，或是给孩子攒学费。关注健康的人忍受长期的剥夺感和不方便是为了未来几个月甚至几十年维持良好的身体状况。

没人说你总要延迟满足。在这方面，民间智慧讲得好：人只活一辈子；一鸟在手，胜过两鸟在林；今朝有酒今朝醉，明日愁来明日忧。关键是要能达成平衡。为什么有些人能更好地克制冲动进行长期规划，目前并没有明确的解释。但那些努力掌握了这类能力的人有更大可能学习、记住与自身相关的特定事实，并将之内化于心。知道金钱利滚利的速度有多快就属于这类事实。复利跟物理学中的光速概念一样，是金融宇宙的基石之一。这种事不仅富人必须了解，还能激励普通人减少债务、积极储蓄。

了解一件并非切身相关的事实就是一次棉花糖实验。要获得不确定且会延迟的回报，人就一定要自律。长于自律的人更有可能精通有关财务的长期规划。

无用的理财素养教育

个人理财是一种十分重要的实践智慧。在这个领域，不懂行的人没法靠搜索“正确答案”蒙混过关。虽然网上有大量优质的个人理财信息，但大多都淹没在虚假宣传的汪洋大海里。一个人在信用卡利息上破财，并不一定知道会带来什么后果——除非他在互联网上搜索破产律师。

学校的性教育虽然不够理想，但至少在尝试。可学校从没想过要教孩子理财知识。然而，和前几代人相比，今天人们要自己做出各种复杂的财务决定。“一个没受过财务金融教育的人有了信用卡、学生贷款和抵押贷款，就和没受过训练的人坐在方向盘后面一样，对自己对社会都很危险。”理财素养教育中心主任约翰·佩莱蒂（John Pelletier）写道。

金融次贷危机激发了民间的呼声，要求学校教授个人理财知识。同一场危机还使国库收紧银根，使立法者们不愿为新的施政提供资金。2013 年的一份报告发现，美国只有 7 个州要求高中生接受个人理财指导，并需参加考试。虽然一些学校自主展开了财务知识教育，但在这个看重指标的时代，老师们被迫按标准化考试授课，个人理财这种课程自然就会沦为牺牲品。

大学的情况也好不了多少。一份研究报告尖锐地指出：“大学生的理财知识往往是由离校谈话决定的……提醒学生偿还学生贷款。2011 年，大学毕业生平均背负了 2.66 万美元的学生贷款。”

我们需要在学校里教授理财知识，对吧？近来的一些研究给这个想法泼了冷水。

商学教授刘易斯·曼德尔（Lewis Mandell）和琳达·施密德·克莱因（Linda Schmid Klein）跟踪了一批美国中西部的高中生，他们选修了一个学期备受好评的个人理财课程。

事隔 1 ~ 4 年后对他们进行测试，学生们在财务问题上的表现并不比没修过该课程的人更好。

对读至此处的读者朋友们来说，这没什么好惊讶的。所有学生都学过地理、历史和英语课——可你看看大家的成绩如何呢？

曼德尔和克莱因让这些从前的高中生评估自己成年后的理财行为：是否开过空头支票？是否按时还信用卡？并用 5 分制给自己的节俭程度打分。不管高中时上没上过理财课，学生们的成绩在统计学上无法区分。

哈佛大学商学院的肖恩·科尔（Shawn Cole）和弗吉尼亚大学的高里·卡提尼·沙斯特里（Gauri Kartini Shastry）进行了一项聪明的研究，对 30 年的人口普查数据进行挖掘。在这一时期，美国有若干州设置了强制性的理财知识课程，两位学者对数百万参与者的理财知识状况开展了自然科学式的实验。人口普查的“长表格”每年定期向随机选择的一组家庭寄送，询问他们的投资收入状况（这一数据可以充当储蓄和有效投资决策的指标）。研究人员想知道，开展了理财素养教育的州跟没开展的州相比是否有更好的投资、收入表现。

他们没有发现相关性，高中财务课并未导致更明智的投资决策。科尔和沙斯特里没有提出极端的主张，说我们应该放弃在高中教授个人理财知识。但有一条信息很清楚：别指望出现奇迹。

对青少年来说，讨论信用卡、抵押贷款和 401K 退休金计划太遥远了，而且一想起来就觉得很麻烦。或许这带来了足够的想象空间：成年人学习相关知识有可能产生积极效果。金融机构往往要求那些有信贷问题、正在申请破产或申请反向抵押贷款的人接受财务咨询，认为这能帮助他们做出更好的决策。但除特殊情况外，极少有成年人主动接受个人理财教育。最需要接受此类教育的人，也是最不可能上网或通过其他方式寻找财务知识的人。

自由社会不可能对每一个成年人强制进行个人理财教育。这需要当事人主动学习，这也是一种有望带来回报的成人教育方式。

HEAD IN THE CLOUD 你唯一能赢的彩票

你买彩票赢了 1 万美元，决定将这笔钱用于投资。以下哪一项是最可靠的投资方式？

A. 用所有钱买一只股票。

B. 用所有的钱买两只股票。

C. 用所有的钱买一只对美国 500 强企业进行投资的指数基金。

在投资退休金储蓄账户时，你的存款会在何时课税？

A. 投资之前或退休之后取出时，但只课税一次。

B. 投资之前或退休之后取出时，但课税两次。

C. 每年 4 月 15 日或之前课税。

D. 等你年满 65 岁时课税。

普通工薪族最有可能赢取的“彩票”就是股市。让不课税的储蓄金在股市里待上几十年是财务保障的事实性要求。但股市充满风险，减少风险的主要方式是多样化投资。有 73% 的人给出了第一个问题的正确答案，C。这个问题跟储蓄密切相关。给出错误答案的人报告的家庭储蓄额平均为 5 万美元。回答正确的人报告的家庭储蓄额平均为 35.1 万美元，是前者的 7 倍。

第二个问题是个琐碎的纳税会计问题，没什么重要性可言。但有趣的是，它居然是幸福感的预测因素。有 61% 的人选择了 A，按美国现行税法，这个回答是正确的。除非自己开了养老金储蓄账户，否则没有人会经常关心这件事。而这似乎是储蓄额与幸福感相关的另外一个例子。给出正确答案的人比回答错误的人每年多挣 2 万美元（个人收入），自我评价（按 4 分制打分）的幸福感也要高 13%。

HEAD IN THE CLOUD

Why Knowing Things Still Matters When Facts Are So Easy to Look Up

15

“一知半解”，才能“举一反三”

现在，是时候站起来做个深呼吸了。我们是否了解知识的实际价值？收入水平和理财知识之间存在相关性可以理解，但我分享的其他一些调查结果看起来似乎随意无序、令人费解。我发现，收入水平和常识性知识的测验成绩存在很强的相关性。收入水平与专业知识，包括体育运动知识和正确拼读词语也存在相关性。我在本书第一部分提到的2个主题也是收入水平的预测因素：地图测试和说出民意代表的名字。但与科学、历史、名人和语法相关的测试结果和个人收入水平的关系却模糊不清。

我们通常认为，知识是有高低层级级别的，记住地图或体育术语，在这样的分层里大概是垫底的。我们从小就听说，文史知识是受过良好教育、有份好工作的标志；科技和数学专业收入颇丰。在许多方面，我们的社会奖励的是专家，而非通才。

然而，虽然所有测试的知识领域都跟受教育年限有关系，但最挑战常识的发现却是：常识性事实知识预测收入水平的效果远远超过受教育程度。

要解释这一点有很多方法。一种可能是调查结果反映了教育质量的高下之别。拥有斯坦福大学的学位跟从普通学校毕业很不一样。我们知道，名校毕业生往往能赚更多钱。如果名校毕业生掌握更多知识，这就可以解释知识多寡与收入水平之间的相关性——哪怕名校毕业生与非名校毕业生的受教育年限一样。请注意，名校毕业生收入更高有可能是因为这所学校得到市场的公认，学生在大学里建立起有效的社会关系，或者学生本就来自有钱、有人脉的家庭，而家庭又从一开始就为他入读斯坦福大学创造了便利条件。

另一种可能性是收入水平与事实性知识相关，反映了学生知识素养的不同。有些学生认认真真地学习，另一些学生却敷衍了事。调查结果有可能反映了参与者在校园内外的学习投入程度。如果是这样的话，结果显然说明认真学习、掌握知识能带来回报。

终身学习的态度有可能是一个重要因素。实际上，数据挖掘提出的一个问题就是：在同等教育程度下，高收入人群比低收入人群多了解哪些知识？答案也许是：功夫在课本之外。个人理财和体育术语并非学校重视的教育内容。学校教育也不会帮一个成年人说出民意代表的名字，或者从地图上找出新近独立的国家。

地图测试不仅检验教科书里的地理知识，还检验参与者对当前事件的了解程度。大多数美国人都可以找到得克萨斯州、俄罗斯和澳大利亚。调查结果的差异主要体现在新兴国家，以及地理课上没怎么强调的模糊地区。新闻广播、信息图表、历史书籍、应用程序和航空公司广告里都附带地图。地图测试是衡量人们关注度的一把量尺：诗人约翰·查尔迪（John Ciardi）说过，“我们把关注度投向何方，我们就会成为什么样的人”。

“关注”这两个字或许是对提升收入水平相关性的良好描述。它是一套难易适中的常识性知识问卷最能准确衡量的东西。常识性知识测试得分低的人恐怕对外面的世界不太关注，而得高分的人会从同一个世界里大量吸收信息，从而获得广博的背景知识，哪怕这些知识有些肤浅。

反过来说，一套测试拼写能力的问卷所蕴含的信息就没这么丰富了。知道怎么拼写“prerogative”（特权）跟知道怎样拼写“consensus”（共识）或“supersede”（取代）有显著的相关性。知道怎么拼写那些常被拼错的词的人基本上是同一群人。当然，有许多聪明人不太在意拼写问题。因此，针对拼写等主题设计的问卷，在预测收入水平方面不太有统计学意义。

简单的问题似乎比难题更有效度。我制作了一幅散点图，揭示常识性知识测试和专业知识测试的结果。每个黑点代表一轮调查。横轴显示问卷的难易程度，按答对问题的平均百分比来衡量。纵轴显示得分最高者相较于得分最低者的收入优势。一如往常，我们以 35 岁、受过 4 年高等教育为前提条件，考察答对了所有问题和答错了所有问题的人之间的预期收入差距（见图 15-1）。

例如，有一轮地图测试包含了相当容易辨识的国家，如俄罗斯、日本、土耳其，平均得分是 76%。这项测验的成绩能很好地预测收入水平，得分高者报告的家庭年收入比得分低者多 7.1 万美元。

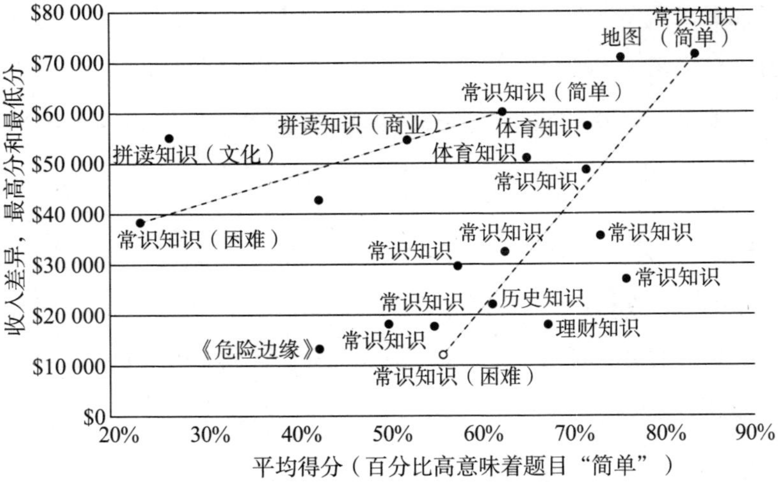

图 15-1 “简单”的事实能更好地预测收入

在图 15-1 的下半部分，中心偏左的地方，测试的题目来自电视节目《危险边缘》，有 10 道题，难度很大。平均得分仅为 43%，相关的收入差距也较小：每年 1.3 万美元。

难易程度与收入差距之间的联系肯定充满了“噪音”，但点云的趋势大致上是从左下方朝右上方正向分布的，这表示题目越容易，与收入水平的相关性就越强。

为了检验这个假想，我发出了一些相关的测试题。随机组中的每个人都要就相同的主题回答难易程度有别的各一套题。这种方法消除了大多数变量，因为样本中的收入、教育及其他人口统计因素都保持不变。唯一的变量就是问题的难易程度。

图 15-1 中虚线连接起来的调查有相同的受试者，两条线都向上倾斜。对这两组随机受试者来说，简单的测试题跟更大的收入差距有密切的关系。

图 15-1 下方中央部分的难题测试显示为空心点，因为它没有统计学意义。两套简单的测试题和另一套较难的测试题都具有高度的相关性。

对益智类问答节目来说，回答难题比回答简单题更有价值，但现实生活似乎有所不同。普通人知识范围越广越有竞争优势，但超出限度，收益就开始递减。

另一个假想是，不知道广为人知的事实会带来收入损失。大学毕业生如果不知道斯普特尼克号卫星、欧内斯特·海明威——两者都属于常识性知识调查里的简单题，说明他们没能从教育经历中汲取太多养分，没有达到大多数毕业生应具备的文化素养水平。

然而，了解与工作无关的冷门事实却不会带来太多奖励。我并不想挑战业界专家的存在价值，每一位从业者都必须是专家型的。但我的调查无意对专业知识进行测量，也无法对其进行检验。相反，我调查的目的是衡量最广义上的人文教育的价值。

知识和收入之间的相关性提出了何为因果的问题。知识水平是否有可能提高心智能力？研究人员将这个问题跟国际象棋比赛联系起来做了考察。

几年以来，著名导演斯坦利·库布里克（Stanley Kubrick）都在纽约市的公园里摆棋摊赚钱谋生。他每天下棋 12 个小时，每星期收入大约 20 美元。库布里克日后解释说，象棋是一种隐喻。它是一连串步骤，每次走一步，你都要在资源与问题之间寻找平衡。对下象棋的人而言，这意味着寻找时机；对拍电影的人而言，这意味着寻找时机和资金。坐在棋盘边，你的心突然之间狂跳起来。你颤抖着手拿起一枚棋子，挪了一步。但象棋教会了你要镇定地待在原地，思考这一步是不是足够好，还有没有其他更好的主意。

库布里克好几部电影里都出现了象棋。在《2001：太空漫游》中，一名宇航员和人形电脑哈尔下了一盘棋，这盘棋谱节选自1910年奥图·罗切（Otto Roesch）和威利·施拉格（Willi Schlag）在汉堡进行的一场对弈。宇航员认输了，哈尔接话说："谢谢你，这真是一局美妙的对弈。"

国际象棋在人工智能史上扮演过重要角色。自计算机时代拉开序幕，它就变成了人类专长的模型。国际象棋是一种有简单规则的困难游戏。规则很容易编码，专业知识却不然。知道规则不会让人类成为优秀的棋手；知道象棋的历史和逸事，记住几盘名人对弈也不会使人类更胜一筹。优秀的棋手到底知道哪些蹩脚棋手不知道的事情呢？下国际象棋是靠天生的才华，还是能通过长期练习获得的技能？自从这种游戏诞生，棋手、心理学家、计算机科学家就为这些问题着迷。

荷兰国际象棋大师阿德里安·德格鲁特（Adriaan de Groot）同时也是一位心理学家。他请国际象棋高手和新手记录下自己的思考过程，却惊讶地发现两者没有太明显的差别。你或许以为，国际象棋高手可能会比初学者看更多的步数，评估更多的潜在可能性。可他们并没有。相反，高手有更好的直觉。他们花费更多时间分析有希望的步法，对糟糕的步法不怎么花时间分析。初学者做的正与此相反。卓越棋手的思路有更高效的代码，而非更快速的处理器。

德格鲁特以一项精妙的实验闻名于世。他让棋手看5秒钟源自真实对弈的国际象棋布局，然后要棋手按记忆重现布局。

国际象棋高手极为精通此道。他们几乎100%地重现了每一枚棋子的确切走位。差劲的棋手就没指望了，他们的准确度往往在20%以下。

接下来，德格鲁特对实验做了一处明显的调整。他让棋手们观看随机摆放的棋盘布局——棋子是随意摆放的，很可能没出现在以往的对弈中。这一回，国际象棋大师表现得并不比新手好。所有人都很难记住一半的棋子走位。

卓越的棋手更擅长记住真实的棋盘布局。他们靠的是辨认自己从前看过的招数和策略。人工智能先驱赫伯特 · 西蒙（Herbert A. Simon）重复了德格鲁特的实验，认为卓越的棋手把棋盘的布局分割成“块”以便于记忆。

这一策略并不局限于国际象棋领域。鸟类观测新手只看到一蓬蓬模糊的颜色和羽毛，他们无法对观察到的鸟类分类，也不知道哪些特点可资判断，哪些特点无关紧要。为向人请教实地观测的结果，新手们挣扎着想把这只鸟的一切都记下来——然而这根本无法完成。高手们马上就能认出一只未成年的雌性灌丛鸦——他只需要记住分类就行。大体上，这种分析方法适用于审慎思考和大胆想象兼具的一切工作——经营公司或者跑马拉松，设计软件或主持婚礼，安抚受惊的孩子或做一场 TED 讲演。通过识别熟悉的模式，我们理解了一个复杂的整体。

这并不是说记住棋盘布局是国际象棋高手唯一出彩的地方。那是一种必要但非充分的能力。和库布里克说的一样，国际象棋是一种有关机会成本的游戏。仅仅知道一招好棋是不够的。高手必须随时发问，还有没有更好的步法？批判性思维至关重要，但奠定基础的是记忆力：要是棋手总不停地回看棋盘，回忆棋子原来的位置，就会严重妨碍对各种选项的权衡。

我们自然想问：从长期练习中获得的分类能力，是知识、技术还是天赋。也许最恰当的答案是：这个问题本身就问错了。知识、技术和天赋是我们为描述理解得不太透彻的心智过程而编出来的标签，说不定它们跟认知基础的真相没太大关系。

作为逻辑力的象征，国际象棋常常遭到人们的讽刺。既然国际象棋是人类操控的，棋手就不可避免地要运用直觉和潜意识。卓越的棋手掌握了在对弈过程中识别棋盘布局的能力。逻辑似乎与此无关，它更像是从人群中认出熟悉的面孔。没有人天生就知道国际象棋的玩法。国际象棋大师们通过学习许多“事实”，将这些事实整体拼合起来，最终获得某种直觉。学习事实是我们建立直觉的一种方式，事实也是所谓技术和天赋的基础。

20 世纪 50 年代初，离异单亲妈妈贝蒂·奈史密斯·格拉厄姆在得克萨斯州信托银行担任秘书。银行刚刚为办公室配备了 IBM 公司的 Selectric 电动打字机。这款打字机有一个很大的缺陷，使用的碳膜色带打出的字无法擦除。如果打错了一个字母，打字员就得重新输入整页纸的内容。

老板们（大都是男性）一点也不在乎上述缺陷。因为女性劳动力太廉价了，打字员格拉厄姆不得不通过为银行窗户画圣诞装饰画来补贴收入。绘画让格拉厄姆想到从前学到的一件事：画家画错了会直接在画布上涂改，而不是擦掉重画。

想到这里，格拉厄姆仿佛醍醐灌顶。她意识到自己可以在输入错误的地方喷涂液体遮盖，而不是直接擦掉错误。她用厨房搅拌机混合出白色的蛋彩涂料装进小瓶。每当她打错一个字母，就用小刷子把涂料刷上去，过几秒等它干了，再重新输入文字。后来，这项发明就以“修正液”的名字上市推广，成为最畅销的一种办公用品。1979 年，格拉厄姆以 4 750 万美元的价格把自己的公司卖给了吉列公司。

1931 年，爱因斯坦曾写道，“想象力比知识更重要”，然而后者的的确确是前者的基础。我们所说的想象力通常指的是在两项事实之间建立联系。比如上面的例子，在画家的解决方案跟打字员的问题之间建立联系。爱因斯坦对数学的一个没有实用价值的分支学科感兴趣：即波恩哈德·黎曼

（Bernhard Riemann）的非欧几何。物理学家并不研究黎曼几何，因为后者的工作跟物理学没有关系。但爱因斯坦最了不起的觉醒瞬间就在于意识到黎曼几何可以成为一种全新重力理论的科学基础，即物质会扭曲空间和时间。

在类似这样的情况下，知识和想象力相得益彰。整整一代物理学家都在研究一种新的重力理论，也有一小群数学家了解黎曼的工作。但只有爱因斯坦，找到了两者的交叉点。

这一现象还有很多例子。查尔斯·达尔文和阿尔弗雷德·拉塞尔·华莱士（Alfred Russel Wallace）都对物种起源感兴趣。两人都曾读过一本论述贫困起源的专著——马尔萨斯的《人口论》。他们都构建出类似的相关性，提出了各自的自然选择理论。

阿隆·科普兰（Aaron Copland）深谙美国乡村音乐，也知道勋伯格的十二音系统。毕加索是第一批受过古典绘画训练同时又研究非洲雕塑的欧洲画家之一。马克·扎克伯格（Mark Zuckerberg）知道怎样编写代码，还了解有很多哈佛大学的学生正在使用打印的信息黄页“脸书”。

我们都要面对生活和事业中的问题。“不相关”的知识可以成为各种大大小小的类比、灵感和解决方案的来源。

学习不仅改变了思考习惯，还改变了大脑的解剖结构。据推测，伦敦出租车司机比其他任何行业的从业者学到的零散的事实都多。正是由于这个原因，这个职业进入了神经科学家的视线。经过研究，神经科学家发现，在针对“基本知识测试”——伦敦出租车司机的从业资格考试——进行的学习过程中，学员大脑创造长期记忆的主要区域持续扩大，而且在日后仍然比其他行业从业者的记忆区更大。

2015 年，《自然 · 神经科学》上刊登的一篇研究报告发现，受过良好教育的富裕家庭的孩子，比受教育程度低、较贫穷的家庭的孩子有更大的脑皮层面积。尤其是跟语言、阅读和决策相关的大脑区域皮层面积的差异特别显著。这项研究并没有直接考察原因，但解释起来也并不困难。“金钱可以买到更好的教育，也可以在远离高速公路的地方买到房子。”首席研究员伊丽莎白 · 索厄尔（Elizabeth Sowell）说，“金钱可以买到吉他课，以及课后的辅导。”学习吉他能带来更好用的大脑和其他优势，哪怕孩子们日后无意成为职业的吉他手。

广泛的事实性知识与收入水平之间的联系还有一种可能的解释：学习提高的认知能力，在几乎所有任务中都可以用到。学习使大脑的功能更优越，优越的大脑功能会带来更高的收入。

没有人会说，有了拼车软件和电动滑板，步行就过时了。无论是否从 A 点前往 B 点，人体都需要运动。我们的大脑需要学习的过程，才能以最佳性能运转。事实可以从别的地方检索，这并不会改变上面的结论。

Head in the Cloud

| 第三部分 |

在无知的世界，如何成为赢家？

HEAD IN THE

CLOUD

Why Knowing Things Still Matters When Facts Are So Easy to Look Up

16

不要人为地制造求知的障碍

我们生活在一个达克效应主宰的世界里。公众对自己的无知状况不知情这已经是铁一般的事实，设计师、营销人员和沟通者必须把它考虑在内。以汉堡图标为例：它由三部分叠加而成，就如麦当劳“巨无霸”的组合示意图。汉堡是一种用来点出菜单或导航栏的图标，这是早期智能手机屏幕太小时设计师想出来的表现方式，但如今，它无处不在，甚至移到了台式电脑的屏幕上。这是全球通用的标准——只可惜，在很多人眼里，汉堡只是一块“神秘的肉”，网页设计师埃里克·莫布利（Eric W. Mobley）如是说。新手用户甚至认不出汉堡这个图标。它含义不明的经典对称性让人摸不着头脑。

汉堡图标属于一套不断发展、充斥在现实世界和虚拟世界的视觉语言，它根植于 20 世纪设计学派的乌托邦主义。在即将到来的侧重视觉的多元文化世界中，干净简约的现代图形将取代文字。

为了说明这种时代精神，美国平面设计协会和美国交通部 1974 年发布了一套为机场和火车站设计的图标，包括人们熟悉的“禁止吸烟”符号，以及有着完美圆形头部的非写实男女洗手间图标。只要你理解借代的概念，比如“衣架”是指衣帽间，“马提尼”不是一杯酒而是指酒吧，这些图标就都一目了然。

在上述图标发布的同一时期，施乐帕克研究中心的工程师开发了第一套计算机界面，只需点击图标选择，不必采用输入命令的方式。当时的人体工学研究表示，用户对图片的认同感比对文字更好，施乐帕克研究中心的工程师们受了这一观念的影响。

如今是小屏当道的世界，没有太多空间留给精致细腻的图标来发挥，软件设计师倾向于采用简单，有时甚至含义模糊的图标。这一理念假设用户会尝试学习图标是怎样运作的。

在一项调查中，我复制了几个标准图标，想看看有多少人知道它们指的是什么。我想过汉堡图标会难倒一些人，也确实如此。但我没想到的是，人们对机场图标的认知度如此之低（见图 16-1）。

只有区区 5% 的人可以正确地认出“出口”的符号，不到 4% 的人能认出圆圈里的美元符号是“收银台”的标志。图标的其他选项是“自动柜员机”“银行”“货币兑换处”和“奢侈品”。最受欢迎的猜测是“货币兑换处”（35% 的人选择）。

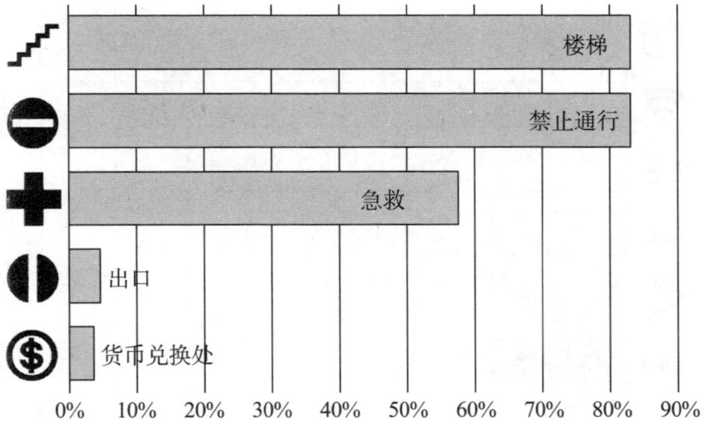

图 16-1　有多少人能够认出这些机场图标

我的样本也未能认出网页设计师认为所有人都该理解的图标。有 25% 的受访者不认识无线网络信号“Wi-Fi”符号，认出汉堡图标的还不到一半。尽管我样本中的每个人都是计算机互联网用户。跟美国人的平均水平相比，他们应该是更精通数码知识的。

“搜索”的放大镜图标也得分很低，识别度只有 52%。一方面是因为这是一个来自文学典故的图标，即柯南道尔笔下的福尔摩斯。尽管有众多的电影和电视剧衍生作品而且最近还在播放，但许多智能手机用户恐怕对这个角色都不怎么熟悉。另一个方面，是因为图形程序里放大镜图标也用来指代“放大”和“缩小”，这种歧义是很大的影响因素，因为“放大”是第二受欢迎的选项（36%）。

识别度最低的图标是省略号，只有 25% 的人能够选择正确的含义。在实践中，省略号经常跟汉堡互换使用。至少，汉堡看起来还像是菜单项列表一类的东西。省略号指的是标点符号，这可不见得是数码一代的特长（见图 16-2）。

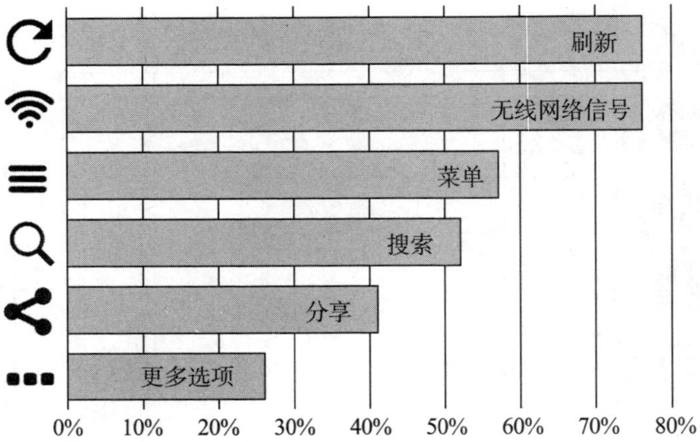

图 16-2　有多少人能够认出这些移动设备图标

图标是方便用户的工具。如果人们不理解它们，那该得差评的是设计师而非用户。设计师需要知道用户的认知范围，在自己的设计中考虑到这一因素。和现实世界设计图标的人相比，应用程序开发商有更多的补救措施。应用程序能够判断用户是新手还是老手，也可以知道用户的年龄层。我的调查显示，正如预料的那样，年轻人比年长的人认出三个点图标的可能性要大。针对有需求的用户，应用程序可以在图标上加上文字，等用户获得经验之后再移除文字。

解读标签：自以为是的“懂”

食品和药品公司也应该注意到公众的无知状况。2006 年《内科学年鉴》上的一项研究请成年患者描述怎样根据标签服用 5 种常见处方药。严重的错误频频出现，而且都属于“达克”式：误解标签的人以为自己完全搞懂了。

错误主要可归结成两方面：搞砸了简单的数学计算，弄混了简单的计量单位。

就算在那些能够一字一句背诵标签说明“每日口服两次，每次两片”的人当中，也有 1/3 的人没能算出每天应该服用的药物片数为 4 片。

我的调查测试了公众对标签的认知，包括冰激凌的营养成分表（见图 16-3）。大多数人都知道“g”是指“克”，“饱和脂肪”是不好的东西。但许多人很难运用标签信息。如果解决问题需要数学知识或逻辑推理，分数就会直线下降。

建议食用量	1/2杯
每份所含数量单位	4
每个数量单位所含热量	250cal
每个数量单位所含脂肪	120g
	每日影响摄入量百分比（DV）*
总脂肪：13g	20%
饱和脂肪：9g	40%
胆固醇：28mg	12%
钠：55mg	2%
总碳水化合物含量：30g	12%
膳食纤维：2g	
糖：23g	
蛋白质：4g	8%

图 16-3　冰激凌的营养成分表

* 每日影响摄入量百分比（DV）是以 2 000 卡路里摄入量为基础的。按身体需求，你的每日摄入量可能高于或低于此数。

营养成分表上最重要的数字是每盒食品的物质含量。美国最畅销的冰激凌品牌 Ben & Jerry 冰激凌是一品脱一盒，哈根达斯本来也是这样标注，但到 2009 年突然缩水为 14 盎司一盒。对太多人来说，这就是一份的量。可营养成分表上说，半杯是 1 份，一盒是 4 份。

考虑到把一整盒冰激凌都吃下去的诱惑力如此之大，美国正在探索未来的食品标签法规，但他们总是说得多做得少。哈根达斯缩小了一盒冰激凌的容量，也许造福了许多顾客。

关于冰激凌的营养成分表，我的调查问题之一是："如果你吃掉一整盒冰激凌，摄入的卡路里一共是多少？"有16%的人答错了，而且大多数错误答案都错得离谱。另一个问题是："假设你正在实施低碳水化合物饮食，每天只摄入15克碳水化合物的零食，那这种冰激凌你能吃多少？"1/3的受访者给了错误答案。"假设你对青霉素、乳胶手套、花生和蜜蜂叮咬过敏，那吃这种冰激凌安全吗？"答案是"不安全"，因为标签里列出了花生油成分，有11%的人答错了。

我用一种含有常见警告"避免酒精"的药物标签询问受访者。这一简洁说明的意思是，"服用此药品期间不得饮用任何含酒精的饮料"。但有11%的人认为"避免酒精"是留有余地的。他们错误地将其解释为"只要你不开车，不操作机器，喝上一两杯也没问题"，或者是"服用此药品不可过度饮酒"，甚至还有人承认自己不知道这份说明是什么意思。

不良反应清单是另一片混乱的雷区。我们都看过处方药广告——海滩上的幸福伴侣、孩子们和狗一起玩耍——但无声的字幕列出了一大串可怕的后果。药品说明书里也有类似的情况披露。

现实的情况是，药品说明书是一份法律文书，而非医学文书。美国法律以保护消费者的名义要求药品公司报告测试新药时出现的任何"暂时性相关症状"。这意味着，任何人服用药物不久后发生的任何事情都要上报。哪怕服用安慰剂而非药物的对照组里有数量相同甚至更多的人报告发生了相同的情况，不良反应也必须罗列出来。

因此，法律牺牲了相关性、因果关系和常识。这么做是有理由的。法律正确地意识到，测试新药涉及大量金钱的利害关系。医生和药物公司存在经济动机对不良反应轻描淡写，故此，揭示所有的潜在不良反应是朝向公开透明迈出的一步。

但透明度本身也存在不良反应。只有当普通人能够运用披露的情况做更好的决策时，披露才有价值。但很遗憾，面对难以估量的小概率可怕后果，人类的决策很不稳定。由于药物不良反应里列出了自杀倾向，有些人就不愿服用能帮助自己抵抗抑郁症的药。要做出任何知情情况下的决定，你都需要知道概率。自杀的概率是 1/10，还是 1/（1 亿）？是不是服用安慰剂的对照组自杀率更高，而服用药物的一组自杀率要低些？标签上并未提供这些信息。

药品说明书对反疫苗运动起到了推波助澜的作用。抗议者告诉家长，麻疹、流行性腮腺炎和风疹疫苗的说明书上都写着自闭倾向是可能引发的不良反应。可仅仅因为这样，并不能说明反对注射疫苗就有道理。推荐注射疫苗的年龄恰好跟自闭症最常确诊的年龄一致。因此，自闭症只是一个“偶发相关症状”，跟注射疫苗并无因果关系。标签上不曾写出来的是，麻疹每年仍然会导致约 14.5 万人死亡，几乎所有这些人都是发展中国家、未接种疫苗的儿童。

“如果 5 台机器 5 分钟能制作出 5 个小零件，100 台机器需要多长时间才能制作出 100 个小零件？”

这道脑筋急转弯题目来自当时在麻省理工学院做营销学教授的谢恩·弗雷德里克（Shane Frederick）在 2005 年出版的《认知反应测试》（*Cognitive Reflection Test*）。弗雷德里克发现，大多数人，包括来自著名高校的学生都会弄错这道题。从任何正常角度观察，这都不是一道难题。这个问题，以及弗雷德里克提出的其他问题，难点在于它们都怂恿人给出冲动性的答案。这个问题的平行措词让人的脑袋里情不自禁地弹出“100 分钟”的答案来。很多人一冲动就脱口而出，只可惜这是个错误答案。正确的答案是 5 分钟。一台机器需要 5 分钟制作出一个小零件。更多的机器意味着制作出更多的小零件——但还是只需要 5 分钟。

许多药品说明会给人带来类似的困惑。它告诉某人“每天服用 2 次，每次 2 片”，然后提问“你一天该服用多少片药”，人在冲动时会回答说“2 片”。这是调查中最常见的错误答案。

弗雷德里克的研究指出，别指望更高的教育程度能解决这类问题。麻省理工学院的学生接受了优质的教育，甚至还要上 2 个学期的微积分……可许多学生都把小零件那道题答错了。唯一现实的补救办法是，药品说明书应该避免给人造成认知困难的措辞。遵循几条简单的原则就可实现这一点。

- 尽量减少做算术题的必要，哪怕是最简单的算术题。只要有可能，一剂就应该是“一颗药丸”。
- 避免歧义。英国已经用“服用此药时切勿饮酒”替代了“避免酒精”的说法。这样患者就没有空间可以找理由了。

针对无知，“量体裁衣”

《健康经济学杂志》（*Journal of Health Economics*）上的一项研究发现，保险政策中的很多术语都超过了公众的理解水平。我说的不是保险文件里的完整法律术语（那玩意儿没人懂），而是一些最常见、最重要的术语，比如“免赔额”这一类的。

以乔治·洛温斯坦（George Loewenstein）为首的研究人员调查了公众对免赔额、共担额、共同保险和最高支出上限的认知情况。对免赔额的理解率是78%，对共担额的理解率是34%。

这4个词合在一起构成了一台针扎不进、水泼不进的精致机器。除非你了解所有这4个词，否则对自己看病接受治疗到底要花多少钱将毫无头绪。另一组调查问题对此做了进一步的探讨，它请参与者根据简化的保单条款，计算出接受某些常见治疗产生的自付费用。哪怕把医院的收费表和保险条款摆在面前，也只有40%的人能够正确地算出到急诊室就诊的费用。

消费者充其量能理解健康保险术语是一套保险公司为规避偿付所用的狡猾措辞。但是含混不清的措辞对个人做出健康决策毫无帮助。你必须理解医疗成本，才能判断是找急诊，还是送急救室；是该找保费覆盖的医生，还是找评价高却不在保费覆盖的医生。

达克效应也在这里发挥了作用。有93%的人说自己理解最高支出上限是什么意思，但只有55%的人正确地回答了相关问题，显然一些人是靠运气猜中的。

2008年，在线保险公司eHealth报告说，公众对于PPO（preferred provider oganization，优先供应商组织）和HSA（Health Saving Account, 健康储蓄账户）条款的健康护理条款的理解率更糟糕，前者是20%，后者仅为11%。EHealth的研究还发现，只有一半的公众知道自己的每月保费额是多少。

行话的另一个原因是打消顾客四处采购的念头。任何公司都不喜欢价格或服务竞争。错综复杂、环环相套的健康保险术语让普通消费者难以计算成本，无法判断这种保单是不是比另一种保单更优惠。这是美国政府建立保险交易《平价医疗法案》（*Affordable Care Act*）的动机之一。但复杂的行话仍然保留了下来，一涉及钱就含含糊糊语焉不详，消费者往往死守着原来选择的保险公司。

行为经济学家常说，买保险的人最常见的错误是选择太低的免赔额。顾客不喜欢免赔额，因为这指的是保险赔偿生效之前他们必须自掏腰包的部分。但他们的这种厌恶情绪到了不理性的极端程度。研究表明，为了将保单的免赔额减少 250 美元，竟然有人愿意支付 250 美元以上的额外保费。这就类似于购买延长保修期的费用超过了一台全新设备的价格。

不一定非要这么干。一家保险公司可以省掉狡猾的措辞，用相当高的保费承担邦迪创可贴和阿司匹林之外的一切医疗费用，即百分百报销。这不见得行不通，有些私人定制承保计划就是这么做的。

洛温斯坦的团队提出了另一种巧妙而简单的办法。围绕共担额设计一份保单。共担额（或共付费）指的是，不管免赔额是多少，消费者为每一种特定类型的问诊、手术或处方支付一笔固定的费用。在调查中，100% 的受访者说自己理解什么是共担额，实际上也只有 72% 的人是真的理解。

按目前的制度，共担额往往比较低，因为消费者还要支付共同保险，即一定比例的收费项目成本，如果没达到免赔额，很可能真的得自己承担全部费用。而在一套只有共担额的制度下，共担额必然会比现在更高。但消费者将明确地知道每样东西到底花了多少钱。例如，进一次急诊室的费用可能是 300 美元，而看普通医生的费用是 50 美元。那么，消费者自然就会对是否该去急诊室做出明智的决定了。

一些保险公司已经在着手大幅简化保单，洛温斯坦的研究就是由保险公司 Humana 赞助的。这些公司似乎终于明白了一件事：跟开展大规模教育活动比起来，针对消费者不完整的知识结构量体裁衣地设计产品更简单。

笨人的乐土

有关达克效应的绝好例子是烹调和家政管理的实践知识。我们所有人都对这些事一知半解，而真不知情的人，对自己到底有多无知是压根搞不清楚的。我询问一组受访样本，一枚鸡蛋要煮多久才能全熟。2/3 多的人都未能给出稍微靠谱的答案，即 9 ~ 13 分钟。

当然了，答案取决于你是把蛋放进冷水煮还是热水煮。但不管怎么煮，要在沸水里彻底煮熟一枚鸡蛋大约 11 分钟。有人用冷水煮鸡蛋，那么加上水烧开的时间，有可能会给出 20 分钟上下的答案。但 1/3 的受访者认为，自己可以在不到 6 分钟的时间里煮熟一个鸡蛋（见图 16-4）。

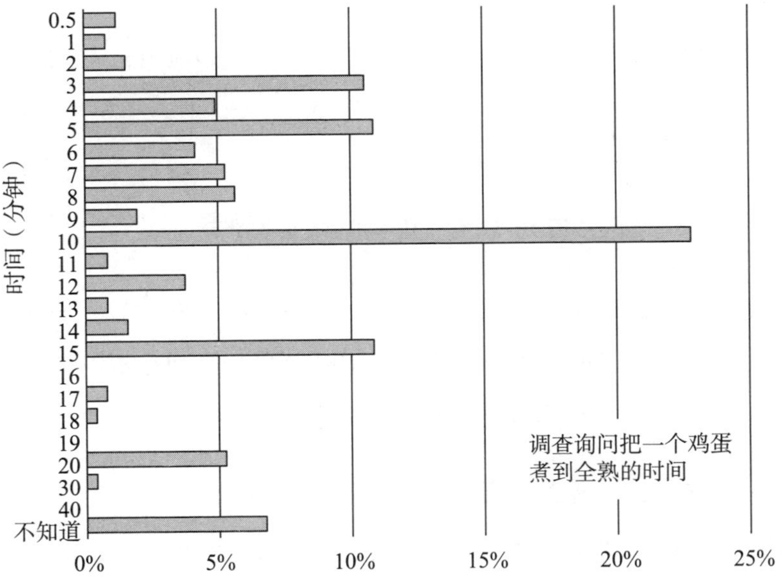

图 16-4　把一个鸡蛋煮到全熟要花多长时间

另一个问题是，把一块 1 英寸[①]厚的牛排两面都烤到五成熟要多久（见

① 1 英寸 = 2.54 厘米。——译者注

图 16-5）？ 5 分钟会是一个合理的答案，大多数人再次给出了不合理的答案。对牛排和鸡蛋来说，往短了估算时间的人比高估的人更多——这种心理期待会不会是微波炉带来的呢？

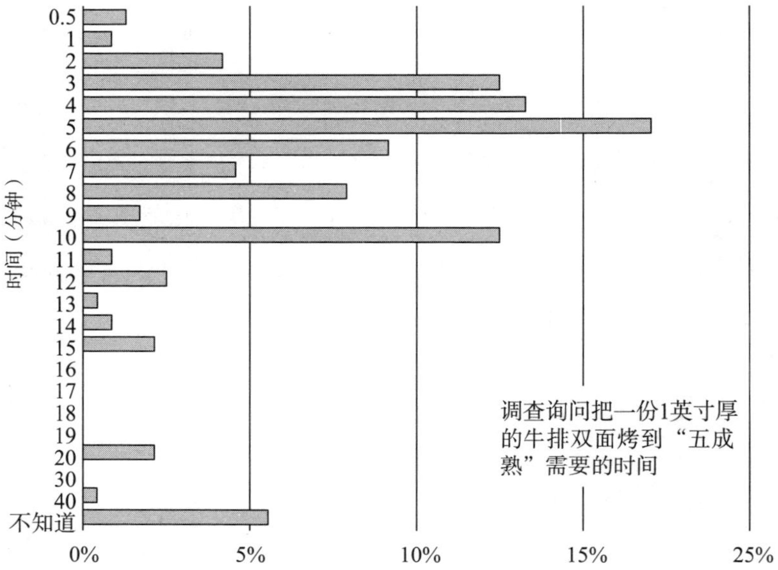

图 16-5　烤一份牛排要花多长时间

请说出面包中的成分。有 11 种选择，包括面粉、水和酵母——没有这些东西，做成面包类的食物难上加难。有 8% 的人认为自己不用面粉就能做面包，相同数量的人忘了酵母，还有 26% 的人排除了水。

人人都听说过“吃牡蛎要新鲜，月份名里有个 R”这说法吧。好像“月份名里没有 R”也很顺口呢？近一半的人说他们不知道，只有 30% 的人选择了正确的答案。一般而言，经验会让我们略过 5 ～ 8 月这 4 个最暖和的月份，此时贝类水产里会积累来自赤潮的毒素。

吃牡蛎的人群生活较富裕。知道和不知道这条规律的人之间，收入差距是 2.4 万美元。

我们听说，美国厨师绝不使用公制，因为他们搞不懂 1 克和 1 毫升的区别。猜猜怎么着？他们也不知道汤匙和茶匙的区别。

我在全美范围内取样询问，1 汤匙等于多少茶匙？只有不到一半（49%）的人给出了正确答案：3。

我又问 1 液盎司等于多少汤匙，只有 24% 的人回答正确——1 液盎司 = 2 汤匙，人们的回答从 1 到 16 都有。这一知识跟性别、年龄、教育或收入都没有相关性。

我们都认识些逐字逐句按菜谱做菜的“蹩脚”厨子。我不知道有多少烹饪失败可以追溯到测量勺匙的混乱上。

2×4 有多大？我问一组调查样本，这一熟悉的木材规格到底是 2 英寸 ×4 英寸，还是略小或略大呢？凡是做过手工的人都知道，它比标号规格要细些窄些，实际上是 1.5 英寸 ×3.5 英寸。

有 43% 的人把这个问题理解成了类似“格兰特将军的坟里埋着谁”式的脑筋急转弯。“他们说，2×4 就是 2×4 嘛。”只有 38% 的人表示“较小”，14% 表示“较大”。

受访者在有关室内轻便维修工具的问题上表现更好些。看到螺丝的图片，91% 的人可以确定所需的螺丝刀类型（十字头），68% 的人可以从图片中认出活动扳手。

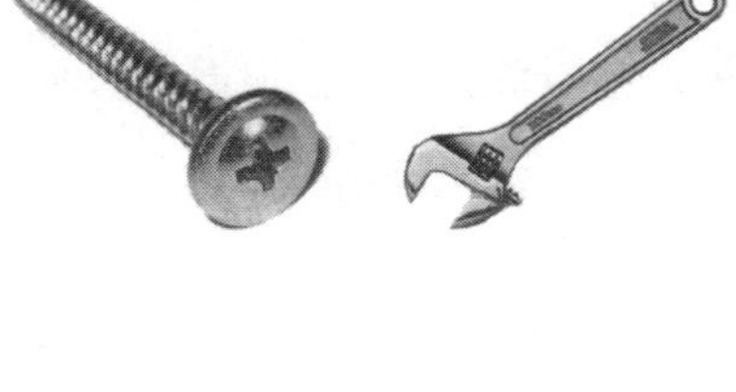

我问了两个关于汽车的问题。其一是，怎样启动一辆手动变速汽车。手动变速器正走向灭绝，仅占美国在售汽车量的大约 5%。所以，有 61% 的人正确地回答了这个问题——转动点火钥匙时踩下离合器踏板，颇叫人心生感动。

这道汽车题我本以为会更容易："你应该多久给汽车换一次机油？"这道题给出了多个选项，答案范围涵盖了从"每 500 英里[①]"到"每 20 万英里"。最受欢迎的答案是"每 3 000 英里"，有 38% 的人选择了它（见图 16-6）。

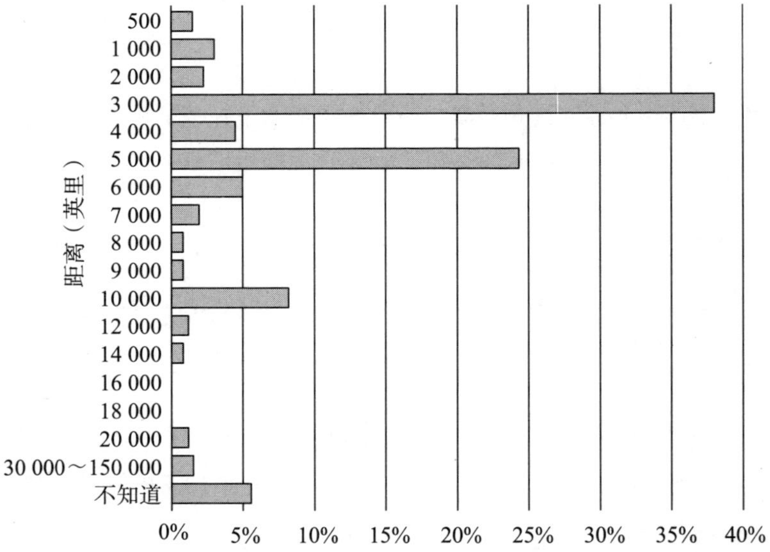

图 16-6　你多久给汽车换一次机油

在过去，机油每 3 000 英里换一次是条经验规律。每台计算机都需要两个软盘驱动器，这也是条经验规律。过去 30 年，机油和马达都有了进步，保养间隔大幅提升。大多数汽车制造商建议每隔 7 500 或 1 万英里更换机油一次。你也可以听从车载监控系统，它会根据你的使用情况计算更换机油的

① 1 英里 = 1.6 公里。——译者注

时限。美孚一号金装是一款极受欢迎的机油，它担保可行驶 1.5 万英里。

如果调查结果暗示了行为规律的话，那么消费者换机油的次数比所需次数多了 2 ~ 3 倍。这不仅意味着浪费了数 10 亿美元，还导致大量机油排入下水道，给水系和野生动物造成了不必要的负担。

无知不仅是自然发生的现象，有时它还是出于人为的。3 000 英里的信条是个有利可图的骗局，也是行内公开的秘密。看看路边随处可见的捷飞络（Jiffy Lube）和胜牌（Valvoline）汽修店吧。想想看，要是如今所有人都知道汽车开上 1 万英里而非 3 000 英里才更换机油那会怎么样。2/3 的汽修店都得关门。

行业出版物《国家石油与润滑油新闻》上充斥着劝说顾客频繁更换机油的建议。"很多人都知道机油什么时候该换，但对此事并不怎么关心。不妨借助这一点，靠车窗贴纸系统，让顾客短短几个月就回头来找你。"换句话说，就算极少数人知道现在的机油每隔 1 万英里才需要换，说不定他不记得上一回更换机油是在什么时候了。于是他们照着车窗贴纸或电子邮件的提醒换机油。

这份出版物最近为车窗贴纸提供了如下建议：

> 嘘……这是你的引擎在说话。请给我换机油吧。别等到灯亮了才换，现在就换。现在换机油，比以后买台新的发动机要便宜。你老婆说过，别忘了今天就换机油。
>
> 尿布和政客应该经常换，道理都一样。

前汽车服务顾问戴维·朗尼斯（David Langness）把 3 000 英里规律称为"经销商让你定期进入保养服务区的营销手段。除非你周末去参加短途赛车，要不然就没必要”。

了解机油变化的真相并不难，就在你的汽车说明书上。要不然，用谷歌搜索一下“我的车应该多久换一次机油”，你会发现大量优质信息，维基百科上甚至有这样一则条目，题为“3 000 英里的神话”——当然了，旁边就是宣传广告。关键在于，你根本不会去问这个问题，除非你知道自己不了解答案。在我的调查中，只有不到 6% 的人选择“不知道”，而承认自己不知道怎么煮鸡蛋、煎牛排的人，可比这多得多。

HEAD IN THE CLOUD 不智能的家

并非笑话：你知道怎样拧紧灯泡吗？在我的调查样本中，有 15% 的人不知道。问题问的是，把灯泡拧进空灯座，是朝哪个方向（正确答案是顺时针拧）。

HEAD IN THE CLOUD

Why Knowing Things Still Matters When Facts Are So Easy to Look Up

17

个人获取信息应该平衡理性

你一定听说过讽刺新闻网站《洋葱新闻》(*The Onion*)。《洋葱新闻》花钱请有才华的作家撰写虚假新闻故事，很多时候，这些假新闻精彩绝伦。你大概没听说过《每日醋栗报》(*The Daily Currant*)、《全球联合新闻》(*Global Associated News*)、《大众媒体》(*Mediamass*)，或是《国家报道》(*National Report*)，它们都是《洋葱新闻》的山寨货。业内叫法是“钓鱼网站”，它们有一套与众不同的商业模式。其内容基本上是读者生成的，并不怎么有趣。它们满足于不动声色的概念性恶作剧。因此，这些网站源源不断地生成不那么容易被识破的假“新闻”流。钓鱼网站的文章经常被贴到Facebook上，时不时有上万次转发，读者们转发不是因为它们有趣，而是信以为真。

“据报道，亚当·桑德勒（Adam Sandler，美国演员）今天早些时候发生滑板事故，不治身亡。”《全球联合新闻》有一则新闻如是说。如果是《洋葱日报》的话，它也许会巧妙地反转新闻行业的陈腔滥调，而《全球联合新闻》却只是用新闻笔调来打扮谎言。“事故发生时，桑德勒戴着头盔，似乎并无吸毒和饮酒的迹象。”新闻总结道。桑德勒死亡的假报道在Twitter上得到了4 766次转发，在Facebook上得到了7.7万个“赞”，这或许就是假新闻的预期目的吧。

《全球联合新闻》专门捏造名人死亡的假消息，《大众媒体》则是它残忍的小伙伴，最喜欢反驳一流明星的真正讣告，说它们是场骗局。

这些网站暴露出新闻准则的弱点：普通人不可能迅速判断出一个并非大有名气的人是不是刚刚去世。如果一则报道说，外星人在白宫草坪上着陆了，此时没有其他任何媒体做跟进报道，你知道这事不靠谱。如果有消息源说，一位20世纪90年代的喜剧明星刚刚去世，就算没有其他更大、更受信任的消息来源跟进，人们也很容易相信它是真的。

互联网“似乎使判断真相更困难而非更简单了”，纽约州立大学石溪分校新闻素养中心前主任迪恩·米勒（Dean Miller）说。这话听起来有点危言耸听。我们一直都知道，你不能认为你读到的每一个字都是真的。但米勒考虑到了受众的习惯。有了互联网，你可以轻松核实一条感觉不对劲的新闻，但倘若你根本不起疑心，那就压根不会去核实。这就需要一定的怀疑精神、背景知识和研究技巧。最缺乏这些能力的人最相信自己擅长辨别新闻的真假。他们就是些张贴假新闻链接诱使别人转载的人。达克效应如同病毒般传播。

互联网志存高远的宣传始终是：数字聚合软件将改善新闻的质量和相关性。我们不再受限于地方报纸或电视台狭隘的有色眼镜，可以放眼全国和全世界的精彩故事。然而，网络媒体有一个重大缺陷：缺乏上下文情境——可惜有时候上下文情境极为重要。当面对某人面无表情地讲笑话时，你却没能意识到自己就是他嘲笑的对象。这种时候，上下文情境真的是个关键。

那么，我们将走向何方呢？实验结果说，互联网会让我们健忘，让我们粗心大意，甚至信心过度膨胀。一些未来学家和思想领袖把研究成果转化成有些末日启示录色彩的场面。我采访过的心理学家对此态度稍微谨慎一些。有人常常要亨利·罗迪格三世（前文做忘记总统调查的那一位）评价数字设备改变了人类记忆和意识的方式。他坦率地回答：(a) 没有人真的知道，(b) 将来“恐怕不会有什么不同”。

在罗迪格看来，真正的新奇之处就是新奇本身。他观察到，如今有更多的新信息需要处理，这造成了前所未有的认知负担。短短几代人之间，我们的世界就从只有 3 个电视频道变成了有 500 个频道，从只有一张日报变成了有着每秒都在更新的多元社交网络推送。这已经不只是记忆或遗忘的问题了：我们有太多的信息要处理。

新闻采访业与我们共同演化。“1979 年索尼亚·德劳内（Sonia Delaunay，旅居法国的乌克兰裔画家）去世，我人正在巴黎，为路透社工作，”记者布莱恩·凯斯卡特（Brian Cathcart）回忆说，“我从没听说过她。当时是半夜，我随意为她写了两句话。第二天早上我的同事来了，他对索尼亚有更多了解，跟进了一篇得体的讣告。我想说的关键点在于，我那时不知道索尼亚·德劳内是谁，也没有谁指望我知道。今天，要是没法在 20 分钟内找到数百条跟她相关的事实，那我就是彻底的无能。”

当今的新闻得益于在线调查的速度和便利性，但这不一定会带来更见多识广的受众。

福克斯新闻台效应

2012 年，费尔里 · 狄金森大学（Fairleigh Dickinson University）的一轮调查结果引发了公众的喧闹。它报告说，福克斯新闻台的观众对当前新闻事件的了解比没有跟进相关新闻的人还少。调查人员并未调查什么深奥的知识，而是诸如“当前哪个党派在众议院占多数席位”等基本事实。福克斯新闻台未能将这些信息传递给自己的观众。

狄金森大学的调查发现并非偶然。我在为本书所做的一些调查里询问参与者，请他们指出自己定期跟进哪些新闻消息源。我的清单包括了 30 多种选择，涵盖了新旧媒体，并以不同的随机顺序显示给每位参与者。将福克斯新闻台列为信息来源的人，在事实性知识上的得分比不看福克斯新闻台的人一贯要低。这可不是什么小小的差异。

在我的大部分调查中，福克斯新闻台的观众得分比完全未曾跟进新闻的人要高，尽管差异在统计学上始终不明显。但就所有调查结果而言，福克斯新闻台的观众对信息的掌握情况明显比那些得分最高的新闻消息源的受众要低（见图 17-1）。

消息最灵通的新闻观众得分在 65% 以上，包括了那些跟进 PBS、《纽约时报》《华尔街日报》、NPR 和讽刺性有线新闻节目（如《每日秀》）的观众。这些结果证实了狄金森大学的调查结果。《约翰 · 奥利佛之上周今夜》在我的样本里得分最高。

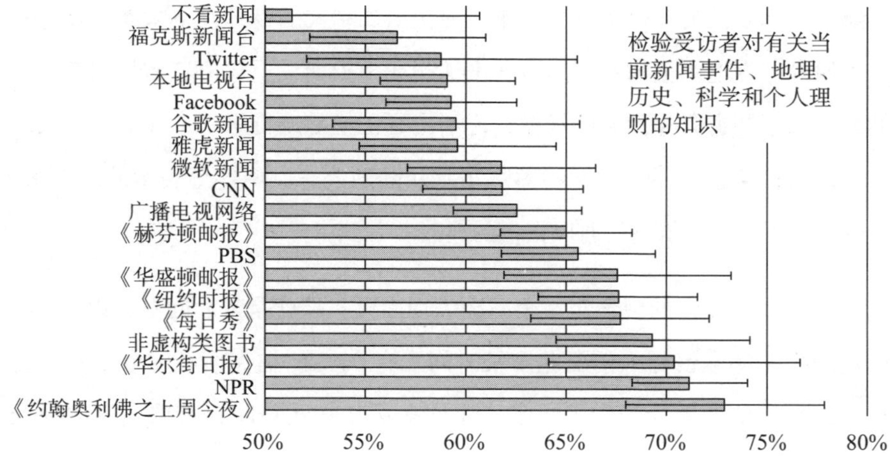

图 17-1　福克斯新闻台的观众比其他新闻来源的观众更无知

考虑到我的调查方法有些简单粗暴，这些结果尤其令人惊讶。我并未询问主要的新闻消息来源，也没有让人明确地认定自己是福克斯新闻台的观众。如果你以为福克斯新闻台的观众只在这家媒体的泡沫里生活，那你就错了。普通的福克斯新闻台观众声称从 5.5 种消息来源获取新闻，这比所有调查参与者的平均水平（4.5 种消息来源）更高。对福克斯新闻台的观众而言，他们最有可能说自己还从其他地方获取新闻，比如主流广播网络（44%）、Facebook（40%）和 CNN（31%）。近 20% 的福克斯新闻台的观众表示，他们还会看来自 MSNBC 的自由派新闻频道。

因此，跟进福克斯新闻台带来的任何效应都会遭到稀释。有些人既看福克斯新闻，也听 NPR，因此被计算进了两者的平均分。尽管如此，普通的福克斯新闻台观众和普通的 NPR 听众之间的知识差异相当大。情况有点像是，看福克斯新闻台如同是受诅咒，会削弱人回答任何领域中等难度问题的能力。

我发现福克斯新闻台的观众知道美国联邦最高法院大法官人数或释迦牟

尼属于什么宗教的概率更低，也不太能说出加拿大的首都，不太能解释不确定性原理，在地图上找不到南卡罗来纳州或南极洲，不知道自己州的参议员的名字，不知道联邦预算的规模，说不出冥王星是矮行星，不知道犹太教诞生在基督教之前，不知道“一盏灯表示从陆地上来，两盏灯表示从海上来”指的是保罗·列维尔夜骑通风报信的典故。

福克斯新闻台的观众对一个问题表现尚可，那就是复利问题：以 7% 的投资回报率将本钱翻一倍要花多长时间？有 60% 的福克斯新闻台观众回答正确，在受访者中处于中等水平，比许多从互联网新闻源获取信息的受众要好。

如果有什么需要提醒的，那就是新闻信息源很关键。在本章中，我将尝试解释新闻受众之间的知识差距，探讨它对我们保持通晓世情的努力有什么启示。

想一想默多克（Rupert Murdoch）旗下的另一家新闻媒体《纽约邮报》（以下简称《邮报》）。假设一项研究表明，《邮报》的读者不如《纽约时报》（以下简称《时报》）读者那么见多识广，会有人吃惊吗？

但凡熟悉这两份报纸的人都不会吃惊。《邮报》是便于在公共交通工具上阅读的小报，它亮光闪闪的标题和运动版让《时报》干巴巴的标题相形见绌。广告商家很清楚，《邮报》读者平均受教育程度比《时报》的读者要低，并且没那么富有。从内容上来看，《邮报》的读者主要关心本地犯罪、人情世故、名人八卦和体育运动。《邮报》的读者不怎么关心《时报》给予大量篇幅的全国及国际新闻、政策分析和艺术报道。

我的观点是，消息来源之间的知识差异不可避免地反映了受众群体的差异。福克斯新闻台的受众在受教育程度上可能不如其他媒体的受众，这也许会拉低知识测试的得分。有文科博士看福克斯新闻台吗？当然有，但他们可不是因为福克斯新闻台是为受教育程度极高的保守派精英准备的电视台，他们的目的是跟进一个影响大众舆论的频道。

福克斯新闻台的观众在当前新闻事件和学校里就应该学到的不受时间影响的事实性知识方面得分都较低。福克斯新闻台没有太多理由要提到 π 的第二位数字，或者指出“veil of tears”（正确的写法是“vale of tears”，意思是“在这尘世上”）在语法上是错的。

读者说不定会在冲动之下推断自由派的新闻消息来源有最见多识广的受众。《华尔街日报》就是个反例，它的社评版非常保守。其受众的得分跟其他新闻消息来源相当。在我的调查样本中，跟进《德拉吉报道》（*Drudge Report*，美国保守派新闻聚合网站）的人在知识测试中得分很高，拉什·林博（Rush Limbaugh，美国右翼电台主持人兼作家）的电台听众也达到了平均水准。我没有在图表中列出这些消息源，因为将它们列为新闻消息源的受访者人数太少，不足以带来太强的统计学信心。

在一些批评家看来，福克斯新闻台是一家确有偏见的传播网络，它告诉观众本来就相信的事情，使之安心。福克斯新闻台是为受到主流媒体忽视被边缘化的保守观众创办的。但如果福克斯新闻台的节目主要是要验证自身信念，以及对任何有违个人信念的消息都充耳不闻的保守人士产生的吸引力，这就会限制它播报新闻的范围，这有助于解释福克斯新闻台的效应。

另一种常见分析是福克斯新闻台说谎，这有点类似说《国家询问报》（*National Enquirer*，一份八卦小报，以下简称“《询问报》”）信口开河的意思。《询问报》和福克斯新闻台对新闻的定义跟主流媒体有所不同，但他们当作新闻报道的东西几乎都是以现实为依据的。

不管你对记者有什么看法，他们都不喜欢说谎，而且基本上也不会说谎。但选择性报道就是另外一回事了。如今，从事新闻行业就是适者生存。福克斯新闻台已经找到了自己的小众市场，精挑细选出能与自己的受众产生共鸣的一小部分新闻。这包括各种荒诞不经的故事：小老百姓落在大政府或沿海精英手里的受害情绪；说话做事都阴阳怪气的自由派；一些政治家在演讲时为证明属实的阴谋论背书；红肉往往比牛扒更香。但这样一来，他们就没有太多时间来报道那些情绪上没那么激动人心但更讲究事实的新闻故事了。

对福克斯新闻台的第三种批评是，它把观点和娱乐跟新闻混在了一起，从消息来源的角度来说就不怎么值得信赖了。人们提到福克斯新闻台时，想到的往往不是新闻业务，而是黄金时段的脱口秀。反驳这一点也很容易，《每日秀》和其他新闻讽刺节目都是 100% 的娱乐和 98% 的党派立场，这跟福克斯新闻台完全一个样。但狄金森大学和我自己进行的研究都发现，《每日秀》的观众见多识广，而且其他有线台的讽刺节目的观众也同样如此。

以上对福克斯新闻台的每一种批评同样适用于上述节目。它们针对自由派人士发出诉求，强烈肯定进步主义理念。编导必须要先关注一小撮能让受众感觉有趣的新闻，而这常常意味优先考虑保守派所说的愚蠢行为，如对女性和少数族裔的不公待遇和大企业的贪婪等。所有这一切都展现了一种对世界的扭曲印象，和福克斯新闻台一样。但这些讽刺脱口秀的观众却是消息最灵通的，而福克斯新闻台的观众则知之甚少。

总而言之，有相关证据认为福克斯具有新闻效应。

- 不是福克斯新闻台的观众屏蔽其他消息和观点来源的结果（因为他们并没有这么做）；
- 不是电视台保守派花言巧语造成的（与《华尔街日报》的对比）；

- 不是把新闻、观点和娱乐混在一起导致的结果（跟《每日秀》所做的对比）。

那么，谜题仍未揭晓：为什么福克斯新闻台的观众是如此的无知？

全国公共广播电台（National Public Radio，简称 NPR）的听众是知识最丰富的媒体受众。NPR 的新闻覆盖范围出名的大，比常见的美国媒体更多地涉及外国新闻。它的政治立场居中，但略偏自由派；在展现政治立场时，跟福克斯新闻台的那种大张旗鼓的气势比起来，它的风格极为克制。NPR 也有脱口秀节目，叫《左中右》（*Left, Right, & Center*），对三方观点都给予相同的对待，不让任何一方显得荒唐可笑。

NPR 有两个明显的重要特征不得不提。其一，它是公共媒体，其二，它是一家广播电台。

因为 NPR 的非盈利性质，收听率或收视率对他们来说不像商业广播网那么重要，两者在吸引听众上承受的压力不一样。这使 NPR 得以享有一种自由，它会报道没有明显钓鱼倾向的政治新闻；它会报道经济、体育、科学、技术和高雅文化；它的名人新闻比其他地方要少。NPR 不会使劲按下按钮，也不会只报道听众想听的东西。

这并不是说 NPR 忽视受众，但电台的资金模式鼓励听众和捐赠者保持长远目光。电台会每年两次约请听众评估过去 6 个月 NPR 的节目对听众产生的价值。电台的资金大部分来自具有更长远视角的慈善基金会。这跟商业模式形成了对比，商业模式要求精准地计算出每一个细分市场和节目的受众规模，并配以相应的广告价格。

NPR 和福克斯新闻台都是为感觉现有媒体无法满足新闻需求的受众创

办的，这些受众可以自由选择。然而，他们选择的机制有所不同。福克斯新闻台的观众手握遥控器，要是新闻不能让他们身心舒爽，按下遥控器就有成百上千的选择可供切换。电台则不一样，许多听众都是边开车边听节目，没空频繁切换频道。在许多市场，NPR 电台几乎垄断了严肃的新闻报道。

在各类媒体当中，电台的可定制性是最差的。没有快进，没有按需录制，没有聚合算法。在某种程度上，电台受众只能听从节目编导的安排。而在 NPR 的例子中，编导对每一天要播放的新闻会做理性平衡的调查。听一小时的节目，你会了解到大量素材，如果全由你自己来选的话，不见得有这样的效果。

你也许会说，NPR 就像是健身中心提供的健康套餐。不管眼前摆着什么，你吃下去就是了，反正对你有好处。观看有线电视新闻的体验更像是自助餐，你会自己选择怎样把盘子装满。柜台上提供大量红肉，因为大多数人都会选它。西兰花也许不会太多，因为很少有人选——尤其是有排骨和冰激凌可选的时候。吃健康套餐的人最终会变得更健康，一如 NPR 的听众吸收了比福克斯新闻台观众更多的事实。

“别看新闻，”创业家伯特 · 古利克（Bert Gulick）建议说，“如果有什么需要你知道的事情，自然会有人打电话来告诉你。”这些话成为了集会的呼声，励志演讲人、成功人士，以及各种想要成功的人士发出附和的声音。在全新数字技术和权利文化的支持下，我们就像鲸鱼吞食浮游生物那样吞食海量信息。我们期望知识自己撞上门来，落进我们嘴里的过滤器中。

科技传道士们早就在鼓吹：数字媒体可以实现信息的贴身定制。社交网络和新闻聚合软件让我们随心所欲地为工作和闲暇定制信息流。越来越多的消息来源遭到清除，因为我们感觉它们无关紧要，沉闷无趣。

我的调查结果暗示，渴望见多识广的人不应该过分依靠定制新闻。以下这张图表显示了另一轮常识性知识测验的结果，问卷有 15 道题。结果跟条形图里显示的调查结果大体一致。但这一次，我按照新闻媒介的类型对结果进行分组，以显示媒介本身究竟有多重要。电视新闻节目和新闻频道的受众出现在最左边，其后是互联网新闻聚合软件的用户、博客用户、社交网络媒体用户、电台新闻听众、报纸和图书读者，最后是以《每日秀》为代表的讽刺性电视新闻真人秀的观众。这些受众的信息畅通程度也基本上按这个顺序依次递增。最后一类观众的得分比其他电视新闻来源都高得太多了，所以我把他们单独列为一组（见图 17-2）。

考虑到几乎每个人都列出了多种新闻消息来源，所以发现这么大的知识差异令我镇惊。我仔细观察数据解释了其中的一个原因。关注“低度信息”新闻来源的人倾向跟进其他同类的“低度信息”新闻源，而不太可能跟进高度消息来源。关注高度新闻源的人通常也会关注其他高度新闻源。

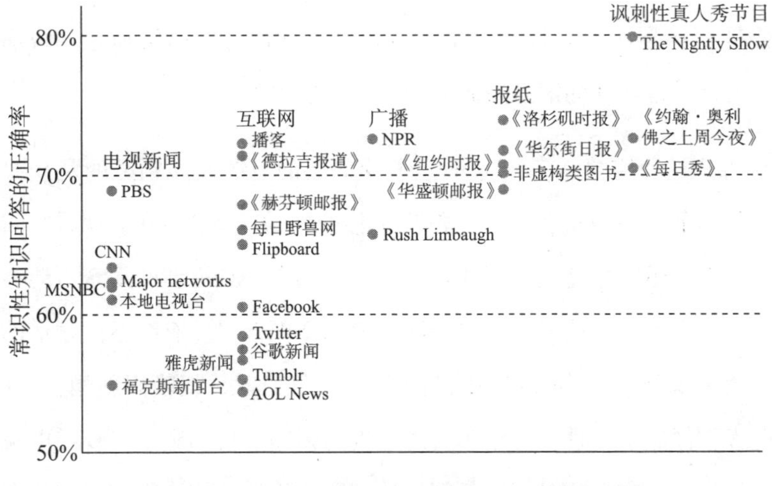

图 17-2 印刷媒体和广播电台新闻受众更见多识广

这并没有什么异常的。这就像看过《蜘蛛侠》系列电影的人说不定也看过《钢铁侠》系列电影，但很可能没看过太多伯格曼的电影。

以《华尔街日报》为例。有超过半数的读者表示他们还会读《纽约时报》（53%）。相比之下，福克斯新闻台的受众只有6%的人会阅读《纽约时报》。25%的《华尔街日报》的读者会收听NPR，而福克斯新闻台的观众很少这么做（前者是27%，后者仅为8%）。

事实上，大约一半的《华尔街日报》（47%）的读者会看福克斯新闻台，但这可不是有来有往的互惠关系。福克斯新闻台的观众中只有11%表示自己会读《华尔街日报》。

对几乎所有读者来说，《华尔街日报》都只是补充。他们会阅读《华尔街的日报》获取财经新闻，并从其他地方寻找一般新闻报道。因此，仅此一点就透露出一种保持消息灵通的承诺感。事实上，人们对阅读《华尔街日报》（不管是网络版还是印刷版）要付费这件事也流露出了同样的态度。

从整体来看，福克斯新闻台的观众对新闻收集的态度似乎更为随意。他们不停地切换频道，上Facebook和其他互联网消息源打听消息。跟福克斯新闻台一样，这些新闻消息来源与低知识水平相关。

对观众的研究显示，24小时全天候播报的有线新闻频道的观众跟老式电视网新闻节目的观众有差异。典型的电视网新闻节目观众会观看晚间电视新闻，接着时不时用有线新闻作补充。典型的有线频道新闻观众可能会观看若干频道，但不太可能看三大电视网的晚间新闻节目。有线新闻频道的观众可能认为电视网的半小时新闻阴阳怪气，土气过时，但晚间新闻在30分钟里对世界事件做了合理的总结。较之电视网新闻节目的观众，有线电视频道的观众往往会花更多的时间看新闻，他们因为不停地切换频道，往往会错过晚间新闻的内容概述。

一般来说，高度定制的新媒体受众得分比定制功能不强的媒体受众要低。在互联网消息源中，诸如谷歌、雅虎和美国在线等新闻聚合网站的受众得分特别低。

定制新闻的另一种形式是社交网络。Facebook 和 Twitler 用“好友”和“可信来源”来推荐与个人相关的内容。它们还借助软件分析，推送那些最有可能打动个人用户的帖子。社交网络比新闻聚合软件实在好不了多少。

原因不难理出。我对最近出现在自己 Facebook 信息流上的 100 个链接做了一番快速统计，其中只有 5 条是“真正”的新闻——重大国内国际新闻，报纸或电视网新闻节目里会报道的那种。另外 11 条是党派的“钓鱼”帖子，通常是某个我从没听说过的政客发表的闹心言论。它们存在的目的是为了揭露文化战争中的对手：对立面究竟有多可怕。

剩下的 84 条信息正如你所料——名人新闻和家庭逸事，有趣的视频和奇怪报道。大多数内容真的挺有趣，但我从 Facebook 获得“真正”新闻的概率比收看 ESPN 还要少。

在 Facebook 上发布消息有些心照不宣的规则。你不能发布任何旧链接；你只能发布从好友那里得到的即时反馈链接。这些链接必须让人大吃一惊，要不就是有趣到动人心扉，诸如此类。作为新闻消息来源，Facebook 跟福克斯新闻台不相上下。

如 Flipboard 和 News（苹果应用程序）等个人新闻聚合软件将定制新闻报道组合成数字杂志。例如，在 Flipboard 中，您可以把 Facebook 或 Twitter 账户里的新闻报道制作成一份设计精美的“报纸”页面。Flipboard 比传统的新闻聚合器更容易使人上瘾，也更具视觉吸引力。然而，它的受众在知识调查里得分很低。

社交网络的受众对新闻有不同的需求，报纸发行商们再清楚不过了。源源不断的链接提供了曝光量，世界各地的读者说不定能通过这种方式发现一份报纸上的文章和观点。可很少有读者能保证经常性地阅读原创新闻网站。皮尤研究中心的调查发现，直接浏览新闻网站的人平均会浏览 25 幅页面。通过 Facebook 或 Twitter 链接进入同一网站的用户一般浏览量不到 5 页，在每一页上停留的时间也更短。社交网络用户只拿走了覆盖新闻内容上层的樱桃和奶油，接着注意力就转到其他地方去了——他们的注意力就像鸟儿划过天空那般短暂。

得分最高的互联网新闻来源是播客（podcast）。其实，播客就是通过互联网传播的广播电台。跟广播节目一样，播客通常要从头听到尾，几乎很少中断。

报纸，无论是印刷版还是在线阅读，一般表现都比电视新闻好，除了 PBS 电视台。如我所说，《每日秀》和它附带的衍生节目是电视这一渠道的异端，得分比严肃新闻节目和频道都要高。不过，《每日秀》绝非其观众唯一的消息来源。在我的调查样本中，《每日秀》的观众平均会跟进 6.5 种其他新闻消息源。《每日秀》的大多数观众会收听 NPR（59%）的节目，他们还从 Facebook（50%）、PBS（38%）、CNN（34%）、MSNBC（31%）、《纽约时报》（28%）和非虚构类图书（28%）获取消息。跟其他新闻受众相比，他们将新闻聚合软件列为信息源的概率更低。

总之，信息含量丰富的新闻来源有如下共同点：

- 它们定制性不强。得分最高的新闻来源会对受众开展均衡的新闻调查，调动起受众全面的关注幅度。这些受众愿意在驾驶时间收听 NPR 的节目，逐页浏览一份印刷版报纸，或是在报纸应用程序里浏览所有新闻标题，收听一段完整的播客，观看一集完整的《每日秀》。不同媒体之间的差异主要在关注幅度上。受众得分最低的新闻来源是定制性最强的，甚至完全是用户自己定制的——即专门挑选能吸引自己受众的报道，或者让受众自己充当新闻编辑的角色。

- 它们很聪明。诸如 PBS、NPR、《纽约时报》《华尔街日报》和《每日秀》等新闻来源会吸引那些对新闻本就感兴趣且受过高等教育的人。其他新闻来源，例如电视新闻频道、互联网新闻聚合软件和社交网络则有更宽泛的受众群体，平均而言他们的受教育程度更低，有时候对新闻漠不关心。在特定类型的媒体当中，差异很大部分即来源于此。如果你想变得消息灵通，请选择消息灵通人士也跟进的新闻来源。
- 它们可以充当补充信息来源。《华尔街日报》和《每日秀》并不会假装是独立的新闻来源，只要观众能找到其他来源就完全没问题。

营养专家说，我们应该在想象中把餐盘分成四等分。其中 1/4 加入肉或相当于肉的东西，另一份加入淀粉，剩下两份分别是蔬菜和水果。这是理想中的均衡状态。它跟典型的美式饮食毫无相似之处，后者大多是一个特大号的汉堡和一罐苏打水——呃……番茄酱算蔬菜吗？

人能自由选择，但很难在即时满足与长期后果之间达成平衡。如果长期吃汉堡套餐，这意味着 20 年之内你肯定得接受心脏搭桥手术，那么它也就没那么便宜了。塑造美国饮食习惯的市场力量，同样影响着我们的消息来源。

信息最丰富的新闻来源体现了“四等分餐盘”的理念。它的版面覆盖了国内新闻、国际新闻、流行文化、高雅文化、科技、卫生和体育等各方面。这些版面的长短处主要是能否体现编辑或制作方所认知的理想平衡状态，而不是受众想要什么，或者编辑认为受众想要什么。按照主流的媒体哲学观，诸如 NPR、《纽约时报》《华尔街日报》等新闻来源都是旧日的余韵，是极少使用定制化和众包的“精英”守门员，但它们能有效地为受众提供信息。

当你坐在爆米花前

保持理性平衡的信息膳食这话说起来容易。我不认为会有谁只从报纸或公共电台获取信息，只有媒体隐士才能躲开新闻频道、社交网络和新闻聚合软件的影响。伴随它们而来的是点开新闻链接的诱惑。跟很多人一样，我得在屏幕前工作。这就如同坐在一碗爆米花跟前，你无论如何都会吃掉爆米花。

网站 DigitalDetox.org 为企业策划远离互联网的休假活动，它说道：

- 美国人平均要把 30% 的闲暇时间用来浏览网络……
- 10% 的美国人报告说会感到抑郁；重度互联网依赖的用户抑郁的可能性要高 2.5 倍……
- 普通员工每天会浏览 40 个网站，每小时切换 37 次，每 2 分钟就会改变任务……

有太多工作时间和娱乐时间耗费在低效的信息搜索当中，但我怀疑所谓的“数字排毒”路线跟所有的减肥套餐一样作用有限。我们生活在一个媒体无处不在的时代，必须找到办法与它携手共舞，而不是跟它对抗。

过去几年，我都在努力解决这个问题。我尝试按照从调查中了解到的情况改善自己的媒体选择习惯。以下是一些我觉得有效的方法：

新闻来源本无好坏之分，关键是判断它是否与其他新闻来源吻合。正如节食者的经验，人最好少吃零食，平衡好正餐，所有想获得丰富信息的人都应该为一种或多种高质量的新闻来源，如声誉良好的报纸、NPR或晚间电视新闻节目排出时间。你从这种日常模式中获得的最重要东西就是宏观的视野。

定制新闻也不应该被一概抛弃掉。如果它能引导你获得其他途径无法知晓而你又非常感兴趣的消息，这就很好。当它引诱你活在“偏好的泡沫中”的时候，你就要小心了。我的策略是充分利用定制新闻，但避免用它代替更好的新闻来源。

Facebook对我来说很有价值的部分是朋友和家人的消息：值得纪念的事件、旅途和照片。但我忽略Facebook提供的新闻链接，因为有更多更好的消息来源。

谷歌新闻主页按报纸风格分成若干栏目,如“头条消息”“世界大事”“美国新闻”和“为您推荐”，我只看“为您推荐”栏目。拥有谷歌账户的人都可以点击“为您推荐”，就会获得一整版定制的新闻报道，它们是谷歌算法认为你想看的消息。你可以使用一个带滑块的小程序，告诉谷歌你喜欢或不喜欢哪一类主题和新闻来源，从而改进新闻定制的质量。你也可以添加关键词，例如运动队、名人、政治理念或电子游戏的名字。我把“为您推荐”页面加入了书签，这样我就可以直接导航，无须停留在主页。

人们更多从越来越小的屏幕上获取信息。如果用对角线来衡量典型的印刷报纸尺寸，这个数字是25英寸。短短几年，许多读者就从这个尺寸迁移到15英寸的笔记本电脑，再迁移到10英寸的平板电脑，最后搬到了5英寸的手机上。

设计师们仍在探索如何把新闻内容跟小屏幕融合起来。读者一次只能看到很少内容，设计更多的滚屏和导航方法是必不可少的解决之道。我从前习惯把印刷报纸的每一页都看完，哪怕是自己不太感兴趣的版面。通过这种方式，我会扫过几乎每一行标题。文章有开始、发展和结尾，顺着这条线性路径阅读很容易。

许多报纸的应用程序却放弃了线性结构，变成了一座迷宫。新闻动态滚动刷新，没有尽头；他们估计，读者会先导航到自己感兴趣的版面，然后就跳转回来。这样一来，读者就变成了流浪汉，在庞大的森林里徘徊，有可能多次碰到同一条报道，却永远也拿不准自己是否已经把所有内容都看完了。

在阅读新闻时，平板电脑的应用程序通常比手机应用好用。更大的尺寸和更方正的宽高比都有帮助。

不难想见，未来的新闻应用程序将实施等分餐盘的策略。Flipboard 等应用程序也许有能力生成一份内容均衡的电子新闻杂志，除了花边新闻，也为严肃的、非定制新闻留出一定的比例。它可以像健身应用程序那样，跟踪用户的新闻浏览习惯并为之打分，起到现实激励作用。在浏览应用程序的过程中，它可以提供你新闻阅读习惯中缺失的内容，尽量少的推送你已看得太多的消息。正如健身应用程序，这样的做法不见得适合所有人的口味，但对那些有动力的人就很有价值。

为减少“垃圾”浏览量，我找到两种方法。过去我将电脑浏览器的主页设置成新闻聚合网站的形式。这意味着，每次打开新的窗口，我都会看到一连串新闻标题。按照我的推断，既然所有浏览器顶部都有搜索框，把谷歌设为主页就是多余的。你难道不能将新闻网站设为主页以方便查阅最新消息吗？千万别这么做！新闻聚合网站的设计用意是让你点击，哪怕最有价值的新闻也要耗费时间和注意力。很多时候，我明明在搜索与工作相关的内容，却经常被诱人的链接吸引过去，结果却并没有看到什么精彩的新闻报道。

我的解决办法是改变浏览器的偏好设置，新窗口一打开就指向谷歌的搜索页面，这就不会再分心（除了谷歌的标志性涂鸦）。我在搜索框里输入想要的内容，接着就跳转过去。我还可以从书签菜单里选择一个网站。这是我愿意分心消遣时的做法，而非不由自主地把时间和注意力交给那些只想抓人眼球的网络运营商。

如果你不喜欢打开新页面时看到谷歌的涂鸦，也可以将其设置为空白页，这就可以避免分散注意力。

我的第二个方法是时不时挪开爆米花。我只允许自己在下午和傍晚——从中午到晚上 8 点进行消遣性的浏览。这减少了我近乎一半的垃圾浏览量，这极大地控制了在上午分心他顾的情况，上午是我一天里工作效率最高的时段。我的日程给晚上安排了更多有意义的活动，上床之前不再暴露在有害的蓝色眩光之下，防止损害睡眠质量。

我怕错过重要的消息吗？不怕。早上我会阅读《纽约时报》和《洛杉矶时报》，所以早餐时我就获取了丰富多彩的信息。在中午之前，我处于信息节食状态。这并不难坚持，因为我知道只要几个小时后就能检索新闻和社交网络了。到那时候，浪费点时间也无所谓。如果有什么新闻我必须知道，好为晚餐谈资助兴，下午去浏览一下就可以了。

我曾想过进一步削减不必要的浏览量，比如限定在每天 1 小时。但我觉得，8 小时的窗口期能让我心满意足。它不会让人感觉做了多么大牺牲，同时一个星期多多少少也能抢回迷失在标题诱饵中的几小时。

我马上要谈到一个糟糕的主意。最近有一种流行的呼声，要求个人主动寻找违背自己意识形态的新闻来源。保守派应当时不时地看看雷切尔·玛多(Rachel Maddow)[①]；自由派应该看看比尔·奥莱利(Bill O’Reilly)[②]。费尔里·狄金森大学的调查结果没能提供任何证据证明此举会带来任何好处。它发现，福克斯新闻台的观众评分很低，主要原因是收看该频道的自由派和独立人士。你也许会感到惊讶，怎么会有自由派看福克斯新闻台呢。他们的确会看，而且比保守派还无知。

这项调查就国内时事提出5道很难的问题。平均而言，福克斯新闻台的观众正确回答的平均值只有1.04道题。福克斯新闻台观众中的自由派正确回答的平均值是0.82道题，保守派则是1.28道题。

自由派新闻频道MSNBC呈现出相反的模式，观看MSNBC的保守派比自由派消息更不灵通。

调查并没有说这些观看对立政治立场新闻频道的人是为了找平衡还是找乐子，也没有说他们是不是脑子太糊涂了，没意识到自己锁定了“错误”的频道。

对立的观点并非供不应求，所有的新闻来源都会提供这些内容。认为对立的政治倾向是苦口良药，我不知道他们有什么坚实的证据。但数据支持如下的观点：人们能从与自己立场相吻合的新闻来源吸收更多信息。人生苦短，何必把时间分配给充满偏见、既不准确又让人厌烦的新闻来源呢？

① 美国电视节目主持人，自由派时事评论员和作家。——译者注

② 美国著名电视节目主持人、作家、专栏作家，以及政治评论家；在保守的福克斯新闻台主持政治评论节目。——译者注

HEAD IN THE CLOUD

Why Knowing Things Still Matters When Facts Are So Easy to Look Up

18 以协商的方式化解公共冲突

跟进时事对受众的要求正变得前所未有的苛刻。请看下面这道来自耶鲁大学法学和心理学教授丹·卡汉（Dan M. Kahan）设计的谜题。

> 气候学家认为，如果人为引起的全球变暖导致北极冰盖融化，全球的海平面就会上升，请问这是真还是假？

你有答案了吧？很好。现在就去打开冰箱，取一小块冰放进玻璃杯。在玻璃杯里装满水，用胶带给水位做个记号。然后把杯子放到一边。等冰块完全融化后，你再去看看，会发现水位完全没有上涨。

北极冰盖是浮在北冰洋的一块巨大的冰。它能浮在水面上，原因就跟冰块能浮在水上一样：冰的密度小于液态水。像其他漂浮物一样，北极冰盖把自身重量转移到了水里。如果融化了，它对世界海平面的影响是零。因此，卡汉的题目正确答案是“假的”。

卡汉在调查中提出了这个问题，发现只有 14% 的人回答正确。有趣的是，自由派和保守派的表现同样糟糕。两党绝大多数人达成了共识，但答案却是错的。毋庸讳言，自由派和保守派对气候变化有着截然相反的观点。卡汉的谜题表明，大多数此类观点并不是以对科学的深刻认识为基础的。

观点多元化导致分歧

2005 年，克里斯·穆尼（Chris Mooney）出版了《共和党的科学战争》（*The Republican War on Science*）一书，他认为跟自由派人士比起来，保守派有更大可能反对和热门议题相关的科学共识。制造符合这一假设的调查数据并不难，但有人就此提出了有力的反驳。和以往情况一样，调查结果取决于提问的措辞。

例如，卡汉对两个随机组提出了一道真假判断题，只是措辞略有不同：

A. 如我们今天所知，人类是从早期动物发展而来的。

B. 按照进化论，如我们今天所知，人类是从早期动物发展而来的。

区别很明显！A 版本的受访者仅有不到一半的人认为它是正确的，而 B 版本的受访者超过 90% 都说是真的。基本上，我们每个人都接受了自然选择的基本概念。考虑到它是无数漫画、科学节目和宗教宣传册子的主题，你很难不受影响。但只问 A 版本的调查员会发现，自己访问的公众对事情的了解比 B 版本的那组人要少得多。而且，不知情的公众基本上来自红色的保守州。

不管科学到底站在哪一边，保守派和自由派都爱说科学站在自己这一边，但这只是事后找理由罢了。科学事实很难决定政治理念的选择。有一点可以明确地表达出来，那就是个人往往会呼应周围人的信仰倾向。按卡汉的说法，他们并不总是接受科学共识，因为许多他们最为信任的人（比如邻居、同事、牧师和政治领袖）告诉他们："如果你是我们中的一员，那就请相信这个；否则，我们就知道你是他们一伙的。"在政治敏感话题上，调查结果至少有一部分是社会文化问题的表达。"很明显，"卡汉说，"如果有人问：'你和你身边的所有人都是白痴，这是真是假？'没有谁会回答是真的。"

北极冰盖问题是气候学家相信的观点，而不是受访者的观点。如果不这么做，会有更多保守派回答正确，但他们答对的原因却是错误的！

曲线球问题有助于评估公众真正知道些什么。使用这个问题或其他的科学问题，有些很棘手，有些则直截了当。卡汉发现，总体而言，科学知识的多寡和是否认为全球变暖是人类威胁之间只存在微弱的相关性。

卡汉通过国家科学基金会调查过一些问题，研究了美国公众整体的科学素养。如"激光通过汇聚声波工作，抗生素杀死病毒及细菌，请问是真是假？"他将调查结果得到的数据绘制成图，生成的图表不是直线，而是一个横倒的"V"字。真的无关政治立场，科学素养最差的人对气候变化有基本相同的看法，这群人有大约 30% 认为人类活动导致了全球变暖。

越来越多的知识积累造成人们的观点分歧。自由派对科学了解得越多，就越有可能认为人类正在导致气候变化。保守派对科学了解得越多，就越不相信气候变化是人为的。

这怎么可能呢？许多精通科学的人似乎正在用知识为一直以来坚信的东西找理由。他们经常就气候变化问题自我教育，并向政治观点相同人取暖。他们很可能在科学都不确定的关系中找证据，把对手视为不懂科学的盲从党徒（见图 18-1）。

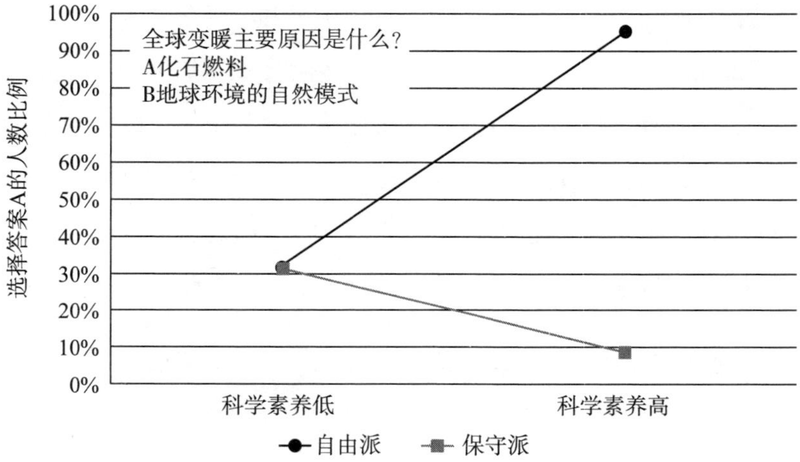

图 18-1　科学素养加强了对气候变化问题认知的分歧

卡汉的图表让人深感不安。我们原本以为，无知的人有可能会相信各种疯狂的事情，而知识能让我们更接近真相。要是所有人都具备科学文化素养，世界就会变得更和谐。卡汉的研究对这种乐观情绪提出了质疑。

问题不仅仅出在理性无知，还源于一些更深刻的理由。要使人们在推动公共政策的科技问题，如气候变化、网络中立、干细胞研究和转基因生物上达成共识，光了解事实还不够。人们必须有意识地审查这些事实，积极为自己相信或怀疑的立场寻求相关的证据。这不是普通公民有时间或愿意做的事情。我们其实和公众一起在伪装自己的观点，卡汉警告说：

> 这种理性风格会带来集体的灾难：在一个文化多元的民主社

会里，公民观点越是多元化，在科学证据上达成一致的可能性就越小，而这些科学证据是保护公民免受伤害的关键。

协商式民调

信息匮乏的人不仅掌握的信息少，也不像消息灵通的人那样乐于思考。可他们又认为自己知识丰富，喜欢固守自己的观点。由于无知和思考不足是大多数人的不良习惯，公众的智慧就达不到理想的程度。

这些担忧古已有之。1787 年，詹姆斯·麦迪逊（James Madison）警告说，普通美国人对指导这个国家的政策太不了解。他写道：“有必要成立民选的公民机构，通过它传达政策，改善和扩大公众的视野。”这些民选机构包括国会和选举人团，它们负责选民们无法承担的学习和思考工作。这些机构将判断如何更好地代表公众投票。

麦迪逊的共和主义理想没能预见美国选民持久的民粹主义倾向，以及未来的科技会怎样助长民粹主义情绪。例证之一就是本书的研究基础：民意调查正变得越来越容易，也越来越普及。

在 1936 年胜利的余晖中，盖洛普又公开做了一些颠覆性创新者通常爱做的事情。他将自己的全新产品打扮成了传统模式的回归，只是更好了。

> 今天，新英格兰市民大会的设想在某种意义上恢复了。日报的大规模销售，全民普遍使用无线电广播，选民抽样调查技术的发明，这些都带来了一种新的途径可迅速判断公众对时事辩论的反应。因此，这实际上就是在全国范围召开市民大会。

虽然我们喜欢说唯一有效的投票就是投进票箱的那张票，但没有哪位政客有真正的理念。民意调查数字变成了自圆其说的语言。它们制造出一种必然性（或徒劳感），塑造出那些筹集资金、现身投票站和赢得选举的人。媒体民意调查无处不在，对直接民主点赞的民粹主义大行其道，都在鼓励人们采用全民公决的方式投票。和麦迪逊的时代一样，我们为上流酒会投票，为真人秀参赛者投票，还为法律投票，但缺乏的是关注度和辨别力。

愤世嫉俗者认为无知的选民永远不会"明智"。他们的潜台词是，这样的选民既缺乏知识，又缺乏相应的心智能力。但有证据表明，只要获得机会，再顺势一推，信息匮乏的人就能够学习新知。

邓宁和克鲁格的研究对此做了证明。在进行了一轮逻辑测试后，他们带回了几个得分最低的受试者，给他们上了一堂逻辑推理突击强化课。实践证明是有效的。受试者不光改善了逻辑技能，还能意识到自己的无知。经过辅导，每一位受试者对自己在最初测试里的表现有了更为现实也就是更低的评估。"让人们意识到自己无知的一种方法就是让他们获得学习能力，"邓宁和克鲁格写道，"当然，这里存在一个悖论：一旦他们获得了意识到自己无知的认知能力，他们也就不再无知。"

怎样应对理性无知、达克效应和扭曲的心智地图呢？这里有一个建议，叫作协商式民调。1996 年，得克萨斯州的几家电气公司带着问题联系了时任得克萨斯州立大学教授的詹姆斯 · 费什金（James S. Fishkin）。一项新规定要求公用事业公司在进行新建发电厂规划时必须咨询客户的意见。这些企业面临两个大麻烦。第一，是强调环保，还是推进新工厂的建设？第二，是建造化石燃料工厂，还是建造对环境更友好，但造价更昂贵的太阳能和风力发电厂？

过去，得克萨斯州的电气公司曾就此类事务召开过公众对话会议。他们其实早就知道情况会怎样。到会的有一群环保人士，一群否认气候变化的人，还有一群气愤的客户，会议一到关键时刻这些人就勃然大怒。自由派、当地居民、商会组织、民间环保组织等都会派人参会，只是少了“真正的人民”。有人怀疑，组织有序的特殊利益集团根本不会替他人讲话。其实他们互相敌对，互相拆台。

另一种办法是做民意调查。但缺点是，为了满足调查人员的要求，受访者会当场发明出许多“民意”。政治学家乔治·毕晓普（George Bishop）对此做过验证，他询问人们是否支持废除《1975 年公共事务法案》（*Public Affairs Act of 1975*）。实际上这部法律根本就不存在。但有 30% 的人上了当，还提出了自己的意见。毕晓普发现，受教育程度较低的人有更大可能随意发表意见。

规划能源企业产能的问题复杂枯燥，技术性很强。煤电厂的经营成本跟风力发电机组的成本各自是多少？对电费、环境、经济发展有些什么影响？公众的意见其实都是理性的无知。民调的提问通常很简短，结果往往取决于提问的措辞。很多人只听到诸如“可持续性”和“自由市场”等政治词汇，对讨论的实际议题没有过多关注。

第三种可行的做法是小组讨论。把一小群真正相关的人召集起来，坐在桌子旁坦率地表达担忧和意见。在这样的形式下，电厂方面可以介绍背景情况，小组则做出针对性的讨论。但小组讨论的规模太小，没有统计学的意义。而且，讨论容易被一两个自以为是的领导者牵着鼻子走。

公共事业公司看中了费什金 1988 年介绍的一套替代方案。费什金称之为协商式民调，“设想是找出人们在真正有机会思考时会想些什么”。

协商式民调指的是在民意调查之后跟进一轮类似市民会议的大型小组讨

论，并对相关事务进行突击式培训。在会议结束后，讨论小组重新回答最初在民调里提出的问题。这种方式的要点在于考察受访者在接触了事实和各方观点之后，意见是否发生变化。

得克萨斯州电力公司认同费什金的想法。他们出钱进行了最初的民意调查，并将一部分参与者送到达拉斯酒店集体协商。参与者拿到了利害相关各方撰写的与议题有关的事实清单。每一方都可以提交符合本次讨论的事实和论点。就像开会一样，参与者们在仲裁员主持的小组讨论上碰面，接着在全体会议上向官员及其他各方提问。

在原先的民调中，有 52% 的人表示愿意为可持续能源支付更高的电费。小组讨论结束后，这个比例提高到了 84%。愿意为环保措施支付额外费用的人也从 43% 提高到了 73%。

哪一个民调数字是“真实的”，是第一次的，还是会议之后的？其实两者都是真实的，但它们衡量的情形不同。经过协商的观点更为理性。

协商式民调使参与者形成了真正的意见。了解事实是其中的重要环节，与其他不同观点互动同样也是。讨论和协商比阅读评论能更有效地磨合各方意见。

在我们生活的时代，这样的互动远远不如以前来得频繁。我们通常和观看同一个新闻频道的邻居聊天。如果碰到不同的观点，我们学会了改变话题的生存策略。这样一来，我们就不再进行如市民大会那种跌宕起伏的讨论，因为不曾倾听他人的观点，我们的观点也就得不到深思和改进。

美国的国父们效法古代地中海世界的民主政体创建了美利坚合众国。他们忽略了雅典式民主最激进的创新：随机抽签法。在雅典，绝大多数官员和立法机关代表都是抽签入选的。他们的目的不是选择最优秀的公务员，而是想找到最能代表公民意见的样本。

美国人在陪审团使用随机抽签法，可对国会议员的选择这么做就不可想象了。协商式民调根据雅典的思路做了反转。最初的民调使用随机抽取的公众，之后则邀请这一群人（大约 300 ~ 500 人）参加会议的审议。

在古代雅典，随机样本所做的决定就是法律，在美国这决不可能。盖洛普公司的民调同样如此。民调结果来自非官方的私人机构，不具有任何法律地位。然而，我们逐渐意识到精心设计的民意结果会获得媒体报道，并开始进入政治对话过程。费什金希望，协商式民调也能成为对话的一部分。协商式民调向选民和领导者传递出这样的信息：意见来自知识和审议；对事实进行审慎评估后，人们再决定是否支持某种政策。政客们必须向选民证明自己的行动是合理的，比如："我投票支持该法案，因为民调说我的选区有 60% 的人都支持它。"协商式民调为领导者提供了更为坚实的立足点，去支持明智而现实的解决之道。

在需要权衡长期和短期后果的事务（如"棉花糖实验"）中，协商式民调过程中发生的观点改变尤其惊人。按照典型的民意调查方式，许多人会表示他们不愿意此刻做任何牺牲以换取将来的回报，但理性的公共政策往往要求人秉持这种长远的视角。

加利福尼亚州 2012 年发起对《31 号提案》的倡议投票，这是个有趣的例子。这次投票采用了协商式民调，费什金帮忙做了设计。民调和小组讨论列举了加州利福尼亚法律的 30 种潜在改革方案，6 种方案得到了民众的认可。《31 号提案》，也就是《政府绩效和责任法》（*Government Performance and Accountability Act*）把这些方案都装了进去。

有一项改革方案要求州立法机关不得通过有特定指向的法案，以增加或削减税收，除非立法机关有方法补偿额外的成本或收入损失。

这样的要求既不偏向自由派，也不偏向保守派。它只是满足现实要求而已。除非已经知道价格，你才会购买汽车或公寓。没想清楚失去薪水后怎么支付账单，你也不会立即辞职。支出项目或减税计划也是一样。如果要投票通过法律，立法机关应该把它的成本一并考虑在内。

美国当前的制度不太鼓励这种治理方式。自由派知道，要让人们支持“政府免费派发福利”的意见很容易。保守派知道，公众爱死了无条件的减税计划。但两派也都知道必须为这样的法案付出代价，他们各有不同的意识形态招数来粉饰后果。保守派相信应该“饿死巨兽”。减税让政府把钱用光，就不得不削减开支。而且，削减开支对那些得到减税优惠的人来说没有任何政治后果。自由派认为，权利一旦赋予民众，就永远不能后退。最终，政府别无选择，只能加税。这两种策略都不诚实，因为它们把利益与代价割裂开来，两者都未进行真正的权衡。

协商式民调的参与者们逐渐理解了这一点，但加利福尼亚州的选民们却没有。《31 号提案》仅获得了 39.5% 的支持率，输得很惨。事后有人分析指出，选民从未真正理解《31 号提案》。这部法案虽有个含糊其辞的名字，却是一套一揽子改革计划，没法用一两句话就说清楚。在加利福尼亚州当年的投票活动中，还有其他 10 项提案跟它竞争，所以法案挣扎得很辛苦。

《31 号提案》还得到了死亡之吻：来自加州利福尼亚共和党的签名背书。由于共和党人没指望在萨克拉门托市通过任何东西，那就不必考虑它对减税措施的限制。他们认为可以借《31 号提案》之手，限制议会（正处在民主党控制下）的支出。民主党和工会反对这种手段。有相当一部分选民大概是头一次在选票上看到该提案的名字，他们一见到共和党背书，便按党派立场投票了。

2003 年，费什金移席斯坦福大学，设立了协商式民主研究中心。他在 20 个国家组织了 70 多次协商式民意调查。内容涵盖了各个领域：在日本的札幌讨论除雪问题；在加纳讨论城市扩张问题；在韩国讨论半岛统一问题；在保加利亚讨论对吉普赛人的政策；在坦桑尼亚讨论天然气收支政策。

与常规民调相比，协商式民调成本很高。出资人必须支付给数百名参与者出行和住宿的费用。但对重要的政策问题，这样的成本其实微不足道。想一想为了说服公众相信气候变化花的那些钱吧。这是一场亿万富豪间的战争，科氏兄弟（Koch brothers）和托马斯·斯泰尔（Tom Steyer）挥舞着支票本决斗。如果协商式民调的结果支持一方立场，且结果令人信服，那么花这点钱就算不了什么。

有人或许觉得如今美国的政治太趋近于两极化，协商式民调也没办法带来改变。边缘理论大师没指望汇集信息灵通的大多数，素来习惯信息匮乏的选民们则还是老样子。不管协商式民调在执行时多么谨慎，总会有人表现出偏见。他们会说，那些在协商式民调中改变主意的人被洗脑了，或者一方的论点没有得到恰当的呈现。

类似的论点也可以放到传统民意调查上。任何对投票结果不满意的人都可以发起自己的调查。今天，各类民意调查数以百计，有左倾的，也有右倾的。新闻媒体和公众在解读民意调查方面越来越成熟。我们知道，真正有效的民意调查是不偏不倚的，在准确性上有长期纪录可供查询；我们还知道，许多民调的加权平均数比单次调查数据能透露更多的信息。候选人走向失败的标志就是他说民调结果错了，只有他自己竞选班子主持的民调才值得信赖。

协商式民意调查不必说服每个人。它们最有可能产生影响的是那些横跨政治频谱，对问题所知所思不多的人。他们在公众里占了很大比例，正如本书的调查所示。有一点想来所有人都会同意：建立在事实和思考上的观点总好过无知的观点。

HEAD IN THE
CLOUD

Why Knowing Things Still Matters When Facts Are So Easy to Look Up

19

“狐狸式”的广博胜过“刺猬式”的专精

古希腊诗人阿尔基罗库斯（Archilochus）没有著作存世，只流传下只言片语。古希腊哲学家芝诺比乌斯（Zenobius）编撰了一部谚语集，收录了出自阿尔基罗库斯的话：“狐狸知道很多事，但刺猬知道一件重要的事。”

这句模模糊糊的话总是萦绕在西方的想象世界里。1953 年，牛津大学哲学家以赛亚 · 伯林（Isaiah Berlin）为它镀上了一层标准的现代光泽：刺猬是一个专家，能把所有事情都跟重大核心概念联系起来；狐狸是个多面手，对各种方法抱持开放心态，对彼此矛盾的观点也能理性处理。

经过这样的定义，狐狸和刺猬就成了风行一时的流行语。美国统计学家纳特·西尔弗（Nate Silver）把狐狸当作自己博客的标志。2014年，《华尔街日报》发表了一篇文章，用“当代的狐狸对决刺猬”这样的标题描述两家快餐连锁店的竞争。“在这种场景下，麦当劳是狐狸，为了保持领先位置，朝着各个方向连续开火。温蒂汉堡则走刺猬的路线，不是把自己蜷起来变成带刺的保护球，而是扩大自己的核心汉堡品种，并引入了一个极为成功的创新招数：椒盐脆饼。”

几乎所有用狐狸和刺猬打比方的人几乎都是为了赞美“成为狐狸”的美德。狐狸是个多面手：思想开放，以事实为基础，有创业精神。刺猬只专注于“重要观念”，不管它是否切题。正如人手里一旦拿着锤子，就会把所有问题都看成是钉子。沃顿商学院心理学家菲利普·泰洛克（Philip Tetlock）以跟踪专家预测的错误著称。大多数时候，智库专家（刺猬）并不比小报的胡扯更准确。泰洛克发现，跟“记者或《纽约时报》善于思考的读者”相比，有资历的专家们并不擅长预测。

这本书展现的结果为“狐狸”提供了有力的支持。常识性的与背景相关的简单知识竟然出人意料地有用处。

从益智问答游戏中找几道常识性知识问题放到调查里，你可能会发现高得分跟高收入和良好的健康状况具有相关性，有时甚至还跟其他积极的特点有关。有时，掌握通过事实构建起来的认知技能是无法通过其他方式简便获得的。广博的知识本身也有用处。我们的生活就是由一连串微小的决定组成的：车主要权衡昂贵的维修费用值不值得；选民要评估竞选阵营做出承诺；消费者要判断是否需要服用电视广告上的营养补剂。这些决定大多是在冲动下做出的，并未经过调研。很多时候，人甚至没有意识到事情还有研究的必要。拥有广博知识的人不太可能因为轻忽而做出糟糕的决定，因为他们更擅长清晰地表达自己的无知。

氡、蒂芙尼玻璃（Tiffany glass）、城市旧房改造（urban homesteading）、真空低温烹饪法（sous vide）、年金（annuity）、总和校验码（checksum）、散景（bokeh）、有计划报废（planned obsolescence）、场面调度（mise-en-scène），等等。知识渊博的人听说过这些词，或者听说过其中的大部分。这些知识可能很简单，人们对相关背景的感觉也很模糊。但能把这样的词汇或短语放进话题的人明白，自己缺乏相关的知识。他们只要把词语输入浏览器，就可以做一番研究了。而脑袋里压根没有这些词汇的人，就不会这样去做。存储在你脑袋里的广博知识是一把解锁云端的钥匙。

“原爆点清真寺”（Ground Zero mosque）是媒体给 51 号公园起的名字。这是一家伊斯兰教社区中心，计划建在世贸中心遗址两个街区外的地方。按最初的设计概念，这将是一栋采用传统伊斯兰图样的通透的后现代大厦，由黎巴嫩裔美籍设计师米切尔·巴布德（Michel Abboud）设计。该大厦意在加强不同宗教间的理解，建筑内部包括祷告室、表演艺术中心、体育设施、美食广场和“9·11”事件受害者纪念碑。2010 年，计划刚宣布，一群自称“阻挡美国伊斯兰化联盟”的人就给它起了个“原爆点清真寺”的绰号。有了这个名字后，媒体就刮起了风暴，自此成了争议性很强的话题。这个项目被迫缩减规模，并更换了建筑设计师，设计方案修改为豪华公寓楼。到 2015 年底，在同一位置建起一座规模相对较小的伊斯兰教社区中心。该中心之所以存在是因为真的有一些人对“9·11”事件受害者缺乏敏感。而“阻挡美国伊斯兰化联盟”的存在则说明另有一些人心中充满仇恨。

我整理了 10 个有关科学、商业、地理、历史、文学、流行文化和体育的问题，做了一项调查。这些问题都与伊斯兰教、恐怖主义或曼哈顿房地产无任何关系。调查还包括一些观点性问题，其一是这样的：

51号公园是规划在距离世界贸易中心遗址两个街区外的一座伊斯兰教社区中心，它被人叫作“原爆点清真寺”。一座伊斯兰教社区中心离“原爆点”这么近，你有什么感觉？

人们对事实了解得越少，就越有可能反对“原爆点清真寺”。

有个别问题甚至存在明显的相关性。不知道道奇体育场是为哪一种运动兴建的人有更大可能反对那座不完全算清真寺的建筑。说不出美国是从哪个国家的控制下赢得独立、不知道 DC 漫画里的大反派是“小丑”的人也是一样。你也许认为，回答不了这些问题的人一定是“暗椿”（sleeper-cell）里潜藏的“卧底”，没能通过“怎样假装成一个美国人”的培训课程。其实并不是：回答不了这些问题是“出生在美国、对伊斯兰教不满”的预测因素。

我的“原爆点清真寺”问题答案无关对错，它问的是你的感觉如何。但情绪与事实常常交缠在一起。最反对 51 号公园的人有许多似乎并不了解事件的前因后果，他们听说“原爆点清真寺”本身就是件可怕的事情，也就是说，他们盲目接受了他人的观点。他们大概并不知道该项目计划为恐怖袭击的受害者兴建纪念碑，自然也不知道项目计划中还包括美食广场。美国大约有 2 100 座清真寺，光是纽约州就有 250 座，曼哈顿下城有 2 座（不包括 51 号公园，因为它不是清真寺）。有一座清真寺“曼哈顿清真寺”距离“原爆点”仅 6 个街区远。它于 1970 年建立并运营至今。世界贸易中心的南塔 17 楼里还有一间伊斯兰教祈祷室。

你不必知道我在上面提供的统计数据。纽约市有许多清真寺，有些显然和“原爆点”离得很近。有人想跟我打个赌，问有没有“原爆点星巴克”。谷歌地图显示，有 7 家星巴克店跟“原爆点”的距离与 51 号公园相当。正确的结论或许是这样的：曼哈顿有许多建筑物，每一栋建筑总会挨着别的建筑。

贯穿本书的研究发现，有关争议性主题的知识和观点是存在相关性的。信息灵通的人有更大可能认为“原爆点清真寺”或者转基因食品没有问题，对修建边境围墙持怀疑态度，认为“华盛顿红皮队”（橄榄球队）应该改一改名字，这些是让文化战士们做出“膝跳”反应的热点问题。具有背景知识的人能够更好地独立思考。

许多单独的事实似乎也能准确地预测观点。下表列出了我在调查中发现的几个有强烈相关性的问题，对更广泛的趋势做了说明（见表 19-1）。

表 19-1　对事实的认知程度可准确预测人们的观点

对……无知	与……相关
不知道美国是从哪个国家赢得独立的 不知道道奇体育馆是为哪一种运动修建的 不知道 DC 漫画里的大反派是“小丑”	反对兴建“原爆点清真寺”
不知道哪个城市的机场叫“拉瓜迪亚机场”	估计亚裔在美国人口中所占的比例比实际情况高 2 倍
认为太阳围着地球转	支持大学课堂的“开讲声明”
不知道太阳比地球更大	对拒绝为同性伴侣做结婚蛋糕的烘焙师持支持态度
不知道谁写了《万有引力之虹》 不知道“斯普特尼克”号是什么东西	希望修建边境围墙，阻拦非法移民入境
不知道“武当帮”（Wu-Tang Clan）是什么	反对政府承认同性婚姻
认为美国人是从西班牙赢得独立的	认为“华盛顿红皮队”应该保留原名

我还问了一些有关人的行为的问题，从极寻常的琐事到纯粹的假设。你会为孩子接种麻疹、腮腺炎和风疹疫苗吗？你会在一场“公开携带”枪械的

活动期间去星巴克吗？你会为 100 万美元把自己的宠物扔下悬崖吗？

同样，在常识性知识上得分较高的人往往倾向采取更明智更务实、对社会更负责任的行为。从群体角度看，说自己会给孩子接种疫苗的人有更大可能知道人类跟恐龙不曾同时存在，能够指出曼哈顿计划是美国尝试制造原子弹的计划，知道美国国会有多少位参议员，明白美国比印度的国土面积大，但人口不如印度多，还知道 1812 年战争（又称“第二次独立战争”）先于美国内战爆发。

我按棉花糖实验的模式设计了一个假设性问题：

假设有一种高能效灯泡，价格是 100 美元，但使用寿命是 10 年，能节省 300 美元的电费。你愿意买它吗？

正如题面，它简直不需要人动脑子。100 美元的投资不仅能保护正在逐渐融化的冰盖，还能让用户每年节约 30 美元。这是一笔稳妥的免税投资，投资回报率高达 30%。明智的答案应该是“愿意”。对完全无关主题的知识越丰富的人越有可能愿意购买这种灯泡。

知道怎样拧松螺丝不是什么高深莫测的科学。有 93% 的人都能给出正确回答。然而，它跟购买 100 美元的灯泡有很大关系，跟给孩子接种疫苗以及在超市里使用可重复使用的购物袋都有关系。对于终极背景知识，也就是我们通常所谓的“常识”，还有很多东西可以说一说。

“你会为了 100 万美元把自己的宠物扔下悬崖吗？”有 12% 的公众表示会这么做。说不出哪种矿石最坚硬（20%）、不知道 GOP（共和党）缩写代表什么（19%）、不知道爱伦·坡诗里哪一种生物说了“永不再”的人（22%），会这样做的概率明显更高（见表 19-2）。

表 19-2　对事实的认知程度可准确预测人们的行为

对……无知	与……相关
不能从地图上找到内布拉斯加州 不知道美国国会有多少位参议员 认为早期的人类曾捕猎恐龙	拒绝为孩子接种麻疹、腮腺炎和风疹疫苗
认为美国的人口比印度更多	拒绝吃转基因食品
认为吃虾符合犹太教的教规	不在超市使用可重复使用的购物袋
不知道拧松螺丝是朝哪个方向	拒绝购买 100 美元的电灯泡，哪怕它能节约电费 300 美元
认为新墨西哥州是墨西哥的一部分	愿意在一场“公开携带”枪械的活动期间去星巴克
不知道爱伦·坡的名诗里哪种动物说过“永不再” 不知道 GOP 是什么的缩写 认为比尔·盖茨和保罗·艾伦创办的公司是特斯拉	愿意为了 100 万美元把自己的宠物扔下悬崖

调查中还提出了一个问题：

> 如果有一个按钮，按下去能让你变成亿万富翁，但会随机地害死一个陌生人。没有任何人知道你要为此负责，你也不会被控有罪。你会不会按下这个按钮？

近 1/5 的美国人说自己会按这个按钮。在常识性知识测验中得分偏低的人有更大可能按这个按钮，而说不出“9 · 11”世贸中心恐怖袭击发生在哪一年的人几乎是最有可能按下按扭的人（36%）。

狐狸式哲学，即拥有广博的常识性知识，正迎来了一轮严峻的逆流。我们的媒体思潮更喜欢跟事实建立起有如刺猬般的关系。我们拥有了数字化工具，可以在感兴趣的领域一头扎进深水区，同时排除其他所有无关的事。它承诺“其他一切”将永远保留在云端，可按需取用。在这番迷人的宣传里，另一些东西则消失了：了解事情的来龙去脉，对事件发生的情境“知其然”。有了总体印象，人才能对具体事件进行评估，而总体印象为我们所不知道的事情提供了最重要的洞见。

广义的终身教育不仅仅是实现财富与健康的途径，尽管与此有莫大的关系。学习行为塑造了我们的直觉和想象力。已知的事实是连接不同个体、文化和意识形态的共同参考点。它们是闲聊、观点和梦想的基础，它们让身为公民的我们更睿智，还带来一份意义常被低估的礼物，那就是谦卑。因为只有知识广博的人才明白自己欠缺些哪些知识。

有一样东西你没法上谷歌搜索，那就是你不知道自己应该搜索什么。

湛庐文化 Cheers Publishing a mindstyle business 与思想有关

未来，属于终身学习者

我这辈子遇到的聪明人（来自各行各业的聪明人）没有不每天阅读的——没有，一个都没有。巴菲特读书之多，我读书之多，可能会让你感到吃惊。孩子们都笑话我。他们觉得我是一本长了两条腿的书。

——查理·芒格

互联网改变了信息连接的方式；指数型技术在迅速颠覆着现有的商业世界；人工智能已经开始抢占人类的工作岗位……

未来，到底需要什么样的人才？

改变命运唯一的策略是你要变成终身学习者。未来世界将不再需要单一的技能型人才，而是需要具备完善的知识结构、极强逻辑思考力和高感知力的复合型人才。优秀的人往往通过阅读建立足够强大的抽象思维能力，获得异于众人的思考和整合能力。未来，将属于终身学习者！而阅读必定和终身学习形影不离。

很多人读书，追求的是干货，寻求的是立刻行之有效的解决方案。其实这是一种留在舒适区的阅读方法。在这个充满不确定性的年代，答案不会简单地出现在书里，因为生活根本就没有标准确切的答案，你也不能期望过去的经验能解决未来的问题。

湛庐阅读APP：与最聪明的人共同进化

有人常常把成本支出的焦点放在书价上，把读完一本书当做阅读的终结。其实不然。

时间是读者付出的最大阅读成本
怎么读是读者面临的最大阅读障碍
“读书破万卷”不仅仅在“万”，更重要的是在“破”！

现在，我们构建了全新的“湛庐阅读”APP。它将成为你“破万卷”的新居所。在这里：

- 不用考虑读什么，你可以便捷找到纸书、有声书和各种声音产品；
- 你可以学会怎么读，你将发现集泛读、通读、精读于一体的阅读解决方案；
- 你会与作者、译者、专家、推荐人和阅读教练相遇，他们是优质思想的发源地；
- 你会与优秀的读者和终身学习者为伍，他们对阅读和学习有着持久的热情和源源不绝的内驱力。

从单一到复合，从知道到精通，从理解到创造，湛庐希望建立一个“与最聪明的人共同进化”的社区，成为人类先进思想交汇的聚集地，共同迎接未来。

与此同时，我们希望能够重新定义你的学习场景，让你随时随地收获有内容、有价值的思想，通过阅读实现终身学习。这是我们的使命和价值。

湛庐文化 Cheers Publishing
a mindstyle business 与思想有关

湛庐阅读APP玩转指南

湛庐阅读APP结构图：

三步玩转湛庐阅读APP：

读一读 ▼

湛庐纸书一站买，
全年好书打包订

听一听 ▼

泛读、通读、精读，
选取适合你的阅读方式

扫一扫 ▼

买书、听书、讲书、
拆书服务，一键获取

APP获取方式：
安卓用户前往各大应用市场、苹果用户前往APP Store
直接下载"湛庐阅读"APP，与最聪明的人共同进化！

使用APP扫一扫功能，
遇见书里书外更大的世界！

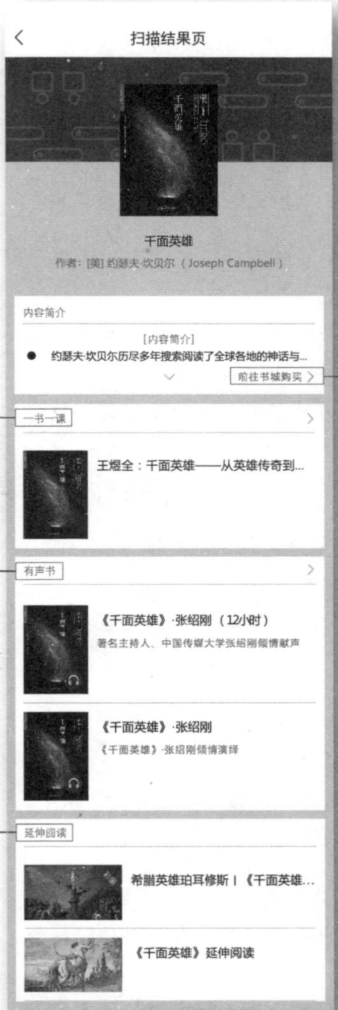

快速了解本书内容，
湛庐千册图书一键购买！

大咖优质课、
献声朗读全本一键了解，
为你读书、讲书、拆书！

你想知道的彩蛋
和本书更多知识、资讯，
尽在延伸阅读！

湛庐文化 Cheers Publishing
a mindstyle business 与思想有关

延伸阅读

《无价》

◎ 诺贝尔经济学奖获得者、行为经济学之父丹尼尔·卡尼曼、锤子科技 CEO 罗永浩倾力推荐。

◎ 作者威廉·庞德斯通揭示了商品价格背后的心理学秘密。

◎ 掌握了定价的技巧你就会成为隐性的说服大师。

使用“湛庐阅读”APP，
“扫一扫” 获取本书更多精彩内容
ISBN 978-7-5596-0586-3

《剪刀石头布》

◎ 所谓“自由意志”只是人类的幻觉，人的随机行为都会落入“套路”。

◎《剪刀石头布》就是现实的“读心术”，教你成为现实生活的超级预测者。

使用“湛庐阅读”APP，
“扫一扫” 获取本书更多精彩内容
ISBN 978-7-213-06956-7

《谁是谷歌想要的人才？》

◎ 揭开世界 500 强公司面试题古怪俏皮的外衣，揭示了隐秘的招聘哲学

◎ 本书不仅是你面试顶尖公司的宝典，还是改变你思维方式的航海图。

使用“湛庐阅读”APP，
“扫一扫” 获取本书更多精彩内容
ISBN 978-7-213-05374-0

《如何学习》

◎《纽约时报》资深科学记者尼迪克特·凯里撰写。

◎ 完美呈现了人的大脑是如何汲取知识的全景图。

◎ 是你不可错失的“学习之道”，方法简单实用，读来轻松有趣。

使用“湛庐阅读”APP，
“扫一扫” 获取本书更多精彩内容
ISBN 978-7-213-08078-4

《棉花糖实验》

◎ 世界心理学史上的经典实验，为作者两次赢得美国心理协会颁发的“杰出科学贡献奖”。

◎ 本书正本清源，破除大众对“棉花糖实验”的普遍误解，对如何避免糟糕的交易和决策提出了明智的建议。

使用“湛庐阅读”APP，
“扫一扫” 获取本书更多精彩内容
ISBN 978-7-5502-8867-6

《绝非天赋》

◎ 用坚实的研究基础和逆袭的人生证明，人们对传统的智力测量存在误读。

◎ 所谓的智商分数并不能对人的一生盖棺定论，具备各种智力特点的人都有机会通向伟大。

使用“湛庐阅读”APP，
“扫一扫” 获取本书更多精彩内容
ISBN 978-7-213-07860-6

图书在版编目（CIP）数据

知识大迁移：移动时代知识的真正价值 /（美）威廉·庞德斯通著；间佳译 . —杭州：浙江人民出版社，2018.5

书名原文：Head in the Cloud: Why Knowing Things Still Matters When Facts Are So Easy to Look Up

ISBN 978-7-213-08676-2

Ⅰ. ①知…　Ⅱ. ①威…　②间…　Ⅲ. ①知识社会学－研究　Ⅳ. ① C912.67

中国版本图书馆 CIP 数据核字（2018）第 042217 号

浙江省版权局
著作权合同登记章
图字：11-2018-103 号

上架指导：经管 / 励志

知识大迁移：移动时代知识的真正价值

［美］威廉·庞德斯通　著

间　佳　译

出版发行：浙江人民出版社（杭州体育场路 347 号　邮编　310006）
市场部电话：（0571）85061682　85176516

集团网址：浙江出版联合集团　http://www.zjcb.com

责任编辑：朱丽芳　陈　源

责任校对：戴文英

印　　刷：河北鹏润印刷有限公司

开　　本：720 毫米 ×965 毫米 1/16　　印　　张：17.5

字　　数：225 千字　　插　　页：3

版　　次：2018 年 5 月第 1 版　　印　　次：2018 年 5 月第 1 次印刷

书　　号：ISBN 978-7-213-08676-2

定　　价：72.90 元

如发现印装质量问题，影响阅读，请与市场部联系调换。